Controlling im Krankenhaus

Herausgegeben von
Winfried Zapp

Unter Mitarbeit von:
Julian Terbeck, M.A.

Die Bücher der Reihe richten sich an Fach- und Führungskräfte im Controlling von Krankenhäusern und medizinischen Einrichtungen sowie an Dozenten und Studierende aus dem Bereich Gesundheitsmanagement und Controlling. Herausgeben werden sie von Prof. Dr. Winfried Zapp, Allgemeine Betriebswirtschaftslehre mit dem Schwerpunkt Rechnungswesen, insbesondere Controlling im Gesundheitswesen an der Hochschule Osnabrück unter Mitarbeit von Julian Terbeck, M.A. Aktuelle und relevante Themen des Controllings in Gesundheitseinrichtungen werden praxisnah aufbereitet. Neben den theoretischen Grundlagen zu Bereichen wie Leistungsverrechnung, Benchmarking, Prozesskostenrechnung und Berichtswesen bietet die Reihe konkrete Handlungsempfehlungen und Instrumente. Die Bücher, die in Zusammenarbeit mit Experten aus Wissenschaft und Praxis geschrieben werden, unterstützen die Leser dabei, ihr Wissen und ihre Kompetenz in den Bereichen Kostenmanagement, Controlling und Prozessmanagement zu erweitern und praktisch umzusetzen.

Winfried Zapp

Herausgeber

Werteorientierte Konzeptionen im Krankenhaus

Analyse – Verfahren – Praxisbeispiele

Herausgeber

Prof. Dr. Winfried Zapp
Hochschule Osnabrück
Osnabrück, Deutschland

ISBN 978-3-658-07837-9   ISBN 978-3-658-07838-6 (eBook)
DOI 10.1007/978-3-658-07838-6

Die Deutsche Nationalbibliothek verzeichnet diese Publikation in der Deutschen Nationalbibliografie; detaillierte bibliografische Daten sind im Internet über http://dnb.d-nb.de abrufbar.

Springer Gabler
© Springer Fachmedien Wiesbaden 2015
Lektorat: Stefanie Brich, Claudia Hasenbalg

Gedruckt auf säurefreiem und chlorfrei gebleichtem Papier.

Springer Fachmedien Wiesbaden GmbH ist Teil der Fachverlagsgruppe Springer Science+Business Media (www.springer.com)

Vorwort

Werte spielen in unserer Gesellschaft eine wichtige Rolle. Insbesondere, wenn Verfehlungen von Politikern aufgedeckt werden oder zwielichtige Handlungen von im öffentlichen Interesse stehenden Persönlichkeiten bekannt werden, meldet sich vor allem die Presse mächtig zu Wort. Aber auch unbekannte Personen äußern sich mit Entrüstung über die bisher unbekannten und oft nicht für möglich gehaltenen Handlungen. Spätestens jetzt kann man sich dann fragen, welche Werte wiederum die Presse oder unbeteiligte Menschen antreiben: Ethische oder „edle" Werte? Verkaufszahlen oder Meinungsbildung? Der Wert, sich endlich einmal selbst wichtig zu nehmen oder das Streben nach einem höheren Ziel? Und wie kann es gelingen, sich an Werten zu orientieren, welche Werte sind letztendlich verbindlich?

Neben diesen Werten gibt es auch noch betriebswirtschaftlich-orientierte Werte oder Werte in der Unternehmung. Können solche Werte auch so stimulieren? Wie sind diese Werte gestaltet und welche Ausdrucksformen finden sie?

In diesem Buch sollen ausgewählte Wertekonzeptionen dargestellt, beschrieben und analysiert werden. Nicht alle Konzeptionen können hier abgehandelt werden, sondern vor allem die Wertekonzeptionen, die Innovationen versprechen, differenzierte Schwerpunkte setzen oder Aspekte berücksichtigen, die für das Management im Krankenhaus von Bedeutung sind.

So stehen folgende Konzeptionen im Fokus dieses Buches: Economic Value Added und Return on Capital Employed. Darüber hinaus werden immaterielle Werte behandelt, die die Betriebswirtschaftslehre immer wieder beschäftigt und die im Krankenhaus von immenser Bedeutung sind: Wissen von Ärzten, Pflegekräften und Managern sind unterschiedlich und können für ein Krankenhaus damit überlebenswichtig sein bzw. werden. Ebenso überlebenswichtig sind Cashflow-Analysen, die gerade in Zeiten einer angespannten Liquidität für operative Entscheidungen, aber auch für eine strategische Ausrichtung genutzt werden können.

Bei allem Nachdenken über Werte-Konzeptionen soll nicht vergessen werden, dass eine Absicht dahintersteckt: Nämlich Werte zu schaffen, zu erhalten und zu vermehren. Eine Erschöpfung der Werte soll auf jeden Fall vermieden werden! Wann aber werden Werte nicht mehr qualifiziert und betriebswirtschaftlich verfolgt, wann setzt eine Werteerschöpfung ein? Eine konstruktive innovative Auseinandersetzung mit dieser Themenstellung schließt dieses Buch ab.

Einer Vielzahl von Personen ist ganz herzlich zu danken, die zum Gelingen dieses Buches wieder beigetragen haben:

Stefanie Brich und Claudia Hasenbalg von Springer Gabler haben uns wieder angespornt, dieses neue Buch in der Reihe „Controlling im Krankenhaus" zu publizieren. Von der Begleitung im Erstellungsprozess bis zur Vorbereitung für den Druck haben Sie – wie immer qualifiziert – mit ihren konstruktiv-kritischen Hinweisen zum Gelingen beigetragen. Frau Jeannette Krause, Projektmanager bei le-tex publishing services – Leipzig, hat die Produktion vom Manuskript bis zu den endgültigen Druckdaten begleitet, organisiert und hilfreich unterstützt.

Diesem Team danke ich in besonderer Weise und hoffe auf viele gute gemeinsame Buchprojekte.

Julian Terbeck, M.A. hat wieder dafür gesorgt, dass das Logo der Hochschule Osnabrück auf dem Cover erscheint. Für sein Engagement ist hier in besonderer Weise zu danken.

Daniela Bode, M.A. hat in akribischer Weise die Beiträge für den Druck zusammengestellt, selbst Artikel beigetragen und ist nun dabei, als Controllerin in einem Krankenhausverbund ihre entwickelten Konzeptionen umzusetzen. Wenn das kein qualifizierter Theorie-Praxis-Transfer ist! Danke für die Unterstützung.

Nun wünschen wir unseren Lesern immer wieder genügend Raum für das Bedenken und Reflektieren, um das Machbare herauszufinden und dabei die Kompromisslinien zu entdecken, die notwendig sind, um erfolgreich innovative Konzeptionen praxisrelevant und anwendungsorientiert umsetzen zu können.

Osnabrück, im November 2014   Winfried Zapp

Inhaltsverzeichnis

Autorenverzeichnis

 **Ulla Berlit, M. A.** studierte nach ihrer Ausbildung zur Sozialversicherungsfachangestellten an der Hochschule Osnabrück Betriebswirtschaft im Gesundheitswesen (B.A.). Seit Abschluss ihres Masterstudiums Management im Gesundheitswesen (M.A.) ist sie bei der Wirtschaftsprüfungsgesellschaft PricewaterhouseCoopers AG in der finanzwirtschaftlichen Krankenhausberatung tätig.

 **Daniela Bode, M. A.** studierte nach ihrer Ausbildung zur Sozialversicherungsfachangestellten Betriebswirtschaft im Gesundheitswesen (B.A.) und Management im Gesundheitswesen (M.A.) an der Hochschule Osnabrück. Im Anschluss an Ihr Studium begann sie ihre Tätigkeit als Wissenschaftliche Mitarbeiterin von Herrn Prof. Dr. Zapp an der Hochschule Osnabrück im Bereich Controlling im Gesundheitswesen. Heute ist sie im Controlling der Niels-Stensen-Kliniken in Osnabrück tätig.

Kathrin Heier, M. A. studierte an der Hochschule
Osnabrück Betriebswirtschaft im Gesundheitswesen (B.A.)
und Management im Gesundheitswesen (M.A.) sowie an der
Westfälischen Wilhelms-Universität Münster Medizinische
Wissenschaften. Im Anschluss an ihre Ausbildung an der
Hochschule Osnabrück folgten Tätigkeiten als
Wissenschaftliche Mitarbeiterin an der Hochschule
Osnabrück und der Westfälischen Wilhelms-Universität
Münster. Heute ist sie im Controlling des Herz- und
Diabeteszentrum NRW in Bad Oeynhausen sowie als
Lehrbeauftragte im Bereich Krankenhausfinanzierung tätig.

Diplom-Kauffrau Elena Karsten studierte an der
Hochschule Osnabrück Betriebswirtschaft in Einrichtungen
des Gesundheitswesens. Im Anschluss an Ihr Studium
folgten Tätigkeiten als Wissenschaftliche Mitarbeiterin an
der Hochschule Osnabrück, im Klinikum Mittelbaden im
strategischen Controlling sowie in der Euregio Klinik als
Assistentin der Geschäftsführung. Heute ist sie als
Vorstandsassistentin im Evangelischen Krankenhaus
Oldenburg tätig.

Cornelia Müller-Wenzel, Dipl. Controller (DVKC)
Leitung zentrales Controlling und Prozessmanagement am
Knappschaftskrankenhaus Bottrop, Verwaltungsdirektorin in
den Wedau Kliniken in Duisburg (Sana), Leitung
strategisches Finanzmanagement Klinikum Westfalen in
Dortmund, Referentin der Geschäftsführung bei KIT
Services GmbH in Bochum.

Dipl.-Kfm. (FH), Dipl. Ges.-Wiss. Jochen Richter ist Leiter des Geschäftsfeldes Unternehmensentwicklung des Geschäftsbereiches Prüfungsnahe Beratung bei der CURACON GmbH Wirtschaftsprüfungsgesellschaft. Nach dem Studium der Betriebswirtschaft in Einrichtungen des Gesundheitswesens an der Hochschule Osnabrück und dem Studium der Gesundheitswissenschaften an der Universität Bielefeld mehrere Jahre im Zentralen Controlling der v. Bodelschwinghschen Stiftungen Bethel, Bielefeld tätig. Von 1996 bis 2011 zuletzt als Senior Manager Healthcare bei PwC AG Wirtschaftsprüfungsgesellschaft. Er ist Lehrbeauftragter an der Hochschule Osnabrück. Seine Beratungsschwerpunkte liegen im strategischen Management von Einrichtungen im Gesundheits- und Sozialwesen. Weitere Informationen unter www.curacon.de.

Dipl.-Kfm. (FH) Matthias Sudmann ist selbständiger Unternehmensberater der process&people – Lean Consulting Partner. Der studierte Diplom Kaufmann ist Experte für die Gestaltung effizienter, wertschöpfender Prozesse in der Dienstleitungsindustrie und im Gesundheitswesen. Als Leiter des Lean Production Office der führenden Airline Europas, verantwortete er im Laufe seiner Berufskarriere unter anderem den Aufbau und die Entwicklung des Lean Managements am größten Flughafendrehkreuz in Deutschland. Heute stellt er seinen langjährigen Erfahrungsschatz aus der Luftfahrt bzgl. der Verbesserung von Qualität, Sicherheit und Produktivität auch Kliniken zur Verfügung. Er ist Lehrbeauftragter an der Hochschule Osnabrück für Lean im Gesundheitswesen und ist Lean Healthcare zertifiziert durch die Belmont University, Nashville, USA. Weitere Informationen unter: www.process-and-people.com.

Helene Wiens, M. A. studierte nach ihrer kaufmännischen Ausbildung an der Hochschule Osnabrück Betriebswirtschaft im Gesundheitswesen (B.A.) und Management im Gesundheitswesen (M.A.) mit den Schwerpunkten Krankenhausfinanzierung und -controlling. Im Anschluss begann sie ihre Tätigkeit als Controllerin im Agaplesion Diakonieklinikum Rotenburg (Wümme).

Prof. Dr. rer. pol. Dipl.-Ökonom Winfried Zapp Studium der Wirtschaftswissenschaften, Wissenschaftlicher Mitarbeiter, Promotion zum Dr. rer. pol.; Assistent des Verwaltungsleiters in einem Evangelischen Krankenhaus, gleichzeitig Traineeprogramm für Führungsnachwuchskräfte des Berufsbildungswerks Deutscher Krankenhäuser (BBDK); Krankenhausbetriebsleiter und in Personalunion Finanzleiter in einer Komplexeinrichtung; Ernennung zum Professor an der Hochschule Osnabrück mit dem Lehrgebiet Allgemeine Betriebswirtschaftslehre mit dem Schwerpunkt Rechnungswesen, insbesondere Controlling im Gesundheitswesen; Forschungsschwerpunkte: Kostenmanagement, Controlling, Prozessmanagement; Internationale Tätigkeiten in Osteuropa und Zentralasien.

EVAluation, die sich lohnt – Der Ansatz des Economic Value Added im werteorientierten Management

Kathrin Heier, Elena Karsten, Cornelia Müller-Wenzel und Winfried Zapp

Krankenhäuser müssen nicht nur eine Werterhaltung, sondern eine *notwendige Wertsteigerung erwirtschaften*, um ihren dauerhaften Fortbestand zu sichern. Wertorientiertes Controlling als Instrument des *Shareholder Value Management* hilft, Unternehmungsentscheidungen an ihren Auswirkungen auf den Unternehmungswert auszurichten; Shareholder Value wird nur dann geschaffen, wenn die Rendite künftiger Investitionen über deren Kapitalkosten liegt. Eine Kennzahl, um den Nutzen einer Investition zu messen, ist der Geschäftswertbeitrag *Economic Value Added*.

1.1 Einführung

Das moderne Controlling ist von einer managementorientierten Sichtweise geprägt und auf alle Unternehmungsbereiche ausgedehnt. Es erfüllt eine Art „Radarfunktion": möglichst frühzeitig Risiken identifizieren und quantifizieren, um Fehlentwicklungen zu vermeiden. Wertorientiertes Controlling bedeutet, dass alle Funktionen des Controllings zur Erhaltung oder besser noch zur Steigerung des Unternehmungswerts Value angepasst werden.

Das wertorientierte Controlling hat neben der Unternehmungsbewertung auch die Schaffung eines Planungs-, Berichts- und Lenkungssystems zum Ziel, das als Anreiz-

Kathrin Heier, M. A. ✉
Herz- und Diabeteszentrum NRW, Bad Oeynhausen, Deutschland

Diplom-Kauffrau Elena Karsten
Evangelisches Krankenhaus, Oldenburg, Deutschland

Cornelia Müller-Wenzel, Dipl. Controller (DVKC)
KIT Services GmbH, Bochum, Deutschland

Prof. Dr. rer. pol. Dipl.-Ökonom Winfried Zapp
Hochschule Osnabrück, Osnabrück, Deutschland

© Springer Fachmedien Wiesbaden 2015   1
W. Zapp (Hrsg.), *Werteorientierte Konzeptionen im Krankenhaus*,
Controlling im Krankenhaus, DOI 10.1007/978-3-658-07838-6_1

system und zur Portfoliosteuerung dient. Es sollen Ursache-Wirkungs-Zusammenhänge nachgestellt werden, damit das operative Controlling im Rahmen des Werttreibermanagements unterstützen kann. Die Grundlage des wertorientierten Controllings bildet die Analyse der Werttreiber, die die funktionalen Beziehungen zwischen operativen Sachverhalten, finanziellen Kennzahlen und dem Unternehmungswert beschreibt. Anhand der Analyse der Werttreiber lassen sich Wertsteigerungspotenziale erschließen.

Das wertorientierte Controlling übernimmt alle Informations-, Planungs- und Kontroll-, sowie Harmonisationsfunktionen in der wertorientierten Unternehmungsführung. Aus diesen Funktionen lässt sich eine Vielzahl von Teilaufgaben ableiten, die in einem dreistufigen Prozess (im Mittelpunkt der Unternehmungswert) abgebildet werden:

1. Quantifizierung des Unternehmungswerts anhand eines als wertorientiert einzustufenden Bewertungsverfahrens,
2. Analyse der Wertsteigerungs-/Werterhaltungspotenziale der Unternehmung und
3. Unterstützung der Geschäftsbereiche in der Umsetzung von Wertsteigerungspotenzialen mit controllingspezifischen Maßnahmen.

1.2 Wertorientierte Unternehmensführung

Werte zu schaffen, zu steigern und für das Unternehmen, eine Teileinheit, eine Strategie oder eine Investition zu messen, steht im Mittelpunkt der wertorientierten Unternehmungsführung. Die ersten Überlegungen den Wert einer Unternehmung oder einzelner Unternehmungsbereiche in das Zielsystem des Managements einzubinden (Shareholder-Value-Ansatz), entstanden in den USA zu Beginn der 80er-Jahre des 20. Jahrhunderts. Das Shareholder Value Management stellt keinen originär neuen Ansatz dar, sondern ist als die logische Verknüpfung von Erkenntnissen aus der Kapitalmarkttheorie, der Unternehmungsbewertung, des strategischen Managements und des operativen Controllings zu betrachten.[1] Das Grundprinzip des Shareholder-Value-Konzeptes besteht darin, Unternehmungsentscheidungen an deren Auswirkungen auf den Unternehmungswert auszurichten. Shareholder Value wird nur dann geschaffen, wenn die Rendite zukünftiger Investitionen über deren Kapitalkosten liegt. Damit wird die Hürde höher gelegt als bei dem traditionellen Ziel der Gewinnmaximierung.[2]

---

[1] Ausgelöst wurde die Diskussion um den Shareholder-Value-Ansatz durch Publikationen von Professoren amerikanischer Business Schools, wie Fruhan, Rappaport oder Copeland (Vgl. Fruhan 1979; Rappaport 1986; Copeland et al. 1991). Spezialisierte Unternehmungsberatungen, wie z. B. Stern Stewart & Co, HOLT Planning Associates (seit 1991 zur Boston Consulting Group zugehörig), The Alcar Group, Strategie Planning Associates (SPA), trieben, ergänzt um strategieorientierte Beratungen wie z. B. The Boston Consulting Group (BCG) und McKinsey, die Entwicklung und die Implementierung in den Unternehmungen voran.
[2] Vgl. Beck (2003, S. 56).

Im Verständnis wertorientierter Unternehmungsführung bildet der Unternehmungswert das höchste strategische Finanzziel. Der Unternehmungswert – zumindest in seiner Definition als Zukunftswert (Ertragswert oder Discounted Cash Flow) – ist jedoch eine zukunftsbezogene, mehrperiodische Größe. Aufgrund der Vorsteuerungsfunktion des Erfolgspotenzials für Gewinn und Liquidität, schlägt sich das Erfolgspotenzial einer Unternehmung in Erfolgen bzw. Cashflows späterer Perioden nieder. Diese wiederum bestimmen den aktuellen Wert einer Unternehmung. Der Unternehmungswert stellt folglich eine Möglichkeit dar, die qualitative Größe „Erfolgspotenzial" zu quantifizieren und zu einer Erweiterung des strategischen Managements beizutragen.[3]

Wertorientierte Unternehmungsführung erweitert die strategische Planung um eine konkrete quantitative Bewertung und Umsetzung einzelner Strategien. Die Implementierung bzw. Operationalisierung wird also explizit im Rahmen des strategischen Managements betrachtet. Als Folge ergibt sich die Möglichkeit, fortlaufend die gewählten Strategien zu überprüfen und gegebenenfalls operativ oder strategisch einzugreifen. Also kann Wertmanagement nicht losgelöst von anderen Planungsinstrumenten betrachtet werden, sondern muss diese als Hilfsmittel heranziehen und entsprechend ergänzen. Wertmanagement baut auf der grundsätzlichen Zielsetzung der Unternehmung auf und erweitert bzw. ergänzt die daraus abgeleiteten Strategien. Ein eindeutiges Zielsystem wird durch die zu entwickelnden *Werttreiber* aufgebaut. Dieses muss durch eine entsprechende Gestaltung der Organisation mit Kompetenz- und Verantwortungsspielräumen unterstützt werden.

1.3 Wertorientiertes Controlling

1.3.1 Einführung

Um zur Ergebnisverbesserung beitragen zu können, muss der Controller über detaillierte Kenntnisse des Unternehmensgeschehens verfügen. Als integrierendes Konzept der Unternehmenssteuerung lässt sich das moderne Controlling auf fast alle Steuerungsbereiche einer Unternehmung anwenden. Der Controlling-Begriff zeigt somit eine enge Verbindung zu den Management-Funktionen Planung, Kontrolle, Koordination und Information.[4]

Controlling soll möglichst frühzeitig Risiken identifizieren und quantifizieren, um Fehlentwicklungen zu vermeiden. Das wertorientierte Controlling kann in diesem Kontext als Antwort auf einen zu beobachtenden Wandel zur wertorientierten Unternehmungsführung, dem Shareholder Value Management, angesehen werden.[6]

Der zentrale Unterschied zwischen der gewinnorientierten Sichtweise und der wertorientierten Perspektive liegt in der Berücksichtigung der gesamten Kapitalkosten. Damit

---

[3] Vgl. Günther (1997, S. 71 f.).
[4] Vgl. Schierenbeck und Lister (2002, S. 8).

Tab. 1.1 Vergleich gewinn- und wertorientierte Sichtweise[5]

	Gewinnorientierte Sicht	Wertorientierte Sicht
Wertkomponente	Historische Anschaffungs- und Herstellungskosten oder Korrekturwerte	Zeitwerte, d. h. auch über historischen Kosten
Rechnungsgrößen	Erträge/Aufwendungen (extern) bzw. Leistungen/Kosten (intern)	Einzahlungen/Auszahlungen bzw. Erträge/Aufwendungen
Umfang des Vermögens	Aktivierungsfähige Vermögensgegenstände und Schulden	Alle Vermögensgegenstände und Schulden (z. B. auch Know-how)
Erfolgsdefinition	Erfolg = Gewinn = Änderung des ausgewiesenen Nettovermögens	Erfolg = positiver Kapitalwert = Steigerung des Unternehmenswertes
Zeitbezug	Gegenwart bzw. Vergangenheit	Zukunft

wird im Gegensatz zum buchhalterischen Gewinn und Verlust vom ökonomischen Gewinn und Verlust gesprochen.

Tabelle 1.1 stellt ergänzend die wesentlichen Unterschiede der beiden Sichtweisen dar.

Der gegenwärtige Wandel in der Unternehmungsphilosophie hin zum wertorientierten Management hat deshalb auch Auswirkungen auf die Ausrichtung des Controllings. Mit dem Konzept des unternehmungswertorientierten Managements wird die Rentabilitätsorientierung definiert. Im wertorientierten Management werden vor dem Hintergrund des Risikos die Erzielung risikoadjustierter Renditen zur Erhaltung und/oder Steigerung des Unternehmungswertes notwendig.[7]

Der Beitrag des wertorientierten Controllings kann zum einen in der Entwicklung neuer Instrumente liegen und zum anderen in dem Einsatz bzw. der Modifikation bereits vorhandener Instrumente gesehen werden. Beide Gruppen von Instrumenten ergänzen bereits existierende oder angewandte Controllinginstrumente.[8] Wertorientiertes Controlling bedeutet, dass alle Funktionen des Controllings zur Erhaltung oder besser noch zur Steigerung des Unternehmungswertes bzw. des Shareholder Values fokussiert werden.[9]

Bei der Übertragung des Konzeptes in Theorie und Praxis auf den Bereich des Krankenhauses, sind die Besonderheiten der Branche zu beachten. Dies betrifft dabei weniger die Organisation oder den Einsatz der Controllinginstrumente, sondern vielmehr deren Ausgestaltung.[10]

Aufgrund der Implementierung von Marktmechanismen durch das KHEntgG müssen Krankenhäuser, um ihre Existenz kurzfristig zu sichern, die entstehenden Aufwendun-

---

[5] Vgl. Günther (1997, S. 25).
[6] Vgl. Schierenbeck und Lister (2002, S. 77).
[7] Vgl. Schierenbeck und Lister (2002, S. 77).
[8] Vgl. Günther (1997, S. 204 f.).
[9] Vgl. Schierenbeck und Lister (2002, S. 77) bezogen auf Koordination.
[10] Vgl. Schirmer (2003, S. 9).

gen decken. Horváth bezeichnet dies als die gewinnorientierte Sicht der Unternehmung.[11] Langfristig müssen die Einnahmen der Krankenhäuser zusätzlich ihre tatsächlichen Kapitalkosten decken, d. h. ihre Eigenkapitalrentabilität muss über ihrem Kapitalkostensatz liegen.[12] Dieser Ansatz wird als wertorientierte Unternehmungsführung bezeichnet. Grundlegend für dies Konzept ist die Arbeit von Rappaport, der in seinem Buch „Creating Shareholder Value" die Steigerung des Unternehmenswertes und damit die Maximierung des an die Eigentümer ausschüttbaren Freien Cashflows postulierte.[13] Krankenhäuser haben zwar in vielen Fällen keine Eigentümer im Sinne von Aktionären, dennoch bietet sich das Konzept an, um die langfristige Überlebensfähigkeit des Hauses durch kontinuierliche und stringente Ausrichtung aller Aktivitäten auf das Ziel Unternehmenswertsteigerung zu sichern.

1.3.2 Shareholder Value als Grundlage eines wertorientierten Controllings

Die wertorientierte Betrachtungsweise kann das Unternehmungsmanagement in vielfältiger Weise bereichern. Wesentliche Anwendungsmöglichkeiten des Shareholder-Value-Ansatzes sind:

- Messung der Managementleistung: Welche Geschäftseinheiten bilden die „Säulen" für den Unternehmenswert? Welche Erfolgsvorgaben müssen gesetzt werden, damit eine Geschäfteinheit einen positiven Beitrag zum Unternehmenswert leistet?
- Bewertung von Strategien: Welche Strategien schaffen den höchsten Unternehmenswert? Wie wirkt sich eine strategische Option auf den Wert des Unternehmens aus?
- Bewertung von Akquisitionen, Beteiligungen, Kooperationen und Fusionen: Wie viel ist ein Übernahmekandidat für das Unternehmen wert? Welcher Preis kann maximal bezahlt werden? Welche Geschäftseinheiten haben nur ein geringes Potenzial und sind Kandidaten für einen Verkauf?
- Beurteilung von Investitionen: Welche Investitionen schaffen und welche vernichten Unternehmungswert?
- Ermittlung erfolgskritischer Faktoren: Welche Faktoren beeinflussen den Unternehmenswert? Wie reagiert der Unternehmenswert auf eine Veränderung dieser Faktoren?[14]

Bei dem Shareholder-Value-Ansatz ergibt sich der Unternehmungswert als Barwert sogenannter Freier Cashflows. Diese repräsentieren diejenigen ausschüttungsfähigen Cash-

---

[11] Vgl. Horváth (2006, S. 494).

[12] Vgl. Horváth (2006, S. 494)>; zur Vergleichbarkeit der Situation der Krankenhäuser mit anderen Unternehmen vgl. Rühle (2000, S. 101 ff.).

[13] Vgl. Günther (1997, S. 3).

[14] Vgl. Rappaport (1986, S. 91 ff.).

flows[15], die weder in das Netto-Umlaufvermögen (Net Working Capital oder Working Capital) reinvestiert werden müssen, noch in das laufende Geschäft mittels Ersatz- und/oder Erweiterungsinvestitionen in das Anlagevermögen.[16]

Für die Berechnung des Shareholder Value müssten die Überschüsse der Einzahlungen über die Auszahlungen der Eigentümer in Bezug auf das Anlageobjekt Unternehmung und alle damit zusammenhängenden monetären Vorteile erfasst werden. Die Ermittlung des Shareholder Value setzt unmittelbar in der Unternehmung an und ergibt sich zum einem aus der vom Kapitalmarkt vorgeschriebenen (normalisierte) Mindestrendite (Kapitalkosten) und zum anderen aus dem Überschuss der künftigen betrieblichen Einzahlungen über die betrieblichen Auszahlungen (Cashflow).[17]

Wert kann demnach nur geschaffen werden, wenn die Kosten der eingesetzten Ressourcen geringer sind als die Erfolge, die voraussichtlich mit den Ressourcenbindungen erzielt werden. Die Kosten der Ressourcenbindung und -inanspruchnahme werden mit Kapitalkosten bezeichnet. Dabei ist es wichtig, dass das Ergebnis dieser Berechnung auf Erwartungen künftiger Erfolge diskontiert zum heutigen Tage basiert – der Shareholder Value also zukunftsgerichtet ist.

Die wertorientierte Unternehmensführung muss sich dem Spannungsfeld der verschiedenen Interessenlagen stellen, wobei im Sinne der Instrumentalthese, „Mehrwert" für alle Interessengruppen geschaffen werden soll. Dennoch steht aus kapitalmarktorientierter Sicht das Interesse der Kapitalgeber im Vordergrund. Der Unternehmenswert wird mithin bestimmt durch den (Markt)-Wert des Fremdkapitals und den (Markt)-Wert des Eigenkapitals (Shareholder Value). Die zentrale Größe des Unternehmenswertes bzw. des Gesamtkapitalwertes ermittelt sich wie folgt:

$$UW = \sum_{t=1}^{n} EG_t \, (1 + i)^t + \frac{\overline{EG}}{i \times (1 + i)^n} = SHV + FK_{Markt}$$

UW	= Unternehmenswert
SHV	= Shareholder Value
FK_{Markt}	= Fremdkapital bewertet zu Marktwerten
EG	= Erfolgsgröße
$\overline{EG}$	= Nachhaltig erzielbare Erfolgsgröße außerhalb der Explizitplanung
I	= Diskontzins
n	= Planungshorizont
t	= Periode

---

[15] Die Free Cash Flows stehen zur Bedienung der Kapitalgeber zur Verfügung und spiegeln somit „deren Anteil" wider.

[16] Vgl. Günther (1997, S. 95).

[17] Vgl. Pape (2004, S. 63).

1.3.3   Ziele des wertorientierten Controllings

Das wertorientierte Controlling hat neben der Unternehmungsbewertung auch die Schaffung eines Planungs-, Berichts- und Lenkungssystem zum Ziel, welches als Anreizsystem und zur Portfoliosteuerung dient. Aufgabe der Performance-Messungskonzepte ist es, die tatsächliche und mögliche Wertentwicklung einer Unternehmung verursachungsgerecht abzubilden. Die Messkonzepte sollen somit in der Lage sein, die Ursache-Wirkungs-Zusammenhänge (Werttreibermanagement) nachzustellen und damit das operative Controlling im Rahmen des Werttreibermanagements zu unterstützen. Die Fokussierung der Ressourcenverteilung mit Blick auf die Werttreiber soll auf Erfolge hin gemessen werden.[18] Die Grundlage des wertorientierten Controllings bildet die Analyse der Werttreiber und beschreibt die funktionalen Beziehungen zwischen operativen Sachverhalten, finanziellen Kennzahlen und dem Unternehmungswert. Die Analyse der Werttreiber ist Ausgangspunkt für das Erschließen von Wertsteigerungspotenzialen.

1.3.4   Funktionen des wertorientierten Controllings

Das wertorientierte Controlling übernimmt alle Informations-, Planungs- und Kontroll-, sowie Harmonisationsfunktionen in der wertorientierten Unternehmungsführung. Aus diesen Funktionen lässt sich eine Vielzahl von Teilaufgaben ableiten, die auf einer Ebene höher zusammengeführt und in einem dreistufigen Prozess, in dessen Mittelpunkt immer der Unternehmungswert steht, abgebildet werden.

Im ersten Schritt wird anhand eines als wertorientiert einzustufenden Bewertungsverfahrens der Unternehmungswert quantifiziert. Es folgt die Analyse der Wertsteigerungs-/ Werterhaltungspotenziale. Mithilfe entsprechender Controlling-Instrumente (beispielsweise Modifizierung der strategischen Ausrichtung, durch konkrete operative Maßnahmen und durch organisatorische Verbesserungen) kann zusätzlicher Wert geschaffen werden, dabei sollen aktuelle und zukünftige Geschäftsbereiche berücksichtigt werden. Im dritten Schritt unterstützen entsprechende controllingspezifische Maßnahmen die Geschäftsbereiche, die sich mit der Umsetzung der vom wertorientierten Controlling entwickelten Wertsteigerungsstrategien auseinandergesetzt haben. Dazu sollen beispielsweise Wertänderungen (der Erfolg/die Wirkung der umgesetzten Maßnahmen) verfolgt werden, indem die Messgrößen im Soll-/Ist-Vergleich gegenüber gestellt werden.[19]

---

[18] Vgl. Kaub und Schaefer (2002, S. 18).
[19] Vgl. Schierenbeck und Lister (2002, S. 80).

1.3.5 Wertorientierte Kennzahlen

1.3.5.1 Einführung

Im Unterschied zu den „traditionellen" Kennzahlen sind wertorientierte Kennzahlen langfristig angelegt und beziehen die Renditevorstellungen der Eigenkapitalgeber mit ein. Zwar basieren auch die wertorientierten Kennzahlen auf den Daten des internen und externen Rechnungswesens, jedoch werden sie an mehreren Stellen für ihre Rechenziele angepasst. Ein Beispiel ist die Berücksichtigung von Unterschieden in der Finanzierungsstruktur. Die Berücksichtigung von zeitlichen Aspekten geschieht beispielsweise durch Diskontierung sowie Einbeziehung von Inflationsraten. Da getätigte Investitionen den aktuellen Cashflow und die aktuelle Kapitalrentabilität belasten, ihre zukünftigen Ausprägungen aber positiv beeinflussen, ist auch in Bezug auf die Beurteilung von Investitionen eine langfristige Betrachtung sinnvoll.[20]

Als wichtigste wertorientierte Kennzahlen werden folgende Größen genannt (Vgl. Abb. 1.1):[21]

- Cash Value Added (CVA),
- Cash Flow Return on Investment (CFROI),
- Discounted Cash Flow (DCF),
- Economic Value Added (EVA),
- Return on Net Assets (RONA),
- Return on Capital Employed (ROCE) und
- Market Value Added (MVA).

Die Systematisierung erfolgt in kurz- und langfristig ausgerichtete Kennzahlen. Zur Messung des Erfolgs einzelner Perioden werden die kurzfristig ausgerichteten Kennzahlen eingesetzt. Handelt es sich um die vollständige Bewertung einer Unternehmung werden die langfristigen Kennzahlen herangezogen. Neben den cashfloworientierten Kennzahlen wie CVA, CFROI oder DCF existieren mit EVA, ROCE und RONA auch Kennzahlen, die auf rein buchhalterischen Größen basieren. Unterschieden werden außerdem relative und absolute Maße. Die relativen Maße wie ROCE, RONA und CFROI stellen eine prozentuale Relation zum eingesetzten Kapital her. Absolute Maße wie EVA und CVA hingegen können positive oder negative Einzelwerte ausweisen. Sie ermöglichen eine Aussage, ob Wert geschaffen oder vernichtet wurde.[22]

1.3.5.2 Kurzfristige Steuerung und Erfolgskontrolle

Die Abb. 1.2 zeigt mögliche Wertentwicklungen. Sie zeigt auch die Grundidee des kurzfristigen wertorientierten Verfahrens: Ein zusätzlicher Wert entsteht erst dann, wenn die

---

[20] Vgl. Heier et al. (2013, S. 4 f.).
[21] Vgl. Beck (2003, S. 57).
[22] Vgl. Beck (2003, S. 69).

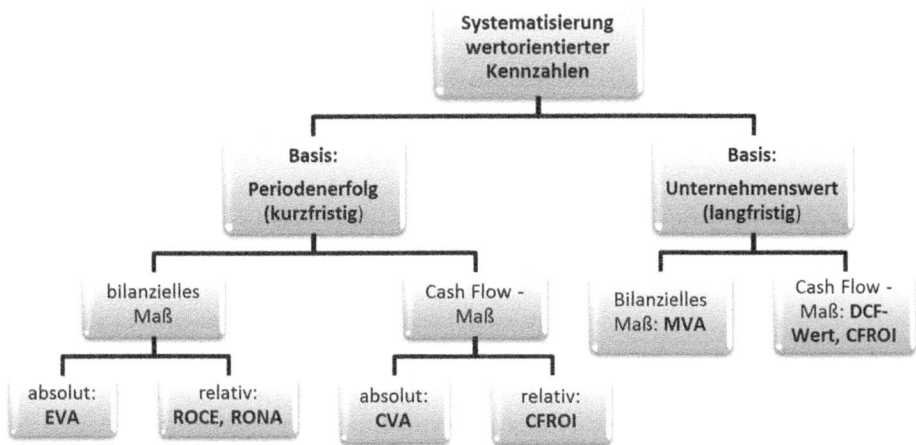

Abb. 1.1 Systematisierung wesentlicher wertorientierter Kennzahlen (eigene Darstellung in Anlehnung an Beck 2003)

Kosten des eingesetzten Kapitals überschritten werden. Dazu wird eine Ergebnis- oder Cashflow-Größe dem eingesetzten Kapital gegenübergestellt.[23]

Das Shareholder-Value-Konzept, das Konzept des Economic Value Added (EVA) sowie das Konzept des Cash Flow Return on Investment (CFROI), der in den Cash Flow Added weiterentwickelt werden kann, sind die bekanntesten und am meisten verbreiteten wertorientierten Verfahren zur Messung des Unternehmungserfolges.[24]

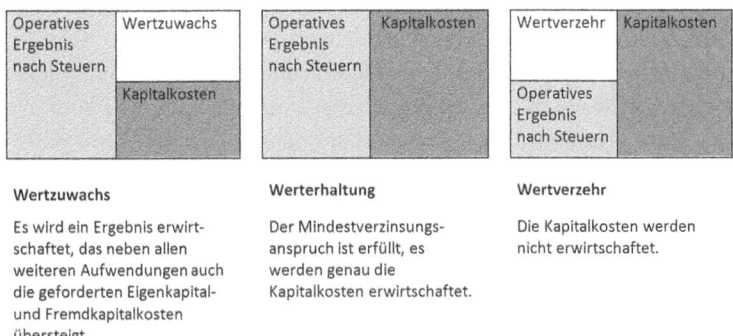

Abb. 1.2 Grundidee kurzfristiger wertorientierter Verfahren (eigene Darstellung in Anlehung an Beck 2003)

---

[23] Vgl. Beck (2003, S. 105 ff.).
[24] Vgl. Pape (2004, S. 131); Groll (2003, S. 1); Günther (1997, S. 265).

Tab. 1.2 Anforderungen an ein wertorientiertes Controlling und deren Umsetzung[25]

Anforderungen	Umsetzung
Zahlungsstromorientierung	Erfassung von Cashflows (anstelle buchhalterischer Erfolgsgrößen)
Zukunftsbezogenheit	Erfassung zukünftiger Erfolgsgrößen
Erfassung einer Vergleichsgröße	Berücksichtigung der Kosten des eingesetzten Kapitals
Langfristiger Bezug	unendlicher Betrachtungszeitraum
Berücksichtigung des Zeitwertes des Geldes	Diskontierung der Erfolgsgrößen
Markwertorientierung	Bezug auf Marktwerte anstatt auf Werte, die z. B. dem Vorsichtsprinzip unterliegen
Berücksichtigung von Risiken	Nutzung risikoangepasster Zinssätze
Berücksichtigung von Wachstumserfordernissen	Abzug der erforderlichen Investitionen in das Anlage- und das Nettoumlaufvermögen

1.3.6 Anforderungen an ein wertorientiertes Controlling

Aus den dargestellten Mängeln „traditioneller" Kennzahlen lassen sich die Anforderungen ableiten, welche an die Performance-Messung zu knüpfen sind. In Tab. 1.2 werden die Anforderungen und deren Umsetzung aufgeführt, die idealerweise ein wertorientiertes Controlling erfüllen muss.[26]

Eine Voraussetzung für die Ermittlung des Unternehmenswerts ist das Wissen um die Kapitalkosten der Unternehmung. Während die Fremdkapitalgeber Zinsen erhalten, stehen den Eigenkapitalkosten keine Aufwendungen gegenüber. Die Kapitalgeber stellen dem Unternehmen ihr Kapital nicht kostenlos zur Verfügung, sondern erwarten entsprechende Zinsen und Dividenden. In der Finanztheorie entsprechen die Kapitalkosten der Renditeforderung der Kapitalgeber auf den Unternehmungswert im Marktgleichgewicht.

Die Kapitalkosten werden zum einen von der Unternehmung und zum anderen von den Kapitalgebern bestimmt. Die Unternehmung determiniert die Kapitalintensität, die -struktur und das unternehmensspezifische Risiko, wohingegen die Kapitalgeber aus ihrem eigenen Anspruchsniveau und den Gegebenheiten des Kapitalmarkts die geforderte Verzinsung des Eigenkapitals ableiten und als Rendite fordern.

Im nächsten Schritt werden die Kosten des Eigen- und Fremdkapitals als Determinanten des Unternehmungswerts hergeleitet:

Der *Eigenkapitalkostensatz* wird mithilfe des *Capital Asset Pricing Model (CAPM)* ermittelt. Zielsetzung des CAPM ist es, für eine individuelle Anlagemöglichkeit eine Renditeforderung zu formulieren, die ihrem „individuellen" Risiko gerecht wird. Voraussetzung ist, dass die Unternehmung börsennotiert ist. Leitet sich die risikofreie Verzinsung aus der langfristigen Rendite von Bundesanleihen ab, so ist für die Ermittlung der Risikoprä-

---

[25] Vgl. Beck (2003, S. 66).
[26] Vgl. Beck (2003, S. 66).

mie die vorherige Bestimmung des branchenabhängigen Betafaktors (β) notwendig. Bei nicht börsennotierten Unternehmungen kann der für die Berechnung notwendige β mithilfe von Betafaktoren vergleichbarer Unternehmungen (eine „Peer-Group"-Unternehmung mit ähnlichem operativem Risiko, beispielsweise börsennotierte private Krankenhausketten) angenähert werden. Das CAPM gibt Hinweise, wie viel Rendite (price) eine Anlage aufweisen muss, damit ein Investor sein Kapital (capital) in diese Anlage (asset) investiert.

$$r_{EK} = r_F + \beta \cdot [r_M - r_F]$$

r_{EK} = risikoadjustierter Eigenkapitalkostensatz
r_F = risikofreier Zinssatz
r_M = Marktrendite
β = Betafaktor der Unternehmung

Die Verzinsung einer risikobehafteten Anlage ergibt sich aus der Verzinsung einer risikolosen Anlage r_F zuzüglich einer Risikoprämie. Diese ergibt sich aus der Multiplikation der Risikoprämie des Marktes ($r_M - r_F$) mit dem Maß für das unternehmungsindividuelle Risiko β. Der β misst dabei den Beitrag eines Wertpapiers zum systematischen Risiko (Marktrisiko) eines Portfolios. Das unsystematische Risiko (unternehmungsindividuelle, spezifische Risiken) kann eliminiert werden und wird auf Kapitalmärkten nicht bewertet.

Für die Ermittlung der *Fremdkapitalkosten* ist vorab zu prüfen, welche Fremdkapitalpositionen dem Finanzierungsbedarf zuzuordnen sind. Zum Finanzierungsbereich werden das „verzinsliche" oder „zinstragende" Fremdkapital (beispielsweise Darlehen, Anleihen), aber auch z. B. Finanzierungskosten gezählt. Zum nicht verzinslichen Fremdkapital werden unter anderem Lieferverbindlichkeiten, Kundenanzahlungen sowie Rückstellungen und passive Rechnungsabgrenzungsposten gerechnet. Die Höhe des Marktwerts des Fremdkapitals geht nicht nur als Abzugsposten in die Berechnung des Shareholder Value ein, sondern bestimmt indirekt auch den Fremdkapitalanteil, der zur Ermittlung der durchschnittlichen Kapitalkosten herangezogen wird.

Der *Weighted Average Cost of Capital (WACC)* ergibt sich aus der Gewichtung von Eigen- und Fremdkapitalkosten. Der WACC bildet den Faktor, mit dem alle künftigen Cashflows diskontiert werden. Gleichzeitig ist er der Grenzwert für die Wirtschaftlichkeit einer Investition. Liegt die Rendite einer Investition unterhalb der Kapitalkosten, so wird mit der Investition Unternehmungswert vernichtet und umgekehrt.

Der im Rahmen des WACC-Ansatzes genutzte Abzinsungsfaktor entspricht den gewichteten Kapitalkosten, die sich aus einer Eigenkapital- und Fremdkapitalkomponente zusammensetzen:

$$WACC = R_{GK} = \frac{EK^M}{GK^M} \times R_{EK} + \frac{FK^M}{GK^M} \times R_{FK},$$

WACC = Weighted Average Cost of Capital,
EK   = Eigenkapital,
FK   = Fremdkapital,
GK   = Gesamtkapital (= EK + FK),
M   = Marktwert,
R   = Zins- bzw. Renditeforderung.

Im Steuerfall ist das Fremdkapital betroffen, da die Zinsen für das Fremdkapital steuerlich abzugsfähig sind. Daher muss die WACC-Formel entsprechend um die Steuerquote (s) angepasst werden:

$$\text{WACC} = R_{GK} = \frac{EK^M}{GK^M} \times R_{EK} + \frac{FK^M}{GK^M} \times R_{FK} \times (1 - s).$$

1.3.7 Der Economic Value Added

1.3.7.1 Einführung

Die Konzeption des Economic Value Added (EVA), auch „(Geschäfts-)Wertbeitrag" genannt, ist das in Deutschland am weitesten verbreitete Wertsteigerungsmaß. Grundgedanke ist es, der Unternehmungsführung Informationen darüber zu liefern, welche Entscheidungen wertsteigernd oder wertvernichtend sind. EVA ist das operative Ergebnis nach Abzug aller Zinsen auf das betriebsnotwendige Kapital. Da ein positiver EVA somit den Gewinn oder Wertzuwachs einer Periode (t) nach Abzug aller Kapitalkosten abbildet, wird er auch als Residualgewinn oder als Übergewinn bezeichnet:

$$\text{EVA}_t = \text{NOPAT}_t - \text{WACC} \times \text{Capital}_{t-1},$$

NOPAT$_t$ = Net Operating Profit After Tax (Operativer Gewinn vor Abzug jeglicher Kapitalkosten und nach Abzug angepasster Steuern),
WACC   = Weighted Average Cost of Capital (gewichtete durchschnittliche Kapitalkosten),
Capital$_{t-1}$ = Investiertes, verzinsliches Kapital zu Beginn der Periode t in das betriebsnotwendige Vermögen.

Da für die Ermittlung des EVA die Aussagekraft der Zahlen aus dem externen Rechnungswesen nicht ausreicht, sollen der NOPAT sowie das investierte Kapital in mehreren Stufen um finanzielle, steuerliche und bewertungstechnische Verzerrungen korrigiert werden. Diese Korrekturen (Conversions) haben einen signifikanten Einfluss auf die Höhe und Aussagekraft der Größen „investiertes Kapital" und „NOPAT".

1.3.7.2 Determinanten des EVA

Auf der Basis des Gesamtkapitals oder der Bilanzsumme einer Unternehmung wird das *investierte Kapital* ermittelt und im ersten Schritt um *Operating Conversions* bereinigt. Diese haben zum Ziel, die verwendeten bilanziellen Vermögens- und Erfolgsgrößen auf ihre betriebliche Zugehörigkeit zu prüfen. Der bilanzielle NOPAT und das in der Bilanz ausgewiesene investierte Kapital (betriebsnotwendiges Vermögen) werden um außerbetriebliche und aperiodische Einflüsse bereinigt. Nicht betrieblich genutzte aktivierte Vermögensgegenstände werden von der Bilanzsumme zu Buchwerten abgezogen (zum Beispiel aktivierte Anlagen im Bau). Ebenso werden nicht aktivierte betrieblich genutzte Vermögensgegenstände zu Marktwerten aktiviert (zum Beispiel Miet- und Leasingaufwendungen). Bei den *Funding Conversions* erfolgen Korrekturen, indem alle zinslos bereitgestellten Positionen beseitigt werden, zu denen als Besonderheit im Krankenhaus die öffentlichen Fördermittel gehören. Bei den *Shareholder Conversions* werden die Bilanzpositionen aus Sicht der Eigentümer bewertet. Wenn sich dadurch für eine Bilanzposition ein höherer Wert ergibt, erfolgt eine Aktivierung der Bewertungsdifferenz. Diese Aktivierungen (meist immaterieller Vermögensgegenstände) werden als Eigenkapital betrachtet und deshalb als Eigenkapital-Äquivalente (Equity Equivalents) bezeichnet. Sie bleiben aufgrund der Ansatzvorschriften des externen Rechnungswesens als nicht bilanzierungsfähige Vermögensposten in der Bilanz unberücksichtigt. Abschließend erfolgen die *Tax Conversions*. Die Besonderheit der Gemeinnützigkeit von Krankenhäusern und deren Trägern und die damit verbundenen steuerlichen Konsequenzen sind bei der in diesem Schritt zu berechnenden fiktiven Steuerlast zu berücksichtigen. In der Bilanz bereinigen die Tax Conversions die ausgewiesene Steuerlast um die Auswirkungen der übrigen Conversions. Anpassungen sollen unternehmungsindividuell erfolgen. Dabei ist die Befolgung der genannten Reihenfolge von Bedeutung, da es zum Beispiel wegen Vernachlässigung der Reihenfolge zur Berechnung einer falschen fiktiven Steuerlast kommen kann. Nach Abschluss der Korrekturen entspricht die Bilanzsumme der Kenngröße investiertes Kapital.

Die Tab. 1.3 zeigt die Korrekturen, die im Krankenhaussektor am häufigsten zur Ableitung des investierten Kapitals verwendet werden.

Der *Net Operating Profit After Tax (NOPAT)* bezeichnet den operativen Gewinn vor Zinsen und nach Steuern und lässt sich anhand der Gewinn- und Verlust-Rechnung (GuV) einer Unternehmung ermitteln. Die Überführung des NOPAT von einer Größe des Rechnungswesens in eine stärker ökonomisch orientierte Größe erfolgt analog der Vorgehensweise zur Ableitung des investierten Kapitals mithilfe zahlreicher Anpassungen. Dabei betreffen die Korrekturen hauptsächlich die Bereinigung des bilanziell determinierten NOPAT um diejenigen Aufwendungen und Erträge, die mit den Conversions zur Ermittlung des investierten Kapitals korrespondieren. Da die Kapitalkosten im EVA-Konzept gesondert berücksichtigt werden, ist es notwendig, die Fremdkapitalzinsen aus der GuV-Rechnung zu entfernen. Um sicherzustellen, dass der NOPAT ein Ergebnis von Zinszahlungen darstellt, müssen die im Zusammenhang mit der Aktivierung von Leasingverbindlichkeiten die in den Leasingaufwendungen der Periode enthaltenen Zinsverbindlichkeiten

Tab. 1.3 Berechnung des investierten Kapitals (In Anlehnung an Von Eiff 2005, S. 492)

Investiertes Kapital =	Bilanzsumme	
	+	Wert betrieblich genutzter aber nicht aktivierter Gegenstände (insbesondere nicht bilanzierte Leasing und Mietobjekte)
	−	Wert nicht betrieblich genutzter aber bilanzierter Aktive (beispielsweise Anlagen im Bau, vermietete Immobilien, Wertpapiere des Umlaufvermögens)
	−	Zinslose öffentliche Fördermittel
	−	Unverzinsliche kurzfristige Verbindlichkeiten (Verbindlichkeiten LL, kurzfristige Rückstellungen)
	−	Aktive latente Steuern
	+	Passive latente Steuern

Tab. 1.4 Berechnung des NOPAT (Vgl. Von Eiff 2005, S. 492)

NOPAT =	Jahresüberschuss	
	+	Fiktive Zinsanteile auf kapitalisierte Miet- und Leasingaufwendungen
	−	Erträge aus nicht betrieblich genutzten Aktiva (z. B. Erträge aus Wertpapieren des Umlaufvermögens; Erträge vermieteter Immobilien)
	+/−	Änderungen der Equity Equivalents (+ zu aktivierender Aufwand für medizinische Forschung − Abschreibungen auf den Forschungsaufwand + Erhöhung stiller Reserven)
	+	Fremdkapitalzinsen
	−	Finanzwirksame Steuern (= Cash Operating Taxes)
	+	Zuführung zu den passivischen latenten Steuern
	−	Zuführung zu den aktivischen latenten Steuern

vom NOPAT abgezogen werden. Bei der Korrektur unberücksichtigt bleiben die Positionen der GuV eines Krankenhauses, die in Bezug zu den öffentlichen Fördermitteln stehen. Dort neutralisieren sich diesbezüglich die Aufwendungen und Erträge (Tab. 1.4).

Mithilfe des WACC wird der Kapitalkostensatz des EVA-Konzepts als gewichteter Durchschnitt aus Eigenkapital- und Fremdkapitalkostensatz ermittelt.

$$\text{WACC} : R_{GK} = R_{EK} \times \frac{EK^M}{GK^M} + R_{FK} \times \frac{FK^M}{GK^M} \times (1 - s)$$

WACC = Weighted Average Cost of Capital
EK   = Eigenkapital
FK   = Fremdkapital

GK   = Gesamtkapital (= EK + FK)
M   = Marktwert
R   = Zins- bzw. Renditeforderung
S   = Ertragssteuersatz

Für die Berechnung der Gewichtungsfaktoren ist die Besonderheit der öffentlichen Förderung von Krankenhäusern zu berücksichtigen. Solange der Verwendungszweck eingehalten wird und eine Unternehmungsfortführung unterstellt werden kann, ist die Gewährung öffentlicher Fördermittel zinslos und prinzipiell ohne Rückzahlungsverpflichtung. Daher resultiert aus den öffentlichen Fördermitteln zunächst kein Kapitalstruktur- oder Finanzierungsrisiko. Experten schlagen deshalb im Rahmen der Ermittlung des WACC eine um Fördermittel gekürzte Bilanz zur Bestimmung der Anteile von Eigen- und Fremdkapital am Gesamtkapital vor. Bei der Berechnung der Eigenkapitalkosten (R_{EK}) wird meist das CAPM zugrunde gelegt. Die Eigenkapitalkosten werden folgendermaßen ermittelt:

$$r_{EK} = r_F + \beta \cdot [r_M - r_F] \,,$$

r_{EK} = risikoadjustierter Eigenkapitalkostensatz,
r_F = risikofreier Zinssatz,
r_M = Marktrendite,
β = Betafaktor der Unternehmung.

Zur möglichst realistischen Abbildung der Renditeforderung der Fremdkapitalgeber wird das gewichtete Mittel aller kurz- und langfristigen Fremdkapitalpositionen mit den vertraglich vereinbarten Zinsansprüchen als Fremdkapitalkostenansatz (R_{FK}) zugrunde gelegt. Die steuerliche Abzugsfähigkeit von Fremdkapitalzinsen wird durch den Tax Shield $(1 - s)$ berücksichtigt.

1.4 Vor- und Nachteile des EVA-Konzepts

Der EVA ist als wertorientierte Spitzenkennzahl weit verbreitet, unter anderem aufgrund der Einfachheit der Berechnung und der daraus resultierenden Vorteilhaftigkeit für die Kommunikation. Letzteres liegt unter anderem in der speziellen Abbildung der Wertsteigerungsmöglichkeiten begründet, da dies leicht zu vermitteln ist. Als Werttreiber werden eine Steigerung der Gewinne, die Senkung des investierten Kapitals und eine Reduzierung des Kapitalkostensatzes definiert. Darüber kann dem Management und den Mitarbeitern die Bedeutung des gebundenen Kapitals veranschaulicht werden und in der Folge ein gesteigertes Kapitalbewusstsein hervorrufen. Aufgrund der Berücksichtigung der Kapitalkosten besitzt der EVA eine höhere Aussagekraft als die alleinige Berücksichtigung des Bilanzgewinns. Mithilfe verschiedener Korrekturen wird der EVA zu einer ökonomischen Größe überführt, was gleichzeitig eine Anpassung an unternehmungsindividuelle

Gegebenheiten bedeutet. Ebenfalls positiv hervorzuheben ist der praktisch bewährte Implementierungsansatz.

Die künftigen EVA bilden den hauptsächlichen Anteil des Unternehmungswertes. Eine Maximierung des Barwerts aller künftigen EVA entspricht dabei einer Maximierung des Unternehmungswerts. Diese Tatsache verleitet zu der Annahme, dass ebenso der Unternehmungswert durch die Maximierung eines einzelnen EVA – beispielsweise des EVA der aktuellen Periode – maximiert wird. Da die Maximierung des EVA der aktuellen Periode zulasten künftiger EVA gehen kann, ist dies nicht zwangsläufig der Fall. Eine weitere Schwäche ist die Bezeichnung *Economic Value Added* – „Value Added" bedeutet Wertschöpfung. Es handelt sich jedoch genau wie bei dem *Cash Value Added (CVA)* bei dem EVA nicht um eine Wertschöpfungsgröße. Hinzu kommt als ein weiterer Nachteil des EVA-Konzepts die Möglichkeit von Manipulationen. Dies betrifft die Korrektur von Buchwerten und den hierbei möglichen unternehmungsindividuellen Anpassungen, die zu einer geringen Vergleichbarkeit der EVA verschiedener Unternehmungen führen können. Zudem bleibt der EVA auch nach den Korrekturen eine vergangenheitsorientierte Größe – der Zukunftsbezug fehlt somit völlig. Aufgrund des Bezugs zu Buchwerten können außerdem Verzerrungen infolge von Abschreibungen auftreten.[27]

1.5 Umsetzung des wertorientierten Controllings – Praxisbeispiel

Das Modellkrankenhaus ist Grund- und Regelversorger. Es verfügt über 358 Planbetten. Im Jahr 2011 wurden insgesamt 13.597 Patienten stationär aufgenommen und 39.250 Patienten ambulant behandelt.

Um den EVA zu berechnen, wird im ersten Schritt der *Wertgenerator NOPAT* anhand der GuV 2011 vereinfacht ermittelt (Tab. 1.5). Hier sind Anpassungen des Krankenhausjahresabschlusses aus den Buchführungsdaten des externen Rechnungswesens, entsprechend der Erläuterungen zur Berechnung vorzunehmen. Position 4 rechnet Rückstellungen ein, da diese erst in der Periode berücksichtigt werden sollten, in der sie tatsächlich gezahlt werden. Aus der Subtraktion von Einstellungen und Auflösungen von Rückstellungen ergibt sich der Saldo in Höhe von 1.063.052,91 Euro.

Die Tax Conversions bleiben in dieser Berechnung unberücksichtigt, da das Beispielkrankenhaus als steuerbegünstigter Zweckbetrieb einzustufen ist (Gültigkeit des § 67 Abgabenordnung (AO)).

Ausgangspunkt der Berechnung des investierten Kapitals des Beispielkrankenhauses sind die durchschnittlichen Bilanzsummen der Jahre 2010 (61.005.584,05 €) und 2011 (62.511.614,63 €). Es wird unterstellt, dass der Durchschnitt des investierten Kapitals das arithmetische Mittel aus der Kapitalgröße zu Beginn und Ende der Periode ist (siehe Tab. 1.6).[28]

---

[27] Vgl. Heier et al. (2013, S. 13 ff.).
[28] Vgl. Weber (2004, S. 60).

Tab. 1.5 Berechnung des NOPAT

		Jahresüberschuss lt. GuV 2011	1.194.721,29 €
1.	+	Außerordentliche Aufwendungen	61,78 €
2.	−	Außerordentliche Erträge	567,63 €
3.	+	Zinsaufwendungen	18.766,13 €
4.	+	Rückstellungen	1.063.052,91 €
	=	**NOPAT** für EVA Berechnung	2.276.034,48 €
		Veränderung Überschuss 2011	1.081.313,19 €

Tab. 1.6 Berechnung des investierten Kapitals

			31.12.2010	31.12.2011
Bilanzsumme			61.005.584,05 €	65.211.614,63 €
1.	+	Veränderung Gewinnvortrag/Verlustvortrag	418.108,15 €	54.272,07 €
2.	+	Veränderung Jahresüber-schuss/Jahresfehlbetrag (s. Tab. 1.5)	54.272,07 €	1.081.313,19 €
3.	−	Sonderposten aus Fördermitteln nach dem KHG	14.419.140,36 €	14.554.574,26 €
4.	−	Sonderposten aus Zuweisungen und Zuschüssen der öffentlichen Hand	1.483.260,42 €	1.436.062,87 €
5.	−	Sonderposten aus Zuwendungen Dritter	166.665,70 €	111.467,66 €
6.	−	Sonstige Rückstellungen	3.857.049,09 €	4.896.342,00 €
7.	−	Verbindlichkeiten aus Lieferungen und Leistungen	4.878.492,53 €	4.055.604,36 €
8.	−	Verbindlichkeiten aus dem Krankenhausfinanzierungsrecht	3.203.134,82 €	1.833.797,71 €
9.	−	Sonstige Verbindlichkeiten	918.025,30 €	889.216,59 €
10.	−	Ausgleichsposten aus Darlehensförderung	24.671,43 €	24.671,43 €
11.	−	Rechnungsabgrenzungsposten	141.385,76 €	47.451,78 €
12.	−	Ausgleichsposten für Eigenmittelförderung	4.886.209,46 €	4.988.385,05 €
13.	−	Geleistete Anzahlungen und Anlagen im Bau (nicht geförderte Anteil)	6.915.075,08 €	8.534.638,69 €
14.		Summe	20.584.854,32 €	24.974.987,50 €
15.		**Gesamt 2010 und 2011**		**45.559.841,82 €**
16.		**Durchschnittlich investiertes Kapital 2011 für EVA-Ermittlung**		**22.779.920,91 €**

Die Daten in den Positionen der Sonderposten (Positionen 3 bis 5) sind zinslos bereitgestellte Mittel, die nicht mit dem Kapitalkostensatz verzinst werden. Die zinslosen Verbindlichkeiten werden in den Positionen 7 bis 9 aufgeführt und enthalten indirekte Zinsschulden, die das betriebliche Ergebnis gemindert haben. Somit würde bei der Berechnung der Kapitalkosten infolge der Multiplikation des investierten Kapitals mit dem

Tab. 1.7 Bilanzsummen der Jahre 2010 und 2011

Bilanzsumme		Korrigierte Bilanzsumme	
2010	2011	2010	2011
61.005.584,05 €	65.211.614,63 €	20.584.854,32 €	24.974.987,50 €

gewichteten Kapitalkostensatz der Anteil der Verbindlichkeiten ein zweites Mal mit Zinsen belastet. Damit dies nicht geschehen kann, mussten die Verbindlichkeiten aus den Bilanzsummen herausgerechnet werden. Die Positionen 10 und 12 sind Ausgleichsposten, die als spezielle Krankenhausposten zu verstehen sind und die aus Investitionen stammen, die vor der Einführung des Krankenhausfinanzierungsgesetzes (KHG) getätigt worden sind. Diese Aktivposten werden von den Bilanzsummen subtrahiert, um eine Neutralisation der Posten zu erreichen. So vermindern sie das Eigenkapital – dieser Anteil ist nicht zu verzinsen. Die Ausgleichsposten für Darlehensförderung werden ebenfalls aus den Bilanzsummen herausgerechnet, da sich sonst der Buchwert des Anlagevermögens bei Neutralisation verringern würde. Geleistete Anzahlungen und Anlagen im Bau (Position 13) wurden um den Fördermittelanteil korrigiert, da diese erst ab dem Zeitpunkt als investiertes Kapital anzusetzen sind, ab dem sie für die betriebliche Leistungserstellung zur Verfügung stehen. Dementsprechend werden bereits aktivierte Anlagen im Bau von den Bilanzsummen abgezogen.[29]

Nach den Korrekturen (Tab. 1.6) ergibt sich eine Veränderung der Bilanzsummen für die Jahre 2010 und 2011 (Tab. 1.7).

Die Verbindlichkeiten gegenüber dem Träger in den Jahren 2010 und 2011 bleiben in der Bilanzsumme unberücksichtigt, da es sich bei dieser Position um dauerhafte Verbindlichkeiten handelt. Insgesamt ergibt sich aus der beschriebenen Vorgehensweise ein investiertes Kapital für das Jahr 2011 in Höhe von 22.779.920,91 €.

Für die Ermittlung des *Kapitalkostensatzes WACC* wird das gewichtete Mittel aus Fremd- und Eigenkapitalkosten (ausschließlich Darlehen des Trägers) zugrunde gelegt. Aufgrund mangelnder Repräsentativität der börsennotierten Krankenhäuser kann der Betafaktor jedoch nicht exakt ermittelt werden. Daher wird die Peer-Group deutscher börsennotierter Krankenhäuser zur Ermittlung des Betafaktors herangezogen.

Für den risikofreien Zinssatz wird der durchschnittliche Zinssatz von Bundesanleihen in Höhe von 4,75 % angesetzt. Der Betafaktor ergibt sich aus der Kalkulation von Betafaktoren deutscher börsennotierter Krankenhäusern. Die durchschnittliche Marktrendite

---

[29] Vgl. Heier et al. (2013, S. 16 ff.).

betrug zu dem Zeitpunkt der Berechnung 9,5 %, sodass sich ein Kapitalkostensatz (oder Eigenkapitalkostensatz) von 6,08 % ergibt.

$$r_{EK} = 4,75\% + 0,28 \times (9,5\% - 4,75\%) = 6,08\%$$
$$WACC = 6,08\%$$

Nach der Ermittlung der notwendigen Determinanten kann der EVA berechnet werden:

$$EVA = NOPAT - k_{WACC} \times Capital$$
$$EVA = 2.276.034,48\ \text{€} - (6,08\% \times 22.779.920,91\ \text{€})$$
$$EVA = 891.015,29\ \text{€}.$$

Es wird deutlich, dass der NOPAT ausreicht, um das mit den gewichteten Kapitalkosten verzinste investierte Kapital zu decken: Der Wert wurde gesteigert. Allerdings ist zu beachten, dass die öffentlichen Fördermittel in der Berechnung der Kapitalkosten nicht berücksichtigt wurden. Bei dieser Beispielrechnung wurde lediglich das Anlagevermögen zu Buchwerten verzinst, zusätzlich müsste noch das Umlaufvermögen verzinst werden. Da es dem Anwender des EVA freisteht, welche grundsätzliche Ermittlungsmethodik er ansetzt, ist ein Benchmark zwischen den unterschiedlichen Krankenhäusern anhand eines veröffentlichten EVA-Werts nicht immer sinnvoll. Für den Vergleich müssten die Determinanten des EVA bekannt sein.

1.6 Chancen und Risiken

Neben den üblicherweise zu berücksichtigenden öffentlichen Fördermitteln in der Berechnung der Kapitalkosten sollte auch auf die Bestimmung der Eigenkapitalkosten geachtet werden. Die Bestimmung der einzelnen Determinanten des CAPM eröffnet in der Bewertungspraxis einen enormen Gestaltungsspielraum. Die angewendete CAPM-Methode bietet in der Theorie und Praxis jedoch zahlreiche Angriffspunkte. Eine wesentliche Einschränkung für die Ermittlung des CAPM ist dabei die fehlende Börsenpräsenz der deutschen Krankenhäuser. Dennoch bietet das Modell eine Basis zur kapitalmarktgestützten Ermittlung von Eigenkapitalkosten, wobei weitere Modifikationen und ergänzende Plausibilisierungsmaßnahmen erforderlich sind. Als wesentliche Schwäche ist eine Fokussierung des EVA-Ansatzes auf die Ziele „Steigerung des NOPAT" und „Reduzierung des investierten Kapitals" zu nennen. Diese Fokussierung kann zu einer dauerhaften Prioritätenverschiebung weg vom Ziel Unternehmungswachstums, hin zum Ziel einer Verringerung des investierten Kapitals führen. Wichtig ist, dass die Bewertung des Krankenhauses nicht nur auf einer einseitigen monetären Betrachtung beruht. Im Krankenhaus spielen auch nicht-monetäre Werte wie Ergebnisqualität oder Patientenzufriedenheit eine große Rolle.[30]

---

[30] Vgl. Heier et al. (2013, S. 20 f.).

Literatur

Verwendete Literatur

Beck R (2003) Erfolg durch wertorientiertes Controlling – Entscheidungen unterstützende Konzepte. Erich Schmidt Verlag, Berlin.

Copeland T, Koller T, Murrin J (1991) Valuation: Measuring and Managing the Value of Companies. New York.

Fruhan, W E Jr (1979) Financial Strategy – Studies in the Creation, Transfer, and Destruction of Shareholder Value. Homewood, Illinois.

Groll K-H (2003) Kennzahlen für das Wertorientierte Management. Hanser Wirtschaft, München/Wien.

Günther T (1997) Unternehmenswertorientierung Controlling. Vahlen Verlag München.

Heier K, Karsten E, Müller-Wenzel C, Zapp W (2013) Wertorientiertes Controlling – Das EVA-Konzept im Krankenhaus. In MHK, 130. Aktualisierung, April 2013

Horváth P (2006) Controlling. 10., Auflage. Vahlen Verlag, München.

Kaub M, Schaefer M (2002) Wertorientierte Unternehmensführung, Studie im Auftrag der Hans-Böckler Stiftung, Düsseldorf.

Pape U (2004) Wertorientierte Unternehmensführung und Controlling. 3., überarb. und erw. Aufl. Wissenschaft und Praxis, Sternenfels.

Rappaport A (1986) Creating Shareholder Value. The Free Press, New York.

Rühle J (2000) Wertmanagement im Krankenhaus. EuL Verlag, Lohmar/Köln.

Schierenbeck H, Lister M (2002) Value Controlling: Grundlagen Wertorientierter Unternehmensführung. 2., Aufl. Oldenbourg Verlag, München, Wien.

Schirmer, H (2003) Krankenhaus-Controlling. 2., völlig neu bearbeitete Auflage. Expert Verlag, Renningen.

Von Eiff W (2005) Wertorientierte Unternehmensanalyse. In: das Krankenhaus. 6/2005, S. 490–494.

Weber J (2004) Wertorientierte Unternehmenssteuerung. Gabler, Wiesbaden.

Weiterführende Literatur

Ballwieser W (2004) Unternehmensbewertung. Schäffer Pöeschel, Stuttgart.

Brecht U (2004) Controlling für Führungskräfte. Springer Gabler, Wiesbaden 2004.

Eichhorn P, Knoke M (2004) Vorwort. In: Eichhorn P, Püttner G (Hrsg.) Wertorientiertes Management im Gesundheitswesen ZçgU Beiheft 32/2004.

Engelke D-R (2008): Leistungen der administrativen Bereiche und Versorgungsbereiche. In: Schmidt-Rettig B, Eichhorn, S (Hrsg) Krankenhaus-Managementlehre. Theorie und Praxis eines integrierten Konzepts. Kohlhammer, Stuttgart. S. 346–378.

Hahn D, Hungenberg H (2001) PuK. Wertorientierte Controllingkonzepte. Planung und Kontrolle. Planungs- und Kontrollsysteme. Planungs- und Kontrollrechnung. 6. Auflage. Gabler, Wiesbaden.

Ruh H (2006) Unternehmensbewertung von Krankenhäusern. Utz Verlag, München.

Schaffer, C (2005) Führt Wertorientierte Unternehmensführung zur messbaren Wertsteigerung? Peter Lang, Frankfurt am Main.

Schmidt-Rettig B, Eichhorn S (2008) (Hrsg.): Krankenhaus – Managementlehre. Theorie und Praxis eines integrierten Konzepts. Kohlhammer, Stuttgart.

Seppelfricke P (2005) Handbuch Aktien- und Unternehmensbewertung. Schäffer Poeschel, Stuttgart.

Stührenberg L, Steich D, Henke J (2003) Wertorientierte Unternehmensführung. Theoretische Konzepte und empirische Befunde. Gabler, Wiesbaden.

Die Return-on-Capital-Employed-Konzeption im Krankenhaus

2

Daniela Bode und Helene Wiens

2.1 Einführung

Ebenso wie der Economic Value Added (EVA) ist auch der Return on Capital Employed (ROCE) den wertorientierten Kennzahlen zuzuordnen. Neben EVA zählt ROCE zu den bekanntesten wertorientierten Kennzahlen in Deutschland.[1] In diesem Beitrag soll untersucht werden, ob die Einrichtung von ROCE als Spitzenkennzahl ein geeignetes Konzept für Krankenhäuser darstellt um die Unternehmenswertsteigerung zu messen und eine wertorientierte Lenkung zu ermöglichen. Dazu erfolgt zunächst eine nähere Begriffsdefinition der Kennzahl ROCE. Im Anschluss erfolgt die Übertragung der ROCE-Konzeption auf das Krankenhaus. Die Übertragung beginnt mit dem bilanziellen Vorgehen, hier werden die Besonderheiten des Krankenhauses bezüglich der Ermittlung von ROCE herausgearbeitet. Veranschaulicht wird das bilanzielle Vorgehen anhand eines Beispielkrankenhauses. Die Daten und Zahlen stammen aus einer Bilanz und GuV, die in dem Elektronischen Bundesanzeiger veröffentlicht wurde. Sie sind aber so verändert worden, dass sie in sich schlüssig sind, aber Rückschlüsse auf das Beispielhaus nicht ohne Weiteres vorgenommen werden können. Im wertorientiertem Vorgehen wird dann auf die interne Lenkung über diese Kennzahl eingegangen. Dazu wird zu Beginn das Werttreibermanagement erläutert und Werttreiber im Krankenhaus aufgezeigt. Zum Ende des Beitrags wird die praktische Anwendung der Spitzenkennzahl für Krankenhäuser diskutiert.

Daniela Bode, M. A. ✉
Niels-Stensen-Kliniken, Osnabrück, Deutschland

Helene Wiens, M. A.
Agaplesion Diakonieklinikum, Rotenburg (Wümme), Deutschland

[1] Vgl. Beck (2003, S. 109).

© Springer Fachmedien Wiesbaden 2015
W. Zapp (Hrsg.), *Werteorientierte Konzeptionen im Krankenhaus*,
Controlling im Krankenhaus, DOI 10.1007/978-3-658-07838-6_2

2.2 Begriffsdefinition ROCE

Bei der Kennzahl Return on Capital Employed (ROCE) handelt es sich um eine wertorientierte Kennzahl, die sich auf den Periodenerfolg und buchhalterische Größen bezieht. Zudem handelt es sich bei ROCE um eine relative Kennzahl, also eine Verhältniszahl, da sie die Relation zum eingesetzten Kapital herstellt.[2] Damit wird sie den Rentabilitätskonzepten zugeordnet. ROCE „beschreibt, wie effizient und profitabel eine Unternehmung mit dem ihr zu Verfügung stehenden Eigen- und Fremdkapital umgeht."[3] „Der ROCE zeigt, wie effektiv eine Firma ihr Kapital für die Erzielung von Gewinn einsetzt."[4] Die Kennzahl gibt also die Verzinsung des effektiv eingesetzten Kapitals wieder.

Häufig wird ROCE auch als eine Weiterentwicklung der Gesamtkapitalrentabilitätskennzahl bezeichnet. Im Gegensatz zur Gesamtkapitalrentabilität wird beim ROCE das operative Ergebnis (NOPAT) mit dem Capital Employed (CE), also dem betriebsnotwenigen Kapital ins Verhältnis gesetzt. Die Erfolgsmessung beschränkt sich somit auf das Wesentliche und Relevante aus Sicht der Unternehmung.

2.3 Bilanzorientiertes Vorgehen

Das bilanzielle Vorgehen dient dazu, einer Unternehmung und somit auch dem Krankenhaus aufzuzeigen, wo Lenkungspotenzial besteht. Die Lenkung selbst wird mithilfe eines Werttreibermanagements ermöglicht. ROCE wird wie folgt berechnet:

$$\text{ROCE} = \frac{\text{EBIT}}{\text{CE}} \quad \text{oder} \quad \text{ROCE} = \frac{\text{NOPAT}}{\text{CE}}.$$

Zur Ermittlung des Zählers wird auf die Zahlen der Gewinn und Verlustrechnung (GuV) zurückgegriffen; für die Ermittlung des Nenners auf die Bilanz. Aufgrund der Besonderheiten im Bereich der Rechnungslegung der Krankenhäuser müssen relevante Unterschiede in der Bilanz und GuV berücksichtigt werden.

Allgemein unterliegen Krankenhäuser bei der Erstellung der Bilanz sowie GuV neben den Vorschriften des Handelsgesetzbuchs (HGB)[5] ebenso den Rechtsvorschriften der Krankenhausbuchführungsverordnung (KHBV)[6]. Die Rechtsform des Krankenhauses entscheidet darüber, welche Rechtsvorschrift Anwendung findet. Kapitalgesellschaften haben neben den Vorschriften der KHBV, die des HGB zusätzlich zu beachten. Allerdings besteht ein Wahlrecht für die Erstellung des Jahresabschlusses. Dieses beinhaltet die Wahl

---

[2] Vgl. Beck (2003, S. 69).

[3] Lang (2009, S. 123).

[4] Lang (2009, S. 123).

[5] Die Bilanz erfolgt nach § 266 und die GuV nach § 275 HGB. Vgl. juris. (2011): o. S. online im Internet.

[6] Die Bilanz erfolgt nach Anlage 1 zur KHBV und die GuV nach Anlage 2 zur KHBV. Buzer (2011): o. S. online im Internet.

Tab. 2.1 Bilanzaufstellung (Aktiva) nach KHBV anhand des Modellkrankenhauses

Aktiva		
A. Anlagevermögen		
I. Immaterielle Vermögensgegenstände		2.810.000,00 €
II. Sachanlagen		
1. Grundstücke und grundstückgleiche Rechte mit Betriebsbauten	60.000.000,00 €	
2. Grundstücke mit Wohnbauten	370.000,00 €	
3. Technische Anlagen	550.000,00 €	
4. Einrichtungen und Ausstattungen	10.500.000,00 €	
5. Geleistete Anzahlungen und Anlagen im Bau	1.400.000,00 €	72.820.000,00 €
III. Finanzanlagen		
1. Anteile an verbundenen Unternehmen		13.000,00 €
2. Beteiligungen	425.000,00 €	
3. Wertpapiere des Anlagevermögens	6.400.000,00 €	
4. Genossenschaftsanteile	9.000,00 €	6.847.000,00 €
B. Umlaufvermögen		
I. Vorräte		
1. Roh-, Hilfs- und Betriebsstoffe	2.300.000,00 €	
2. Unfertige Leistungen	2.100.000,00 €	4.400.000,00 €
II. Forderungen und sonstige Vermögensgegenstände		
1. Forderungen aus Lieferung und Leistung	15.000.000,00 €	
2. Forderungen an Gesellschafter	2.600.000,00 €	
– davon mit einer Restlaufzeit von einem Jahr	2.300.000,00 €	
3. Forderungen nach dem KHG	8.600.000,00 €	
– davon nach dem KHEntgG	1.500.000,00 €	
4. Forderungen gegen verbundene Unternehmen	800.000,00 €	
5. Forderungen gegen Unternehmen, mit denen ein Beteiligungsverhältnis besteht	100.000,00 €	
6. Sonstige Vermögensgegenstände	1.000.000,00 €	28.100.000,00 €
III. Kassenbestand, Guthaben bei Kreditinstituten		2.200.000,00 €
C. Ausgleichsposten nach dem KHG		
Ausgleichsposten für Eigenmittelförderung		3.700.000,00 €
D. Rechnungsabgrenzungsposten		
Andere Abgrenzungsposten		260.000,00 €
		121.137.000,00 €

Tab. 2.2 Bilanzaufstellung (Passiva) nach KHBV anhand des Modellkrankenhauses

Passiva		
A. Eigenkapital		
1. Gezeichnetes Kapital	1.000.000,00 €	
2. Kapitalrücklagen	59.000.000,00 €	
3. Verlustvortrag	−5.250.000,00 €	
4. Jahresüberschuss	1.311.000,00 €	56.061.000,00 €
B. Sonderposten aus Zuwendungen zur Finanzierung des Anlagevermögens		
1. Sonderposten aus Fördermitteln nach dem KHG	36.000.000,00 €	
2. Sonderposten aus Zuwendungen Dritter	300.000,00 €	36.300.000,00 €
C. Rückstellungen		
1. Pensionsrückstellungen	120.000,00 €	
2. Sonstige Rückstellungen	7.000.000,00 €	7.120.000,00 €
D. Verbindlichkeiten		
1. Verbindlichkeiten gegenüber Kreditinstituten	8.300.000,00 €	
– davon mit einer Restlaufzeit bis zu einem Jahr	250.000,00 €	
2. Verbindlichkeiten aus Lieferungen und Leistungen	3.000.000,00 €	
– davon mit einer Restlaufzeit bis zu einem Jahr	3.000.000,00 €	
3. Verbindlichkeit nach dem Krankenhausfinanzierungsrecht	7.400.000,00 €	
– davon nach dem KHEntgG	0,00 €	
– davon mit einer Restlaufzeit bis zu einem Jahr	7.400.000,00 €	
4. Verbindlichkeiten gegenüber verbundenen Unternehmen	600.000,00 €	
– davon mit einer Restlaufzeit bis zu einem Jahr	600.000,00 €	
5. Verbindlichkeiten gegenüber Unternehmen, mit denen ein Beteiligungsverhältnis besteht	0,00 €	
– davon mit einer Restlaufzeit bis zu einem Jahr	0,00 €	
6. Sonstige Verbindlichkeiten	2.100.000,00 €	
– davon mit einer Restlaufzeit bis zu einem Jahr	2.100.000,00 €	21.650.000,00 €
E. Rechnungsabgrenzungsposten		**6000,00 €**
		121.137.000,00 €

zwischen der Erstellung des Jahresabschluss nach KHBV oder zwei Jahresabschlüssen nach KHBV und HGB. Um die Ermittlung der ROCE Kennzahl unter Berücksichtigung der Besonderheiten von Krankenhäusern darzustellen, wird auf die Bilanz (siehe Tab. 2.1 und 2.2) und GuV nach den Vorschriften der KHBV zurückgegriffen und anhand eines Beispielkrankenhauses verdeutlicht.

Unterschiede in der Bilanz nach KHBV resultieren im Wesentlichen aus der Finanzierung der Krankenhäuser.[7] So enthält die krankenhausspezifische Bilanz (nach KHBV) neben anderen Posten auch eine feinere Untergliederung. Diese Unterschiede basieren auf der Bilanzierung der Investitionsmittel, nach dem Grundsatz der erfolgsneutralen Verbuchung der Fördermittel. Zu diesem Zwecke werden Sonder- sowie Ausgleichposten gebildet.[8]

Die GuV nach den Vorschriften der KHBV weicht ebenfalls von der GuV nach HGB ab. Dies insbesondere im Bereich der Erlöse, welche aufgrund der speziellen Vergütung gesondert ausgewiesen werden. Um den oben genannten Grundsatz weiterhin zu verfolgen, werden auch in der GuV bestimmte Posten zur Neutralisierung gebildet. Dies betrifft die Postennummern 10–14 aus der Tab. 2.3. Die Erfolgsrechnung soll somit in den Bereichen wie *Erträge aus den Fördermitteln, Abschreibungen des Anlagevermögens* sowie Differenzen zwischen Zinsen und Abschreibungen einerseits oder zwischen Zinsen und Darlehensförderung andererseits neutralisiert werden.[9]

Sowohl bei einer Bilanz als auch bei einer GuV sind Unterschiede im Rahmen der Gliederung vorhanden. Aufgrund der Verpflichtung der Krankenhäuser eine Aufstellung der Jahresabschlüsse nach KHBV durchzuführen kann allerdings angenommen werden, dass eine Vielzahl der Krankenhäuser keine weitere Bilanz nach HGB aufstellt, da dies einen zusätzlichen Aufwand darstellt. Im Folgenden wird untersucht, ob die beschriebenen Unterschiede relevant für die Kennzahl ROCE sind. Dies wird im Zähler sowie im Nenner getrennt betrachtet.

2.3.1 Zähler

Der Zähler von ROCE besteht entweder aus dem EBIT oder NOPAT. Zum Zwecke der Ermittlung wird auf die GuV zurückgegriffen. Dabei ist es unerheblich, ob diese auf dem Gesamtkosten-[10] oder auf dem Umsatzkostenverfahren[11] beruht.[12]

Unter EBIT wird das operative Ergebnis vor Zinsen, Steuern und Goodwill-Abschreibungen[13] verstanden.[14] EBIT entspricht dem Betriebsergebnis. Dies umfasst betriebli-

---

[7] Vgl. Graumann und Schmidt-Graumann (2007, S. 191).

[8] Vgl. Fries (2003, S. 54 f.).

[9] Vgl. Hentze und Kehres (1998, S. 118 f.).

[10] „Beim Gesamtkostenverfahren wird der Periodenerfolg auf der Mengenbasis Xp ermittelt, wobei der Gesamtaufwand Xp die Erlöse Xa berichtigt um wertmäßige Lagerbestandsveränderungen (Ertrag bzw. Aufwand) gegenübergestellt werden." Wöhe und Döring (2008, S. 798).

[11] „Beim Umsatzkostenverfahren wird der Periodenerfolg auf der Mengenbasis Xa ermittelt, wobei den Umsatzerlösen Xa der Aufwand zur Herstellung der abgesetzten Menge Xa der Umsatzaufwand Xa gegenübergestellt wird." Wöhe und Döring (2008, S. 798).

[12] Vgl. Beck (2003, S. 109 ff.).

[13] Unter Goodwill-Abschreibungen werden Abschreibungen auf den Firmenwert verstanden. Vgl. Hasler (2011, S. 251).

[14] Vgl. Beck (2003, S. 109 ff.).

Tab. 2.3 GuV nach KHBV des Modellkrankenhauses

GuV nach KHBV		
1.	Erlöse aus Krankenhausleistungen	87.000.000,00 €
2.	Erlöse aus Wahlleistungen	1.700.000,00 €
3.	Erlöse aus ambulanten Leistungen des Krankenhauses	3.550.000,00 €
4.	Nutzungsentgelte der Ärzte	4.400.000,00 €
5.	Erhöhung des Bestands an unfertigen Leistungen	230.000,00 €
6.	Zuweisungen und Zuschüsse der öffentlichen Hand sowie Zuwendungen Dritter, soweit nicht unter Nr. 10	380.000,00 €
7.	Sonstige betriebliche Erträge	18.750.000,00 €
	– davon aus Ausgleichsbeträgen für frühere Geschäftsjahre	440.000,00 €
		116.010.000,00 €
8.	Personalaufwand	
a)	Löhne und Gehälter	48.400.000,00 €
b)	Soziale Abgaben und Aufwendungen für Altersversorgung und für Unterstützung	10.657.000,00 €
	– davon für Altersversorgung	2.250.000,00 €
		59.057.000,00 €
9.	Materialaufwand	
a)	Aufwendungen für Roh-, Hilfs- und Betriebsstoffe	26.000.000,00 €
b)	Aufwendungen für bezogene Leistungen	4.750.000,00 €
		30.750.000,00 €
Zwischenergebnis		**26.203.000,00 €**
10.	Erträge aus Zuwendungen zur Finanzierung von Investitionen	6.700.000,00 €
	– davon Fördermittel nach dem KHG	6.700.000,00 €
11.	Erträge aus der Auflösung von Sonderposten nach dem KHG und aufgrund sonstiger Zuwendungen zur Finanzierung des Anlagevermögens	2.250.000,00 €
12.	Aufwendungen aus der Zuführung zu Sonderposten nach dem KHG zur Finanzierung des Anlagevermögens	6.725.000,00 €
		2.225.000,00 €
13.	Abschreibungen auf immaterielle Vermögensgegenstände des Anlagevermögens und Sachanlagen	5.000.000,00 €
14.	Sonstige betriebliche Aufwendungen	22.100.000,00 €
		27.100.000,00 €
Zwischenergebnis		**1.328.000,00 €**
15.	Erträge aus Genossenschaftsanteilen	450,00 €
16.	Erträge aus anderen Wertpapieren des Finanzanlagevermögens	195.000,00 €
17.	Sonstige Zinsen und ähnliche Erträge	38.400,00 €
18.	Zinsen und ähnliche Aufwendungen	250.000,00 €
19.	Ergebnis der gewöhnlichen Geschäftstätigkeit	1.311.850,00 €
20.	Steuern	850,00 €
21.	**Jahresüberschuss**	**1.311.000,00 €**

che Erträge und Aufwendungen und verdeutlicht damit den Erfolg des operativen Geschäfts. Im EBIT können allerdings finanzwirtschaftliche, außergewöhnliche, periodenfremde bzw. dispositive Aufwendungen oder Erträge beinhaltet sein, was die Aussagekraft einschränkt und sich damit auch auf die Vergleichbarkeit auswirkt.[15] Zusätzlich existieren, basierend auf den bilanzpolitischen Spielräumen in der Rechnungslegung (insbesondere im Bereich der Aufwendungen), Möglichkeiten die Ergebnisse des EBITs zu beeinflussen bzw. zu manipulieren. Daher wird empfohlen diese Größe um Goodwill-Abschreibungen zu bereinigen um eine bessere Vergleichbarkeit zwischen Unternehmen zu gewährleisten. Nach dieser Bereinigung wird aus dem EBIT das EBITA.[16]

Das NOPAT wird als Net Operating Profit after Taxes, bereinigtes operatives Ergebnis nach Steuern, definiert. Bei NOPAT handelt es sich somit um ein bereinigtes EBIT nach Steuern.[17] Das Net wird in diesem Fall nicht vom Netto abgeleitet, es bezieht sich auf die Bereinigungen bzw. Berichtigungen des operativen Ergebnisses von bilanziellen Verzerrungen.[18] Es werden alle relevanten außerordentlichen und aperiodischen Effekte, d. h. über die Goodwill-Abschreibungen hinaus subtrahiert. Zusätzlich werden adjustierte Steuern abgezogen unter der Annahme der vollständigen Eigenfinanzierung.[19] Der steuerliche Vorteil der Fremdfinanzierung wird hier nicht im Gewinn sondern in den Kapitalkosten abgebildet. Damit soll quasi die Doppelbesteuerung vermieden werden. Um die adjustierten Steuern zu berechnen ist es notwendig einen unternehmensspezifischen Grenzsteuersatz zu ermitteln, welcher dann mit dem EBIT multipliziert wird. Zu diesem Zwecke wird zu dem Steueraufwand aus der GuV die Steuereinsparungen aus dem Bereichen der Zinsaufwendungen und implizierten Zinszahlungen auf den Barwert des operativen Leasings addiert. Zudem werden Steuern aus Zinserträgen sowie passive latente Steuern von der Summe subtrahiert. Das Vorgehen verdeutlicht, wie komplex die Ermittlung des Steuersatzes ist.[20] Dieser Aufwand kann mittels eines branchenspezifischen Grenzsteuersatzes umgangen werden. Hierzu sind allerdings intensive Recherchen notwendig.

Allgemein ist die Berechnung des NOPAT aufgrund umfangreicher Bereinigungen aufwendiger als die Berechnung des EBIT. In Anlehnung an Hostettler sind die gleichen Conversions für die Bereinigung wie beim Economic Value Added anzuwenden. Diese umfassen Operating Conversions, Funding Conversions, Shareholder Conversions und Tax Conversions. Nach Stewart werden ebenfalls zahlreiche Korrekturen empfohlen um die bilanziellen Spielräume in diesem Bereich zu beseitigen. Die Bereinigungsmöglichkeiten nach Hostettler und nach Stewart differenzieren sich voneinander, was wiederum bedeutet, dass ein gewisser Spielraum bleibt.[21] Im Rahmen der Conversions oder nach Stewart vorgeschlagenen Korrekturen wird es aufgrund der Änderungen des BilMoGs

---

[15] Vgl. Seppelfricke (2007, S. 193).
[16] Vgl. Seppelfricke (2007, S. 158).
[17] Vgl. Seppelfricke (2007, S. 159).
[18] Vgl. Hasler (2011, S. 251).
[19] Vgl. Seppelfricke (2007, S. 194).
[20] Vgl. Hasler (2011, S. 257).
[21] Vgl. Seppelfricke (2007, S. 237).

Tab. 2.4 Berechnung der Abschreibungen auf das nicht geförderte AV

Berechnung AfA des nicht geförderten AV:	
AV gesamt	72.820.000,00 €
− Sonderposten	36.000.000,00 €
= Nicht gefördertes AV	36.820.000,00 €
− Grund und Boden (Annahme 25 % des nicht geförderten AV)	9.205.000,00 €
= Abschreibungspflichtiges nicht gefördertes AV	27.615.000,00 €
Anteil AfA nicht gefördertes AV	
AfA gesamt	5.000.000,00 €
× Anteil des abschreibepflichtigen nicht geförderten AV an ges. AV	37,92
= AfA nicht gefördertes AV	1.896.000,00 €

notwendig sein, diese an die Änderungen anzupassen. Beispielsweise eröffnet die Möglichkeit des Aktivierens des immateriellen Sachvermögens ein anderes Vorgehen als bei Shareholder Conversions vorgesehen ist. Festzuhalten ist, dass die zahlreichen Möglichkeiten im Rahmen der Bilanzkorrekturen an die gesetzlichen Änderungen für die detaillierte Anwendung des ROCE-Konzeptes für den Krankenhausbereich anzupassen sind.

Die Ertragskraft des operativen Geschäfts wird bei NOPAT deutlicher wiedergeben als beim EBIT, daher wird im weiteren Verlauf das NOPAT für die Berechnung der Kennzahl verwendet. Die Berechnungen beziehen sich ausschließlich auf das nicht geförderte Vermögen eines Krankenhauses, da die Ermittlung des ROCE darauf abzielt, herauszufinden, inwiefern sich das eingesetzte Kapital rentiert hat. Folglich wird die Neutralisierung der Investitionsgüter und Fördermittel im Rahmen der GuV (gegebenenfalls Bilanz) aufgehoben. Die Abschreibungen sind in diesem Sinne um den Anteil der Abschreibungen geförderter Anlagegüter zu kürzen. Folgendes Beispiel soll den Rechnungsweg verdeutlichen.

Das Anlagevermögen eines Krankenhauses beträgt 72.820.000 €. Die Sonderposten aus Fördermitteln nach dem KHG betragen 36.000.000 €. Es wird die Annahme getroffen, dass ebenfalls 25 % des Grund und Boden gefördert wurden. Die gesamten Abschreibungen betragen 5.000.000 € (siehe Tab. 2.4).

Die Korrekturen umfassen aus der Tab. 2.5 folgende Bereiche: Bereinigungen und adjustierte Steuern. Bei den Bereinigungen handelt es sich um Ausgleichsbeträge für frühere Jahre aus dem Posten sonstige Erträge, da diese periodenfremd sind. Die adjustierten Steuern werden aus Vereinfachungsgründen in Anlehnung an Fries auf 26,4 % taxiert und mit dem EBIT multipliziert.[22] Somit ergibt sich ein betriebsnotwendiges Kapital in Höhe von 985.308,31 € und ein EBIT in Höhe von 1.596.886,29 € (Tab. 2.5).

---

[22] Vgl. Fries (2003, S. 87).

Tab. 2.5 Berechnung EBIT und NOPAT

Berechnung EBIT/NOPAT	
1. Erlöse aus Krankenhausleistungen	87.000.000,00 €
2. Erlöse aus Wahlleistungen	1.700.000,00 €
3. Erlöse aus ambulanten Leistungen des Krankenhauses	3.550.000,00 €
4. Nutzungsentgelte der Ärzte	4.400.000,00 €
7. Sonstige betriebliche Erträge	18.750.000,00 €
Summe der Erlöse und Erträge	**115.400.000,00 €**
− 9. Materialaufwand	30.750.000,00 €
− 10. Personalaufwand	59.057.000,00 €
− 13. Abschreibungen	1.896.113,71 €
− 14. sonstige betriebliche Aufwendungen	22.100.000,00 €
= **EBIT**	**1.596.886,29 €**
− Bereinigungen	440.000,00 €
+ Zinsaufwand	250.000,00 €
− Adjustierte Steuern	421.577,98 €
= **NOPAT**	**985.308,31 €**

2.3.2 Nenner

Im Nenner der Kennzahl ROCE steht das Capital Employed. Hierunter wird das betriebsnotwendige Kapital verstanden.[23] Es existieren unterschiedliche Vorgehensweisen um das betriebsnotwendige Kapital zu ermitteln. Die Zahlen für die Ermittlung werden unabhängig von der Vorgehensweise aus der Bilanz gewonnen. Allgemein sind auch hier die zuvor genannten Conversions nach Hostettler anzuwenden.[24]

Eine Möglichkeit der Berechnung des Capital Employeds ist, das Gesamtkapital des Unternehmens um das nicht betriebsnotwendige Kapital zu mindern.[25] Capital Employed wird entweder basierend auf dem aktivischen oder auf dem passivischen Berechnungsverfahren ermittelt (siehe Abb. 2.1). Bei der aktivischen Alternative wird sich auf die Aktiva der Bilanz konzentriert, wie das Anlagevermögen, die Vorräte sowie Forderungen aus Lieferungen und Leistungen. Diese werden um die Passivposten wie kurzfristige Rückstellung und die Verbindlichkeiten aus Lieferungen und Leistungen bereinigt. Bei der passivischen Berechnung hingegen wird das Capital Employed über die Passiva ermittelt. Dabei werden die Positionen, welche nicht berücksichtigt werden, mit umgekehrten Vorzeichen herangezogen. Dieses Verfahren ist im Vergleich gesehen einfacher, da weniger Positionen erfasst werden. Dies umfasst das Eigenkapital und die Nettofinanzschulden,

---

[23] Vgl. Seppelfricke (2007, S. 157).
[24] Vgl. Seppelfricke (2007, S. 232 ff.).
[25] Vgl. Seppelfricke (2007, S. 157).

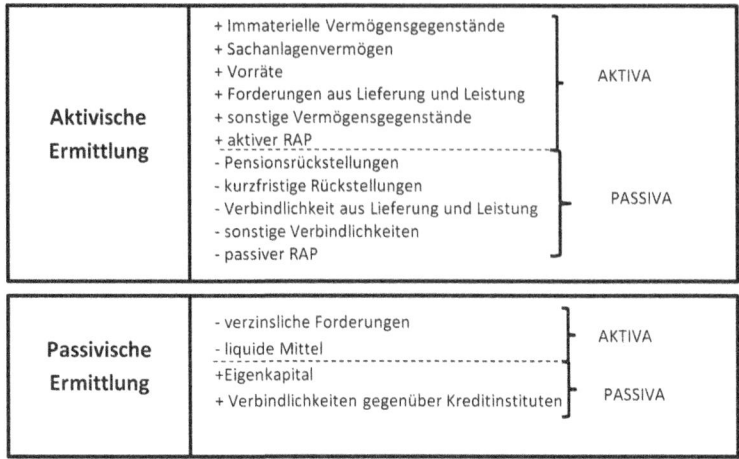

Abb. 2.1 Aktivische und passivische Ermittlung des Capital Employed (eigene Darstellung in Anlehnung an Beck 2003)

also verzinsliche Verbindlichkeiten abzüglich verzinsliche Forderungen, sowie liquide Mittel.[26]

Nach Däumler und Gabe wird das betriebsnotwendige Kapital nach folgendem Schema berechnet:

$$\text{Betriebsvermögen} - \text{Abzugskapital} = \text{Betriebskapital.}$$

Das Betriebsvermögen, bestehend aus dem Anlage- und Umlaufvermögen, wird um das Abzugskapital gemindert. Unter Abzugskapital ist ein zur Verfügung gestelltes zinsloses Fremdkapital zu verstehen. Das Abzugskapital resultiert auf dem Gedanken, dass für diese Verbindlichkeiten in der Realität Zinsen zu zahlen wären, die allerdings in die Preise einkalkuliert sind.[27] Des Weiteren kann das Anlage- und Umlaufvermögen auf wesentliche Posten reduziert werden. Diese umfassen, wie Abb. 2.2 verdeutlicht, die Sachanlagen, das immaterielle Vermögen, die Vorräte sowie die Forderungen aus Lieferungen und Leistungen. Das Abzugskapital beinhaltet das zinslose Fremdkapital aus den Verbindlichkeiten aus Lieferungen und Leistungen sowie die kurzfristigen Rückstellungen.[28]

Zusammenfassend kann gesagt werden, dass auch beim Nenner der Kennzahl ROCE kein einheitlicher Berechnungsweg erfolgt. Aus Vereinfachungsgründen wird die Berechnung des Nenners an die Definition des Capital Employed nach Peters und Pfaff angelehnt.

Das betriebsnotwendige Kapital wird wie folgt ermittelt. Das betriebsnotwendige Vermögen ist um die Posten, die auf der Investitionsförderung basieren, zu bereinigen (vgl. dazu Tab. 2.6). Folglich ist das AV im Bereich der Sachanlagen um die Sonderposten zu

---

[26] Vgl. Beck (2003, S. 114 f.).
[27] Vgl. Däumler und Gabe (2008, S. 212 f.).
[28] Vgl. Peters und Pfaff (2008, S. 31).

Aktiva	Passiva
Anlagevermögen	Eigenkapital
Sachanlagen	Gezeichnetes Kapital
Immaterielles Vermögen	Rücklagen
Finanzanlagen	Jahresüberschuss / Jahresfehlbetrag
Umlaufvermögen	Fremdkapital
Vorräte	Rückstellungen
Forderungen aus L. u. L.	Verbindlichkeiten aus L. u. L.
Sonstige Forderungen	Sonstige Verbindlichkeiten
Finanzmittel	
= Bilanzsumme	= Bilanzsumme

Abb. 2.2 Bestandteile des betriebsnotwenigen Kapitals (eigene Darstellung in Anlehnung an Peters und Pfaff 2008)

Tab. 2.6 Berechnung des betriebsnotwendigen Kapitals

A. Anlagevermögen	
I. Immaterielle Vermögensgegenstände	2.810.000,00 €
+ II. Sachanlagen	72.820.000,00 €
− Sonderposten	36.000.000,00 €
B. Umlaufvermögen	
I. Vorräte	4.400.000,00 €
+ II. Forderungen und sonstige Vermögensgegenstände	28.100.000,00 €
+ III. Kassenbestand, Guthaben bei Kreditinstituten	2.200.000,00 €
− Forderungen nach KHG	7.100.000,00 €
− Ausgleichsposten für Darlehn	0,00 €
− Ausgleichsposten Eigenmittelförderung	3.700.000,00 €
= Betriebsnotwendiges Vermögen KH	63.530.000,00 €
− Abzugskapital	20.350.000,00 €
= Betriebsnotwendiges Kapital	**43.180.000,00 €**

reduzieren. Das UV wird um die Forderungen nach KHG bereinigt. Zusätzlich sind die beiden Ausgleichposten aus dem UV herauszurechnen. Hieraus ergibt sich das betriebsnotwendige Vermögen in Höhe von 63.530.000 €. Daraufhin wird von diesem Ergebnis das Abzugskapital subtrahiert. Das Abzugskapital umfasst alle Verbindlichkeiten des Krankenhauses außer den Verbindlichkeiten gegenüber Kreditinstituten. Dies begründet sich darin, dass diese Verbindlichkeiten gegenüber Kreditinstituten nicht zinslos gewährt werden. Des Weiteren beinhaltet das Abzugskapital die kurzfristigen Rückstellungen (hier mit den sonstigen Rückstellungen gleichgesetzt). Somit beläuft sich das betriebsnotwendige Kapital auf 43.180.000 €. Hieraus folgt, dass das Krankenhaus diesen Betrag zur Erwirtschaftung des operativen Ergebnisses benötigt.

2.3.3 Ermittlung der Kennzahl ROCE

In Hinblick auf die Übertragbarkeit der ROCE-Konzeption auf das Beispielkrankenhaus werden zuvor berechnete Bestandteile der Kennzahl ins Verhältnis gesetzt.

$$\frac{\text{NOPAT}}{\text{CE}} = \frac{985.308,31}{43.180.000}$$

Hieraus ergibt sich ein ROCE in Höhe von 2,28 %. Die ermittelte Rendite des eingesetzten Kapitals ist damit als niedrig zu bewerten. Beim Vergleich mit dem Zinsniveau der Bundesanleihe (Zinssatzhöhe 1,64 %)[29] fällt die Bewertung der Rendite wiederrum besser aus.

Um eine aussagekräftige Bewertung bezüglich der Rentabilität treffen zu können, sollte ROCE dem WACC[30] gegenübergestellt werden. Erst diese Gegenüberstellung verdeutlicht, ob tatsächlich eine Wertsteigerung in diesem Geschäftsjahr realisiert wurde oder nicht (einschließlich der Deckung der Opportunitätskosten der Eigenkapitalgeber und Zinsaufwendungen für Fremdkapitalgeber). Eine Wertsteigerung liegt vor, wenn der ROCE höher ausfällt als der WACC, im anderem Falle liegt eine Wertvernichtung durch das investierte Kapital vor. Nach der Gegenüberstellung werden für das Unternehmen und seine Geschäftsbereiche neue Ziele und hierfür notwendige Maßnahmen festgelegt.[31]

Anhand des bilanziellen Vorgehens lässt sich festhalten, dass zu erkennen ist, in welchen Posten und somit in welchen Bereichen bei einem Krankenhaus anzusetzen ist, um die Kennzahl ROCE zu verändern. Zudem hat dieses Vorgehen gezeigt, dass die Besonderheiten der Bilanzierung sowohl im Zähler als auch im Nenner zu berücksichtigen sind um die ROCE-Konzeption anwenden zu können. Wie genau die Wertsteigerung über die Kennzahl ROCE im Krankenhaus erfolgt, wird im nächsten Abschnitt näher vorgestellt.

2.4 Wertorientiertes Vorgehen

Verfolgt ein Krankenhaus die Strategie der langfristigen Unternehmenswertsteigerung, stellt sich die Frage, durch welche konkreten Maßnahmen eine solche Steigerung erreicht werden kann. Die Steigerung lässt sich nicht direkt erzielen, sondern nur durch Beeinflussung einzelner Komponenten, den sogenannten Werttreibern.[32] Werttreiber sind definiert als Faktoren, die den Wert einer Unternehmung beeinflussen.[33] Das bedeutet, dass durch die Werttreiber eine Lenkung ermöglicht wird und der Unternehmenswert gesteigert werden kann.

---

[29] Vgl. Finanzen.net (2011): o. S. online im Internet.
[30] Siehe Abschn. 1.3.6.
[31] Vgl. Hasler (2011, S. 255).
[32] Vgl. Beck (2003, S. 146).
[33] Vgl. Terbeck et al. (2010, S. 98) zitiert nach Weber et al. (2004, S. 105f).

Eine Wertsteigerung kann nur durch die Akteure im Krankenhaus und deren Entscheidungen erreicht werden. Insbesondere in Krankenhäusern werden viele Entscheidungen in Hinblick auf die einzelnen Verantwortungsbereiche getroffen. So haben die Chefärzte bestimmte Entscheidungen auf Fachabteilungsebene zu treffen, andere Entscheidungen hingegen werden in zentral auf Unternehmungsebene angesiedelten Abteilungen getroffen. Alle Entscheidungen sollten die oberste Zielsetzung der Wertsteigerung unterstützen. Daher bietet sich die Lenkung der Unternehmung auf Grundlage einer Spitzenkennzahl an.

Um die Lenkung der Unternehmung auf Grundlage einer Spitzenkennzahl zu ermöglichen, muss der Kennzahl die Abstraktheit genommen werden. Die Spitzenkennzahl wird in ihre wertbestimmenden Faktoren zerlegt. Diese Faktoren werden weiter aufgeschlüsselt bis auf die in einzelnen Abteilungen beeinflussbaren Werte. Dadurch entsteht ein Kennzahlensystem, welches auch als Werttreiberbaum bezeichnet wird.[34] Werttreiberbäume stellen ein Instrumentarium dar, welches es ermöglicht, abstrakte Größen auf konkrete, unmittelbar beeinflussbare Größen zurückzuführen. Im Idealfall sollten Werttreiber bereits bekannte Steuerungsgrößen sein oder aus solchen abgeleitet werden können.[35] Durch die Werttreiberbäume können die Mitarbeiter im Krankenhaus die Zusammenhänge zwischen bestimmten Entscheidungen und deren Auswirkung auf das Ziel der Wertsteigerung erkennen.[36] Es wird also möglich, über Werttreiberbäume Ursache-Wirkungszusammenhänge darzustellen.

Zielvereinbarungen können somit an die Wertsteigerung geknüpft werden, um eine einheitliche Lenkung der gesamten Unternehmung zu ermöglichen. Damit wird ein Anreiz für die Chefärzte gesetzt um das Unternehmensziel der Wertsteigerung zu erreichen. Dies müsste allerdings so kommuniziert werden, dass dem Chefarzt deutlich wird, wie wichtig sein Beitrag dafür ist. Ebenfalls ist zu verdeutlichen, dass Veränderungen bestimmter Werttreiber in seiner Verantwortung liegen.

Wird die Kennzahl ROCE in die einzelnen Bestandteile zerlegt, werden zunächst die zwei folgenden Werttreiber sichtbar:

- Erhöhung operatives Ergebnis durch eine Steigerung des NOPAT bei Beibehaltung des Kapitaleinsatzes.
- Reduzierung des tatsächlich investierten Kapitals bei gleichbleibendem operativem Ergebnis.[37]

Da diese Werttreiber aber immer noch zu aggregiert sind, muss eine weitere Aufschlüsselung erfolgen. Diese wird in Abb. 2.3 anhand eines ROCE-Werttreiberbaumes verdeutlicht.

---

[34] Vgl. Beck (2003, S. 146).
[35] Vgl. Dillerup (2006, S. 11).
[36] Vgl. Dierkes und Lingenfelder (2006, S. 20).
[37] Vgl. Dillerup (2006, S. 8 f.).

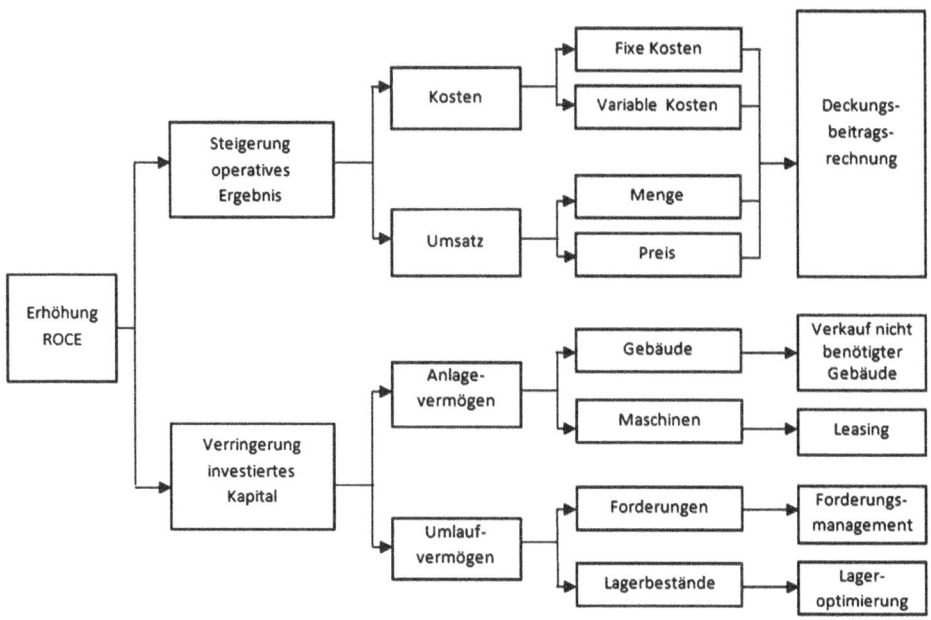

Abb. 2.3 Werttreiberbaum (eigene Darstellung in Anlehnung an Stiefl und Westerholt 2008)

Bei einer operativen Entscheidung ist es allerdings nicht sinnvoll, die Verbesserungen der Werttreiber isoliert zu betrachten, denn diese stehen meist in einem unmittelbaren Zusammenhang zu anderen Werttreibern. So kann die Verbesserung des einen Werttreibers zu einer Verschlechterung eines weiteren Werttreibers führen. Bei jeder Maßnahme müssen die Nebenwirkungen auf andere Werttreiber beachtet werden. So gehen Maßnahmen der Umsatzsteigerung meist einher mit zusätzlichen Kosten, z. B. durch die Anschaffung einer weiteren Maschine. Die Anschaffung einer neuen Maschine erhöht wiederum das investierte Kapital. Eine Steigerung des ROCE ist dann nur möglich, wenn die Steigerung des Umsatzes es langfristig schafft, die Erhöhung des investierten Kapitals zu kompensieren bzw. zu übersteigen.[38]

Im Folgenden sollen Werttreiber beschrieben werden, die es dem Krankenhaus ermöglichen, den ROCE nachhaltig zu erhöhen. Dabei wird an Beispielen aufgeführt, welchen Effekt bestimmte Entscheidungen auf die Kennzahl ROCE haben.

---

[38] Vgl. Beck (2003, S. 147).

2.4.1 Erhöhung des operativen Ergebnisses

Wird der NOPAT gesteigert bei gleichbleibendem investiertem Kapital bedeutet dies, dass das Krankenhaus mit dem zur Verfügung stehendem Kapital mehr Wert erzielt hat. Es folgt somit eine Wertsteigerung und eine höhere Verzinsung des eingesetzten Kapitals. Da eine Steigerung des NOPAT wie bereits beschrieben zu abstrakt ist, muss eine weitere Aufschlüsselung erfolgen. Generell kann eine Erhöhung des operativen Ergebnisses durch Umsatzsteigerung oder durch Kostensenkung erreicht werden.[39]

Bekanntlich lassen sich Umsatzsteigerungen durch eine Ausweitung der Menge oder über eine Erhöhung der Preise realisieren. Für Krankenhäuser besteht die Besonderheit, dass ein Großteil der im Krankenhaus abgerechneten Leistungen über das DRG-System abgerechnet wird. Aufgrund der pauschalierten Vergütung anhand der DRGs auf Preis-basis ist es für Krankenhäuser in diesem Bereich nicht möglich, eine Umsatzsteigerung durch eine Erhöhung der Preise zu realisieren. Bei einer Ausweitung der Menge besteht für das Krankenhaus ebenfalls eine Besonderheit bei der Vergütung dieser Mehrerlöse. Die Vergütung von Mehrerlösen ist durch die Budgetverhandlungen mit den Krankenkassen weitestgehend limitiert, sodass im Bereich der DRG-Erlöse aus Krankenhausleistungen eine Einschränkung besteht, da diese nicht zu 100 % vergütet werden. Dennoch ist es möglich eine positive Umsatzsteigerung zu erzielen. Für Krankenhäuser besteht die Mög-lichkeit im budgetfreien Raum Erträge zu erzielen, so z. B. im Bereich der nichtärztlichen Wahlleistungen, integrierter Versorgung, alternativen Versorgungsformen und möglicher Selektivverträge.[40]

Als ein wesentliches Instrument, um eine gezielte Steigerung des operativen Ergeb-nisses zu ermöglichen, bietet sich die Deckungsbeitragsrechnung an. Durch diese wird aufgezeigt, in welchem Umfang ein Objekt (Kostenträger) zur Deckung der fixen Kosten beiträgt. Im Vordergrund der Deckungsbeitragsrechnung stehen die variablen Kosten. Es wird ersichtlich, welche Kosten kurz- bzw. langfristig beeinflusst werden können. Konkret bedeutet dies für den Chefarzt, dass dieser erkennen kann, welche Kosten entstehen und welche er beeinflussen kann.[41] Zu den variablen Kosten, die durch den Chefarzt gelenkt werden können, gehören die Sachmittel. Diese sind maßgeblich durch Arzneimittel und den medizinischen Bedarf gekennzeichnet und nehmen einen großen Kostenblock ein. So ist es möglich, durch eine Reduzierung der Kosten des medizinischen Bedarfs, z. B. durch Neuverhandlungen des Einkaufspreises oder durch den Erlass von Richtlinien über den verantwortungsvollen Umgang mit Betriebsmitteln, das operative Ergebnis zu stei-gern und somit auch den ROCE zu erhöhen. Dies soll anhand der oben aufgeführten GuV verdeutlicht werden.

Aus der GuV (Tab. 2.3) lassen sich Materialaufwendungen (Sachmittel) in Höhe von 30.750.000 € identifizieren. Werden diese Materialaufwendungen um beispielsweise

---

[39] Vgl. Beck (2003, S. 149).
[40] Vgl. Zapp et al. (2010, S. 91).
[41] Vgl. Zapp und Oswald (2009, S. 116 ff.).

Tab. 2.7 Veränderung NOPAT

Berechnung EBIT / NOPAT		Berechnung EBIT / NOPAT NEU	
1. Erlöse aus Krankenhausleistungen	87.000.000,00 €	1. Erlöse aus Krankenhausleistungen	87.000.000,00 €
2. Erlöse aus Wahlleistungen	1.700.000,00 €	2. Erlöse aus Wahlleistungen	1.700.000,00 €
3. Erlöse aus ambulanten Leistungen des Krankenhauses	3.550.000,00 €	3. Erlöse aus ambulanten Leistungen des Krankenhauses	3.550.000,00 €
4. Nutzungsentgelte der Ärzte	4.400.000,00 €	4. Nutzungsentgelte der Ärzte	4.400.000,00 €
7. Sonstige betriebliche Erträge	18.750.000,00 €	7. Sonstige betriebliche Erträge	18.750.000,00 €
Summe der Erlöse und Erträge	115.400.000,00 €	Summe der Erlöse und Erträge	115.400.000,00 €
- 9. Materialaufwand	30.750.000,00 €	- 9. Materialaufwand	29.827.500,00 €
- 10. Personalaufwand	59.057.000,00 €	- 10. Personalaufwand	59.057.000,00 €
- 13. Abschreibungen	1.896.113,71 €	- 13. Abschreibungen	1.896.113,71 €
- 14. sonstige betriebliche Aufwendungen	22.100.000,00 €	- 14. sonstige betriebliche Aufwendungen	22.100.000,00 €
= EBIT	1.596.886,29 €	= EBIT	2.519.386,29 €
- Bereinigungen	440.000,00 €	- Bereinigungen	440.000,00 €
+ Zinsaufwand	250.000,00 €	+ Zinsaufwand	250.000,00 €
- adjustierte Steuern	421.577,98 €	- adjustierte Steuern	665.117,98 €
= NOPAT	985.308,31 €	= NOPAT	1.664.268,31 €

3 % auf 29.827.500 € verringert, hat dieses folgende Auswirkungen auf den NOPAT (siehe Tab. 2.7).

Dieser steigt auf 1.664.268,31 €. Das investierte Kapital bleibt unverändert bei 43.180.000 €. Durch die Division beider Größen zeigt sich, dass sich der ROCE positiv verändert hat.

$$\text{Vorher:} \quad \frac{985.308,31}{43.180.000} = 2,28 \quad \text{Nachher:} \quad \frac{1.664.268,31}{43.180.000} = 3,85$$

Somit ergibt sich ein neuer ROCE von 3,85 %. Es wurde also Wert geschaffen. Dies kann anhand des Werttreiberbaumes, unter Zuhilfenahme des bekannten Instrumentes der Deckungsbeitragsrechnung, nachvollzogen und erkannt werden. Die Entscheidung hat also zur Unternehmenswertsteigerung beigetragen, sie entspricht also der vorgegebenen Strategie. Im Rahmen der internen Lenkung werden für die einzelnen Fachabteilungen die jeweiligen ROCE berechnet. Daraufhin kann mit den unterschiedlichen Fachabteilungen die jeweilige Steigerungsrate des ROCE festgelegt und in einer Zielvereinbarung fixiert werden. Bei der Berechnung der jeweiligen ROCE-Größe muss darauf geachtet werden, dass das erforderliche Kapital sowie die Ergebnisse eindeutig einer Fachabteilung, also dem jeweiligen Verantwortungsbereich, zugeordnet werden können.[42]

Ebenfalls bietet sich die Steigerung des operativen Ergebnisses über eine Steuerung der Verweildauer an. Bedenkt man, dass die Spannweite zwischen den Erlösen und den Kosten einer DRG in der Regel zwischen der unteren Verweildauer und der mittleren Verweildauer am größten ist, bietet sich eine gezielte Steuerung der Verweildauer in diesen Korridor an. Diese Steuerung kann durch den Chefarzt beeinflusst werden. Durch die Orientierung an der mittleren Verweildauer kann der Umsatz der Fachabteilung erhöht werden, bei gleichbleibenden Kosten. Dies führt ebenfalls zu einer Erhöhung des ROCE.

Wird zur Steigerung des operativen Ergebnisses die Entscheidung gefällt, z. B. ein neues Gerät anzuschaffen, muss beachtet werden, dass sich ebenfalls das investierte Kapital erhöht. Es wird in solchen Fällen nicht zu einer Steigerung des ROCE kommen, eher im Gegenteil. Die Investition erhöht direkt das investierte Kapital. Eine Erhöhung des operativen Ergebnisses wird sich in der Regel aber erst nach einer gewissen Zeit einstellen. Folglich würde zunächst der ROCE durch die Investition sinken. Dieses Beispiel macht deutlich, dass der ROCE in gewisser Weise investitionsfeindlich ist. Steht die reine Fokussierung der Wertsteigerung im Vordergrund, besteht die Gefahr, dass wichtige strategische Investitionen ausbleiben. Das langfristige Bestehen des Krankenhauses könnte dadurch gefährdet werden.[43]

Weitere Maßnahmen zur Steigerung des operativen Ergebnisses, die nicht weiter vertieft werden, enthält Abb. 2.4.

2.4.2 Verringerung des investierten Kapitals

Neben einer Erhöhung des operativen Ergebnisses ist ein weiterer Werttreiber die Reduzierung des tatsächlich investierten Kapitals. Auch hier ist es notwendig, eine weitere Zerlegung vorzunehmen. Das investierte Kapital setzt sich aus dem Umlaufvermögen und dem Anlagevermögen zusammen. Beim Umlaufvermögen werden allerdings kurzfristige Verbindlichkeiten nicht berücksichtigt. Durch eine Verringerung des Anlage- bzw. Umlaufvermögens wird es also möglich, das investierte Kapital zu senken.

Für das Krankenhaus besteht die Möglichkeit, das investierte Kapital über eine Verringerung des Anlagevermögens zu reduzieren. Hier hat das Krankenhaus zu einem die Möglichkeit, eine Verringerung des investierten Kapitals über den Verkauf nicht mehr benötigter Gebäude oder Anlagen zu erreichen. Dies wird häufig zu Beginn der Einführung einer wertorientierten Unternehmensführung veranlasst und stellt eher eine einmalige Maßnahme auf Unternehmensebene dar. Allerdings lassen sich gerade hierdurch hohe Werte erzielen. Auch wenn es einen kurzfristigen Effekt aufweist, lässt sich das Niveau des ROCE nachhaltig durch Maßnahmen dieser Art erhöhen, unter der Voraussetzung kei-

---

[42] Vgl. Dillerup (2006, S. 10).
[43] Vgl. Beck (2003, S. 10).

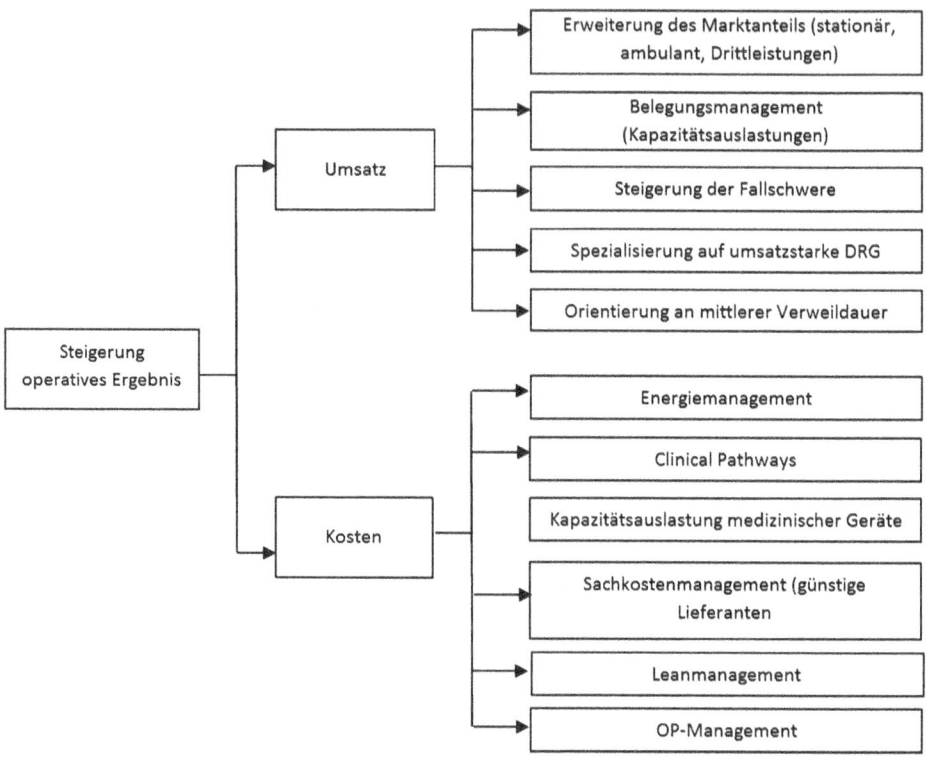

Abb. 2.4 Beispielhafte Maßnahmen zur Steigerung des operativen Ergebnisses

ner weiteren Ausweitung des betriebsnotwendigen Kapitals. Weitere Maßnahmen, die es ermöglichen das investierte Kapital zu verringern, betreffen das Umlaufvermögen.

Das Krankenhaus hat auch beim Umlaufvermögen die Möglichkeit, verschiedene Maßnahmen zu ergreifen, um dieses zu verringern. Es geht darum, die Kapitalbindung in Beständen aber auch in Forderungen zu verringern.[44] Hierzu zählt das Forderungsmanagement, bei dem ein zügiger Ausgleich der Rechnungen durch die Kostenträger von zentraler Bedeutung ist. Das Forderungsmanagement wird in der Regel zentral in einer Abteilung für das gesamte Krankenhaus durchgeführt und nicht durch die jeweilige Fachabteilung. Eine weitere Maßnahme ist die Lageroptimierung, auf die im Folgenden näher eingegangen werden soll.

Lagerbestände als Vorräte stellen eine Form der ertragszinslosen Kapitalbindung dar und verursachen Kosten durch die Beschaffung und Bereitstellung von Materialien. Daher ist es sinnvoll, die Lagerhaltungsdauer (Days Inventory Outstanding) zu reduzieren. Diese

---

[44] Vgl. Hanneken und Perner (2009, S. 540).

gibt die durchschnittliche Verweildauer von Gütern im Lager an und wird über folgende Formel berechnet:

$$DIO = Lagerbestände \times \frac{360}{Umsatz}.$$

Über eine Reduzierung der Vorräte auf Lager wird das Umlaufvermögen verringert und gebundenes Kapital freigesetzt. Hier besteht zum einem die Möglichkeit, die Artikelvielfalt auf Lager zu reduzieren, um somit weniger Produkte lagern zu müssen. Ebenfalls bietet sich z. B. bei teuren Blutprodukten eine Just-in-Time-Lieferung an, bei der Produkte erst bei Bedarf, zeitlich möglichst genau berechnet, geliefert werden. Ebenso ist eine Vorhaltung von geringeren Sicherheitsbeständen möglich, um Lagervorräte zu reduzieren. Mittels des Abbaus von Überbeständen, der nachhaltigen Planung, Steuerung und Kontrolle der Bestände ist eine unnötig hohe Kapitalbindung vermeidbar.[45] Auch bietet sich die Möglichkeit von sogenannten Konsignationslagern an, bei denen die Ware bis zum Verbrauch im Besitz des Lieferanten verbleibt.[46] Im Krankenhaus ist allerdings besonders darauf zu achten, dass Engpässe vermieden werden, um die Leistungsfähigkeit aufrecht zu erhalten. Durch einen geringen Lagerbestand ist es somit möglich, gebundenes Kapital freizusetzen. Werden die Lagerkosten minimiert, wird somit nicht wertschöpfendes Kapital freigesetzt.

Auch hier soll erneut die Auswirkung anhand der Bilanz verdeutlicht werden. Aus der oben aufgeführten Bilanz lassen sich Vorräte in der Höhe von 4.400.000 € identifizieren. In diesen Vorräten sind allerdings unfertige Erzeugnisse in Höhe von 2.100.000 € enthalten. Bei unfertigen Erzeugnissen handelt es sich im Krankenhaus um Patienten deren Behandlung am Bilanzstichtag noch nicht abgeschlossen ist, die sogenannten Überlieger.[47] Daher sind die Vorräte um die Überlieger zu reduzieren und betragen 2.300.000 €. Werden die Vorräte auf Lager beispielsweise um 20 % auf 1.840.000 € reduziert, hat dies folgende Auswirkungen auf das investierte Kapital: Dieses sinkt auf 42.720.000 €. Durch die Verringerung im Umlaufvermögen befindet sich nun weniger investiertes Kapital im Unternehmen. Es wurde also gebundenes Kapital freigesetzt. Durch die Division des NOPAT, der in diesem Fall gleich bleibt, durch ein geringeres investiertes Kapital, steigt der ROCE.

$$\text{Vorher:} \quad \frac{985.308,31}{43.180.000} = 2,28 \quad \text{Nachher:} \quad \frac{985.308,31}{42.720.000} = 2,3$$

Somit ergibt sich einer neuer ROCE von 2,3 %. Dies bedeutet, dass das Unternehmen mit dem nun geringeren Kapital einen gleichen Umsatz erwirtschaftet und somit eine höhere Verzinsung des eingesetzten Kapitals erreicht, es wurde Wert geschaffen. Zudem steht dem Krankenhaus dieses eingesparte Kapital nun für andere Zwecke zur Verfügung. Es lässt sich aber auch erkennen, dass die Senkung der Vorräte um 20 % eine eher geringe Steigerung des ROCE zur Folge hat. Die Steuerungswirkung über das investierte Kapital fällt daher eher geringer aus als die Steuerungswirkung über das operative Ergebnis.

---

[45] Vgl. Hanneken und Perner (2009, S. 542).
[46] Vgl. Klepzig (2010, S. 129).
[47] Vgl. Hentze und Kehres (1998, S. 58).

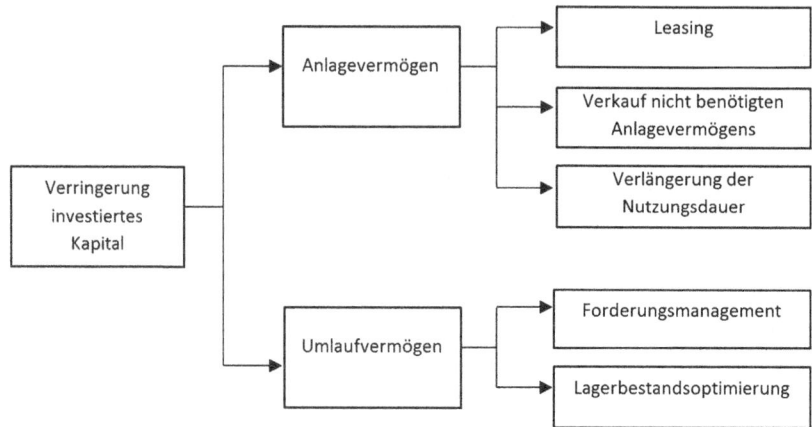

Abb. 2.5 Beispielhafte Maßnahmen zur Verringerung des investierten Kapitals

Es ist allerdings nicht sinnvoll, sich dauerhaft auf die Senkung des investierten Kapitals zu fokussieren. Um auf das oben genannte Beispiel der Lagerbestandsoptimierung zurückzukehren: Hier liegt der Nachteil in einem zu geringen Bestand darin, bei unvorhergesehenen Ereignissen nicht flexibel reagieren zu können.[48] Wird beispielsweise die Lagerhaltung zu stark verringert, können unnötige Kosten durch Verzögerungen der Leistungserstellung entstehen. Eine Kürzung des investierten Kapitals ist nur soweit sinnvoll, solange die Abläufe im Krankenhaus nicht gefährdet werden.[49] Abbildung 2.5 enthält weitere Maßnahmen, die es ermöglichen, das investierte Kapital zu beeinflussen.

2.5   Fazit

Im Rahmen der wertorientierten Unternehmensführung hat sich gezeigt, dass ROCE für Krankenhäuser eine Alternative zu den traditionellen Kennzahlen darstellt. ROCE ermöglicht es den Krankenhäusern, auf Abteilungsebene sowie auf Unternehmensebene mit einer Kennzahl zu lenken. Die Kennzahl kann somit Auskunft über den jeweiligen Wertbeitrag einer Fachabteilung oder auch der Gesamtunternehmung geben.

Krankenhäuser, die sich für eine Einführung des ROCE-Konzeptes entschließen, müssen bestimmte Anforderungen erfüllen. So bedarf es eines ausgebauten Controllings, einer Kostenträger- sowie Deckungsbeitragsrechnung und eines Profit-Center-Ansatzes für alle Geschäftsbereiche. Zudem ist es erforderlich, dass alle Beteiligten das wertorientierte Management akzeptieren und leben. Daher sollte der Wertzuwachs auf realistischem Niveau festgelegt werden, um das ROCE-Konzept erfolgreich implementieren zu können. Dies

---

[48] Vgl. Hanneken und Perner (2009, S. 542).
[49] Vgl. Meyer und Lüdtke (2006, S. 609 ff.).

fordert eine gute Kommunikation des ROCE-Konzeptes. Das Wertemanagement sollte in die Unternehmensstrategie eingebettet sein, um Konflikte zu vermeiden und nachhaltig den Wert des Krankenhauses zu erhalten sowie zu steigern. Durch die Ableitung der Strategien für die jeweiligen Fachbereiche aus der Unternehmensstrategie sollen die Chefärzte für dieses Konzept motiviert werden. Zu diesem Zweck sind Anreize zu schaffen sowie Zielvereinbarungen zu treffen. Die Zielvereinbarungen beinhalten den Zielwert ROCE sowie hierfür notwendige Werttreiber. Die Werttreiber sollen dazu dienen, die Zielwerte zu erreichen, wie z. B. eine Orientierung an der mittleren Verweildauer oder eine Steigerung der Umsatzerlöse.

Bei einer Lenkung mit dieser Kennzahl sollte im Krankenhaus allerdings beachtet werden, dass die unterschiedlichen Fachabteilungen schon allein aufgrund des DRG-Systems nicht gleichhohe ROCE-Zielvorgaben erhalten können. So weisen die unterschiedlichen Fachabteilungen aufgrund der Vergütungssystematik andere Kostenstrukturen auf. Dies ist zu berücksichtigen, um die Akzeptanz der ROCE-Konzeption zu erhöhen und somit die wertorientierte Unternehmensführung nachhaltig sowie erfolgreich zu implementieren.

ROCE weist allerdings auch eine große Schwäche auf, die von den Krankenhäusern bei einer Lenkung durch ROCE berücksichtigt werden sollte. Dies betrifft die Investitionsfeindlichkeit der Kennzahl. Die Investitionen mindern den ROCE, was dazu führen könnte, dass Investitionen nicht getätigt werden, um den Zielwert des ROCE nicht zu unterschreiten. Bei einer kurzfristigen Betrachtung könne dies dazu führen, dass wichtige strategische Investitionen nicht getätigt werden.

Jede Kennzahl und deren Anwendung hat ihre Vor- und Nachteile, sodass jedes Krankenhaus selbst abwägen sollte, welcher Nutzen durch die Anwendung der jeweiligen Konzeptionen generiert wird. Festzuhalten ist: Je höher die Aussagekraft einer Kennzahl ist, desto größer ist auch ihr Erhebungsaufwand. Hier muss immer beachtet werden, dass der Aufwand für die Ermittlung der jeweiligen Kennzahl im Verhältnis zu deren tatsächlichen Nutzen steht. Auch vor diesem Hintergrund stellt das ROCE-Konzept eine sinnvolle Alternative für Krankenhäuser dar. Zusammenfassend kann gesagt werden, dass eine ROCE-Konzeption als Spitzenkennzahl für die Lenkung des Krankenhauses zu empfehlen ist. Der Geschäftsführung sowie den Chefärzten wird es somit ermöglicht, die tatsächliche Rentabilität des Kerngeschäfts besser zu ermitteln, zu kontrollieren und zu lenken. Dadurch lässt sich die Effizienz des Krankenhauses nachhaltig steigern, wenn die festgelegten Ziele durch den optimalen Einsatz der Werttreiber erreicht werden.

Literatur

Verwendete Literatur

Beck R (2003) Erfolg durch wertorientiertes Controlling. Entscheidungen unterstützende Konzepte, 1. Aufl. Erich Schmidt Verlag, Berlin

Buzer (2011) Verordnung über die Rechnungs- und Buchführungspflichten von Krankenhäusern (Krankenhaus-Buchführungsverordnung – KHBV) neugefasst durch B. v. 24.03.1987 BGBl. I S. 1045; zuletzt geändert durch Artikel 1 V. v. 09.06.2011 BGBl. I S. 1041; Geltung ab 15.04.1978, FNA: 2126-9-6; 2 Verwaltung 21 Besondere Verwaltungszweige der inneren Verwaltung 212 Gesundheitswesen 2126 Krankheitsbekämpfung. In: http://www.buzer.de/gesetz/6656/index.htm. (Download 25.11.2011)

Däumler K D, Gabe J (2008) Betriebliche Finanzwirtschaft, 9., vollständig überarbeitete Aufl. Verlag Neue Wirtschafts-Briefe, Hamm

Dierkes St, Lingenfelder M (2006) Wertemanagement im Krankenhaus. In: Betriebswirtschaftliche Forschung und Praxis, Heft 06: 541–565

Dillerup R (2006) Wertorientierte Unternehmensführung. In: http://isc.hs-heilbronn.de/Publikationen/Wertorientierung_Dillerup.pdf (Download 13.10.2011)

Finanzen net. (2011) Zinsen und wichtige Zinssätze. In: http://www.finanzen.net/zinsen/ (Download 11.12.2011)

Fries T (2003) Unternehmensbewertung von Krankenhäusern. In: http://www.econbiz.de/archiv/k/uk/ sgesundheit/un-bewertung_krankenhaus.pdf. (Download 25.10.2011)

Graumann M, Schmidt-Graumann A (2007) Rechnungslegung und Finanzierung der Krankenhäuser, Verlag Neue Wirtschafts-Briefe, Hamm

Hasler P T (2011) Aktien richtig bewerten: Theoretische Grundlagen praktisch erklärt. Springer Verlag, Berlin

Hanneken A, Perner P (2009) Working Capital Management – schlummerndes Kapital wecken. In: das Krankenhaus, Ausgabe 6: 540–542

Hentze J, Kehres E (1998) Buchführung und Jahresabschluß in Krankenhäusern. Methodische Einführung. Verlag W. Kohlhammer, Stuttgart

Klepzig H-J (2010) Working-Capital und Cash Flow: Finanzströme durch Prozessmanagement optimieren, 2. Aufl. Gabler Verlag/Springer Fachmedien, Wiesbaden

Lang H (2009) Neue Theorie des Management. Bewähren sich die Managementtheorien in der Finanzkrise? 2. Aufl. Europäischer Hochschulverlag, Bremen

Meyer S, Lüdtke J-P (2006) Der Einfluss von Working Capital auf die Profitabilität und Kreditwürdigkeit von Unternehmen. In Finanz Betrieb 10/2006. S. 609–614.

Peters G, Pfaff D (2008) Controlling. Wichtigste Methoden und Techniken. 2. überarbeitete Aufl. Versus Verlag, Zürich

Seppelfricke P (2007) Handbuch Aktien- und Unternehmensbewertung. Bewertungsverfahren, Unternehmensanalyse, Erfolgsprognose. 3. überarbeitete Aufl. Schäffer Poeschel Verlag, Stuttgart

Stiefl J, Westerholt K (2008) Wertorientiertes Management. Wie der Unternehmenswert gesteigert werden kann. 1. Aufl. Oldenbourg Wissenschaftsverlag GmbH, München

Terbeck J, Zapp W, Oswald J, Kemner M, Limbeck, H, Karsten E (2010) Wertorientiertes Controlling. In Zapp W (Hrsg.) Kennzahlen im Krankenhaus. Eul Verlag, Lohmar/Köln. S. 67–111.

Weber J, Bramsemann U, Heineke C, Hirsch B (2004) Wertorientierte Unternehmensführung. Konzepte – Implementierung – Praxisstatements. Gabler, Wiesbaden.

Wöhe G, Döring U (2008) Einführung in die Allgemeine Betriebswirtschaftslehre. 23. vollständig neu bearbeitete Aufl. Vahlen, München

Zapp W, Oswald J (2009) Controlling-Instrumente für Krankenhäuser. 1. Aufl. W. Kohlhammer GmbH, Stuttgart

Zapp W, Oswald J, Karsten E (2010) Kennzahlen im Krankenhaus. 1. Aufl. Josef EUL Verlag, Köln

Weiterführende Literatur

Becker W (2000) Wertorientierte Unternehmensführung. In: http://www.uni-bam-berg.de/fileadmin/uni/ fakultaeten/sowi_lehrstuehleunternehmensfuehrung/Download Bereich/Becker_2000_Wertorientierte_Unternehmensfuehrung_BBB_125.pdf. (Download 13.10.2011)

Burkert M (2008) Qualität von Kennzahlen und Erfolg von Managern: direkte, indirekte und moderierende Effekte, 1. Aufl. Gabler/GWV Fachverlage GmbH, Wiesbaden

Groll K H (2003) Kennzahlen für das wertorientierte Management. ROI, EVA und CFROI im Vergleich. Ein neues Konzept zur Steigerung des Unternehmenswertes, 1. Aufl. Carl Hanser Verlag, München

Höttges T (2011) Die Kennzahl ROCE ist ein Biest, denn es gibt nichts was dieser Zahl entgeht. In: Controlling & Management, Heft 05: 291–294

Hungenberg H (2004) Strategisches Management in Unternehmen. Ziele – Prozesse – Verfahren. 3. Aufl. Gabler/GWV Fachverlage GmbH, Wiesbaden

Juris (2011) Handelsgesetzbuch in der im Bundesgesetzblatt Teil III, Gliederungsnummer 4100-1, veröffentlichten bereinigten Fassung, das zuletzt durch Artikel 8 des Gesetzes vom 1. März 2011 (BGBl. I S. 288) geändert worden ist. In: http://www.gesetze-im-internet.de/hgb/ (Download 25.10.2011)

Kaub M, Schaefer M (2002) Wertorientierte Unternehmensführung, eine Einführung in das Konzept. In: http://www.boeckler.de/pdf/mbf_wertor_untfuehrung.pdf Online im Internet (Download 12.10.2011)

Mensch G (2008) Finanz-Controlling. Finanzplanung und -kontrolle. Controlling zur finanziellen Unternehmensführung. 2., überarbeitete und erweiterte Aufl. Oldenbourg Verlag, München

Preißler P (2008) Betriebswirtschaftliche Kennzahlen: Formeln, Aussagekraft, Sollwerte, Ermittlungsintervalle. 1. Aufl. Oldenbourg Wissenschaftsverlag GmbH, München

Solidaris (2006) Arbeitshilfe. Der Jahresabschluss sozialtätiger Unternehmen. Grundlagen und Besonderheiten Hinweise für Verantwortliche. 2. Aktualisierte Aufl. Flock Druck GmbH, Köln

Weber J, Schäffer U (2006) Einführung in das Controlling. 11. vollständig überarbeitete Aufl. Schäffer Poeschel Verlag, Stuttgart

Wolke T (2010) Finanz- und Investitionsmanagement im Krankenhaus. Medizinisch Wissenschaftliche Verlagsgesellschaft, Berlin

Zapp W (Hrsg.) (2010) Kennzahlen im Krankenhaus. Eul Verlag, Lohmar/Köln

Die Bewertung von immateriellen Werten im Krankenhaus

3

Daniela Bode

3.1 Die Bedeutung der immateriellen Werte

Die traditionellen physischen Produktionsfaktoren wie Maschinen, Immobilien oder La-gerbestände haben in der heutigen wissensbasierten und dienstleistungsorientierten Wirt-schaft nicht mehr eine so große Bedeutung wie noch vor ein paar Jahrzehnten.[1] Heute basieren die Wertschöpfungsprozesse zunehmend auf immateriellen Werten.[2] So neh-men immaterielle Werte wie das Know-how der Mitarbeiter, die Innovationsfähigkeit, die Marke, das Image oder auch Beziehungen zu Kunden einen wesentlichen Einfluss auf den Unternehmungserfolg.[3] Auch das Krankenhaus ist eine Unternehmung, welche ihren Erfolg nicht rein aufgrund von klassischen Produktionsfaktoren bestimmt. Ein Großteil des Erfolges beruht im Krankenhaus auf immateriellen Werten. So basieren die wesent-lichen Kernkompetenzen von Krankenhäusern auf dem individuellen Spezialwissen und den Fertigkeiten des ärztlichen Personals, aber auch der Pflegekräfte.[4] Ebenso bestimmen reibungslos funktionierende Abläufe, eine Prozessorientierung, die Anpassungsfähigkeit an die sich ständig ändernden Rahmenbedingungen, aber auch die Beziehungen zu Ex-ternen, wie beispielsweise zu niedergelassenen Ärzten, den Erfolg eines Krankenhauses. Diese immateriellen Werte gilt es zu identifizieren und auszubauen, um auch in Zukunft eine effektive und wirtschaftliche Leistungserstellung im Krankenhaus zu ermöglichen. Allerdings erfordert der Ausbau dieser immateriellen Werte hohe Investitionen.[5] Die-se sind gerade vor dem gestiegenen Kostendruck im Krankenhaus, aufgrund steigender

Daniela Bode, M. A. ✉
Niels-Stensen-Kliniken, Osnabrück, Deutschland

[1] Vgl. Müller (2006, S. 4).
[2] Vgl. Daum (2004, S. 47).
[3] Vgl. Horváth und Möller (2004, S. 2).
[4] Vgl. Eichhorn (2008, S. 147).
[5] Vgl. Treml (2009, S. 3).

© Springer Fachmedien Wiesbaden 2015
W. Zapp (Hrsg.), *Werteorientierte Konzeptionen im Krankenhaus*,
Controlling im Krankenhaus, DOI 10.1007/978-3-658-07838-6_3

Personal- und Sachkosten bei gleichzeitiger Deckelung des Budgets[6] und der Tatsache, dass ihnen in der Bilanz kein entsprechender Gegenwert zugeordnet werden kann, nur schwer zu rechtfertigen. Investitionen in immaterielle Werte müssen somit hinsichtlich ihres Erfolges beurteilbar werden. Dazu müssen die immateriellen Werte gezielt erfasst und bewertet werden. Erst die Bewertung ermöglicht es dem Management, die Veränderungen nachzuvollziehen, ob immaterielle Werte geschaffen wurden oder verloren gegangen sind und Handlungsempfehlungen abzuleiten.

Die traditionellen Instrumente zur Unternehmensführung versagen allerdings bei der Bewertung der immateriellen Werte und bilden deren Einfluss auf den Geschäftserfolg nicht ausreichend ab.[7] So erfassen die Instrumente zur Kosten- und Investitionsrechnung, des Controllings sowie die des externen Rechnungswesens hauptsächlich materielle und finanzielle Werte und berücksichtigen die immateriellen Werte noch nicht ausreichend genug.[8] Wie wichtig immaterielle Werte geworden sind, macht nicht zuletzt die Lücke zwischen dem Markt- und dem Buchwert von Unternehmungen deutlich.[9] Diese verdeutlicht, dass die klassischen Management- und Bewertungsmodelle, wie beispielsweise die Bilanz sowie die Gewinn- und Verlustrechnung, nicht mehr in der Lage sind, die wesentlichen Werttreiber abzubilden und sie die wesentlichen Produktionsfaktoren in der heutigen wissens- und dienstleistungsorientierten Wirtschaft vernachlässigen.[10]

Um ein Management der immateriellen Werte zu ermöglichen, müssen eben diese immateriellen Werte zunächst einmal durch das Management strukturiert, gemessen und bewertet werden. Ausgehend vom skandinavischen und angelsächsischen Raum hat seit den 1990er-Jahren eine intensive Auseinandersetzung mit dem Thema der immateriellen Werte stattgefunden.[11] In den letzten Jahren sind eine Vielzahl von Konzeptionen entstanden, die es nach eigenen Angaben der jeweiligen Autoren ermöglichen sollen, diese immateriellen, nicht greifbaren Werte zu messen und zu bewerten, um sie einer Lenkung zugänglich zu machen. Bei der Bewertung der immateriellen Werte ist es wichtig, dass die Bewertung nicht auf dem reinen Bauchgefühl der Entscheider beruht, sondern nachvollziehbar und gegebenenfalls durch externe Parteien nachprüfbar ist. Die Bewertungskonzeption sollte dabei den speziellen Gegebenheiten im Krankenhaus Rechnung tragen. Inwiefern die in den letzten Jahren entwickelten Konzeptionen zur Erfassung der immateriellen Werte nun aber geeignet sind, um diese im Krankenhaus strukturiert zu erfassen und zu bewerten, ist Gegenstand dieses Beitrags. Es werden vorwiegend solche Konzeptionen betrachtet, die eine interne Bewertung der immateriellen Werte ermöglichen, um diese einer internen Lenkung zugänglich zu machen. Bevor ausgewählte Konzeptionen vorgestellt werden und ihre Übertragbarkeit auf den Krankenhausbereich überprüft wird, erfolgt ein kurzer theoretischer Überblick zu den immateriellen Werten. Darüber hinaus erfolgt ein Resü-

---

[6] Vgl. Neubauer und Beivers (2010, S. 4).
[7] Vgl. North (2011, S. 225).
[8] Vgl. Bischof (2008, S. 14).
[9] Vgl. Daum (2005, S. 5).
[10] Vgl. Daum (2002, S. 9); ähnlich Weber et al. (2006, S. 10).
[11] Vgl. Horváth und Möller (2004, S. 2).

mee, in dem beispielhaft einige wesentliche Indikatoren vorgestellt werden, die es dem Management von Krankenhäusern ermöglichen sollen, einen ersten Überblick über die immateriellen Werte zu erhalten.

3.2 Theoretische Grundlagen zu immateriellen Werten

Neben den in der Bilanz verankerten sichtbaren Vermögenswerten, welche sich aus dem Umlaufvermögen, Sachanlagen sowie Beteiligungen und Finanzanlagen zusammensetzen[12], existieren auch immaterielle „nicht greifbare" Vermögenswerte.[13] Für diese immateriellen, nicht greifbaren Vermögenswerte existiert eine Vielzahl von unterschiedlichen Terminologien. Es konnte sich bislang noch auf keine einheitliche Verwendung der Begriffe verständigt werden. Im englischsprachigen Raum finden unter anderem die Begriffe Intangibles, Intangible Assets, Intangible Capital, Intangible Resources und Intellectual Capital sowie Intellectual Proberty Verwendung. Im deutschsprachigem Raum werden vermehrt die Begriffe immaterielles Kapital, immaterielles Vermögen, Intellektuelles Kapital aber auch der Begriff Wissen verwendet, wenn von immateriellen also nicht greifbaren Werten die Rede ist.[14] Da bereits der Gegenstand der Betrachtung immateriell und damit prinzipiell schwer fassbar ist, führt die Verwendung von unterschiedlichen Terminologien und die synonyme Verwendung der Begriffe durch die Autoren zu zusätzlichen Unklarheiten.[15]

3.2.1 Begriffsdefinition

Im Gegensatz zu den materiellen Vermögenswerten[16], die in der Literatur klar bestimmt sind, existieren bei den immateriellen Werten, neben einer Vielzahl unterschiedlicher Terminologien, ebenfalls eine Vielzahl von verschiedenen Definitionen. So verwenden Edvinsson und Malone den Begriff der Intagbile Asstes und definieren diese als „those that have no physical existence but are still of value to the company."[17] Sveiby verwendet ebenfalls den Begriff der Intangible Assets und definiert diese als „Überschuss des Börsenkurswertes über das ausgewiesene Eigenkapital".[18] Steward verwendet den Begriff des Intellectual Capital und definiert dies als „intellektuelles Material – Wissen, Information,

---

[12] Vgl. Daum (2002, S. 32).
[13] Vgl. Renzl et al. (2006, S. 234).
[14] Vgl. Kaufmann und Schneider (2006, S. 28); vgl. auch Bischof (2008, S. 15).
[15] Vgl. Alwert et al. (2005, S. 2).
[16] Es handelt sich um physisch greifbare Vermögensgegenstände wie bspw. Maschinen, Anlagen, Land usw. Durch den materiellen Charakter können diese wahrgenommen und anhand quantitativer Größen wie Gewicht, Größe, Anzahl und Wert bestimmt werden. Sie können in Umlaufvermögen, Sachanlagen, Beteiligungen und Finanzanlagen unterschieden werden. Vgl. Daum (2002, S. 32).
[17] Edvinsson und Malone (1997, S. 39).
[18] Sveiby (1998, S. 31).

intellektuelles Gemeingut, Erfahrung. All dies führt letztendlich zu Reichtum."[19] Nach Daum, der den Begriff der immateriellen Vermögenswerte verwendet, sind dies „alle Vermögenswerte, die nicht in materiellen Besitz oder in Beteiligungen bzw. Finanzanlagen bestehen, jedoch für das Unternehmen von Wert sind."[20] Nach Dillerup und Stoi umfasst das immaterielle Vermögen eines Unternehmens „alle nicht-monetären Werte ohne physische Substanz."[21] Lev verwendet den Begriff der Intangibles und definiert diese als „a claim to future benefits that does not have a physical or financial (a stock or bond) embodiment."[22]

Eine einheitliche Definition konnte sich bislang in der Literatur nicht durchsetzen. Häufig wird eine negative Abgrenzung von den materiellen Vermögenswerten vorgenommen, indem immaterielle Werte als nicht monetäre Werte ohne körperliche Substanz umschrieben werden.[23]

3.2.2 Abgrenzung der verwendeten Begriffe

Wie oben bereits erwähnt, gibt es für den Begriff der immateriellen Werte eine Vielzahl von existierenden Begrifflichkeiten. So sprechen einige Autoren in diesem Kontext von Vermögen (Intangible Assets), andere von Kapital (Intellectual Capital), gemeint ist häufig aber die gleiche Thematik der immateriellen Werte.[24] Vermögen als Begriff umfasst im weitesten Sinne „alle Güter, über die ein Unternehmen verfügt."[25] Im engeren Sinne kann Vermögen als „die Gesamtheit aller materiellen und immateriellen Güter, die in Übereinstimmung mit den Zielsetzungen der Unternehmung eine produktive Funktion erfüllen"[26] definiert werden. Vermögen und Kapital stehen in einem spiegelbildlichen Verhältnis. Im enger gefassten bilanziellen Begriff steht das Kapital auf der Passivseite der Bilanz, gibt also die Mittelherkunft an. Es setzt sich aus Eigen- und Fremdkapital zusammen. Das Vermögen hingegen steht auf der Aktivseite und gibt die Mittelverwendung an. Es wird unterteilt in Anlagevermögen und Umlaufvermögen.[27] Sowohl für den Begriff Kapital als auch für den Begriff Vermögen ist im erweiterten Sinne gemeint „die Gesamtheit al-

---

[19] Steward (1998, S. 7).

[20] Daum (2002, S. 32).

[21] Dillerup und Stoi (2011, S. 740).

[22] Lev (2001, S. 5).

[23] Vgl. Arbeitskreis Immaterielle Werte im Rechnungswesen (2001, S. 991).

[24] So ordnet Sveiby die immateriellen Werte auf der Aktivseite der Bilanz ein, was durch die Verwendung des Begriffs Intangible Assets (Vermögen) zum Ausdruck gebracht wird. Ebenso ordnet Steward die immateriellen Werte auf der Aktivseite der Bilanz ein, da er von immateriellen Aktiva spricht. Edvinsson hingegen versteht die immateriellen Werte als Eigenkapital und ordnet sie auf der rechten Seite der Bilanz ein. Vgl. Bodrow und Bergmann (2003, S. 63 f.).

[25] Perridon und Steiner (2007, S. 3).

[26] Perridon und Steiner (2007, S. 3).

[27] Vgl. Perridon und Steiner (2007, S. 4).

ler Werte, die ein Produktionshaushalt zur Erreichung seiner Ziele einsetzt.“[28] Bei den meisten Konzeptionen, die sich mit dem Themenbereich der immateriellen Werte auseinandersetzen, wird von diesem weiter gefassten Begriffsverständnis ausgegangen, wodurch sich die synonyme Verwendung der Begriffe erklärt.[29]

Gegen die Verwendung des Begriffes Kapital spricht, dass wenn von immateriellen Werten die Rede ist, der Begriff eher als Ressource einer Unternehmung aufgefasst wird und damit eher einem Vermögenswert entspricht.[30] So stellen immaterielle Werte immaterielle Ressourcen der Unternehmung dar, die ein hohes Potenzial zur nachhaltigen Steigerung des Unternehmenswertes besitzen.[31] Gegen die Verwendung des Begriffes der immateriellen Vermögenswerte spricht allerdings, dass dieser weitestgehend durch die Rechnungslegung definiert ist und den Bereich der immateriellen Werte zu stark einschränken und wesentliche Dimensionen der immateriellen Werte nicht berücksichtigen würde.[32]

Neben der Schwierigkeit der Unterscheidung zwischen Kapital und Vermögen tragen die unterschiedlichen Begrifflichkeiten, die für diese Thematik bestehen, weiterhin zu Verständnisproblemen bei. Zusätzlich kommt es durch die Verwendung von englischen Begriffen in der deutschen Literatur, wie Intangible Assets für immaterielle Vermögenswerte, zu einer Vielzahl von Begrifflichkeiten.

Häufig findet der Begriff des intellektuellen Kapitals (Intellectual Capital) in der Literatur Anwendung. Hier ist kritisch zu betrachten, dass der Begriff intellektuell häufig Menschen zugeschrieben wird und in dieser Weise nicht richtig ist, da bei den immateriellen Werten nicht nur das Humankapital gemeint ist, sondern der Begriff weiter gefasst wird.[33] Das Humankapital stellt nur eine Kategorie neben dem Struktur- und dem Beziehungskapital dar. So ist intellektuelles Kapital nicht mit dem Begriff der immateriellen Werte gleichzusetzen, sondern eher als ein Bestandteil der immateriellen Werte anzusehen.

Der Begriff Wissenskapital bzw. Wissen ist ebenfalls nicht mit den immateriellen Werten gleichzusetzen, da es nicht nur um das Wissen im engeren Sinn, als persönliche Ressource des Individuums, geht. Die immateriellen Werte umfassen neben diesem auch das Wissen der Organisation, welches z. B. Unternehmensprozesse und Routinen enthält, ebenso wie Kundenbeziehungen zu Externen.[34] Der Begriff Wissen als solcher deckt somit ebenfalls nicht die gesamte Bandbreite der immateriellen Werte ab, da er zu stark auf das einzelne Individuum und auf einen sehr begrenzten Bereich der immateriellen Werte bezogen ist.

---

[28] Perridon und Steiner (2007, S. 4).
[29] Vgl. Bodrow und Bergmann (2003, S. 63).
[30] Vgl. Alwert et al. (2005, S. 3).
[31] Vgl. Blachfellner und Bornemann (2006, S. 134).
[32] Vgl. Alwert et al. (2005, S. 3).
[33] Vgl. Alwert et al. (2005, S. 3).
[34] Vgl. Auer (2007, S. 2).

Auch die Verwendung des Begriffes Intellectual Proberty scheint nicht geeignet zu sein, da hiermit eine spezielle Gruppe der immateriellen Werte gemeint ist. Immaterielle Werte, die zur Gruppe des Intellectual Proberty gehören, wie Marken und Patente, genießen einen besonderen Schutz durch das Gesetz und stellen Eigentum der Unternehmung dar. Dieser Rechtsschutz verhindert die Verwertung der immateriellen Werte durch Dritte.[35]

3.2.3 Arbeitsdefinition

Allgemein kann aus den genannten Definitionen festgehalten werden, dass die meisten Autoren den immateriellen Werten, neben der fehlenden psychischen Substanz, einen ökonomischen Wert unterstellen und das Potenzial zur Generierung von Erträgen herausstellen. Häufig nehmen sie auch Bezug zum Bereich des Wissens.[36] Als Definition wird in die von Lev aufgeführte Definition „a claim to future benefits that does not have a physical or financial (a stock or bond) embodiment" zugrunde gelegt. Diese entspricht den Definitionen von Daum sowie Stoi und Dillerup, die in den folgenden Jahren entstanden sind. Die Definition nimmt sowohl eine Abgrenzung zu den materiellen als auch zu den finanziellen Werten vor. Die Abgrenzung von den finanziellen Werten erfolgt in einigen Definitionen nicht. Ebenso erfasst die Definition von Lev die gesamten immateriellen Werte und nicht nur gewisse Teilbereiche.

Wenn von immateriellen Werten die Rede ist, verwenden die Autoren häufig die Begriffe Vermögen oder Kapital. Die Begriffe meinen vom Grunde her zwar unterschiedliche Dinge, in Bezug auf immaterielle Werte allerdings das Gleiche. Auch hier wird von dem weiter gefassten Begriffsverständnis für Vermögen und Kapital ausgegangen und daher der neutrale Begriff der immateriellen Werte verwendet.

3.2.4 Kategorisierung der immateriellen Werte

Die meisten Autoren kategorisieren die immateriellen Werte in verschiedene Kapitalarten. Dabei stellen die Bestandteile der immateriellen Werte Faktoren dar, in welche investiert werden sollte, daher folgt auch die Verwendung des Begriffes Kapital. Die einzelnen Kategorisierungsmöglichkeiten haben einen entscheidenden Einfluss auf die noch vorzustellenden Konzeptionen.

Nach Edvinsson und Brünig bestehen immaterielle Werte aus zwei Bestandteilen, dem Human- und dem Strukturkapital. Zum Humankapital zählen demnach die Fähigkeiten und das Wissen der Mitarbeiter. Zum Strukturkapital die organisatorischen Gegebenhei-

---

[35] Vgl. Creutzmann (2005, S. 30).
[36] Vgl. Weber et al. (2006, S. 13).

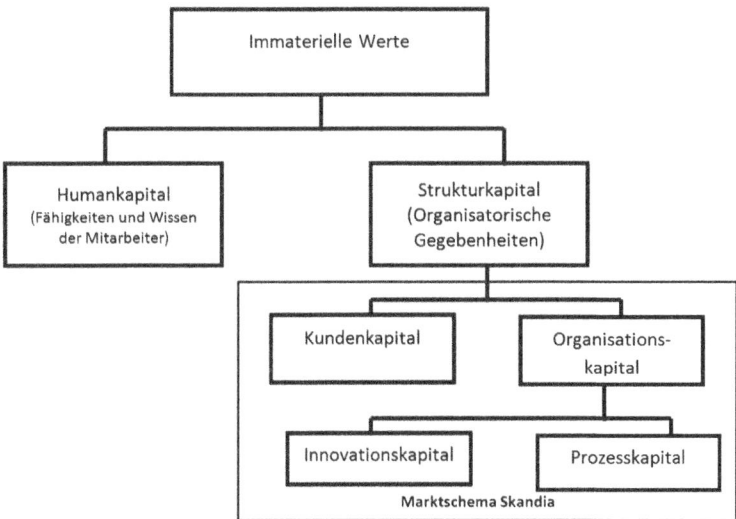

Abb. 3.1 Kategorisierung nach Edvinsson und Brünig (in Anlehnung an Edvinsson und Brünig 2000, S. 44)

ten, welche die Produktivität der Mitarbeiter unterstützen.[37] Das Strukturkapital wird dabei im Marktwertschema der Skandia[38] noch weiter unterteilt in das Kunden- und das Organisationskapital. Das Organisationskapital wiederum wird in Innovations- und Prozesskapital unterteilt (siehe Abb. 3.1).[39]

Steward hingegen unterscheidet drei Bereiche, neben dem Humankapital das Strukturkapital und das Kundenkapital.[40] Er nimmt eine Dreiteilung der immateriellen Werte vor und sieht das Kundenkapital als eigene Kategorie an und nicht als Teil des Strukturkapitals. Die von Steward vorgenommene Dreiteilung findet sich häufig in der Literatur wieder, wenn auch unter Verwendung anderer Begrifflichkeiten.[41]

Sveiby nimmt hingegen eine Unterteilung in die drei Bereiche Kompetenz der Mitarbeiter, interne und externe Strukturen vor (siehe Abb. 3.2). Sveiby ist der Meinung, dass sowohl die internen Strukturen als auch die externen Strukturen das Ergebnis menschlicher Handlungen sind. Sie haben ihre Wurzeln also bei den Mitarbeitern.[42] Die Fähigkeiten der Mitarbeiter, in ganz verschiedenen Situationen so zu handeln, dass sowohl materielle als auch immaterielle Werte geschaffen werden, bezeichnet Sveiby als Kompetenz der Mitarbeiter. Fraglich ist allerdings, ob die Kompetenz der Mitarbeiter einen Wert

---

[37] Vgl. Edvinsson und Brünig (2000, S. 19).

[38] Das Marktschema der Skandia wurde bei der Erstellung des ersten Skandia Navigators durch das IK Thema rund um Edvinsson entwickelt. Vgl. Edvinsson und Brünig (2000, S. 44).

[39] Vgl. Bodrow und Bergmann (2003, S. 96 f.).

[40] Vgl. Steward (1998, S. 83).

[41] Vgl. Weber et al. (2006, S. 15); vgl. auch Renzl et al. (2006, S. 235).

[42] Vgl. Sveiby (1998, S. 19 ff); ähnlich Weber et al. (2006, S. 14).

Abb. 3.2 Kategorisierung
nach Sveiby (eigene Darstellung in Anlehnung an Sveiby
1998)

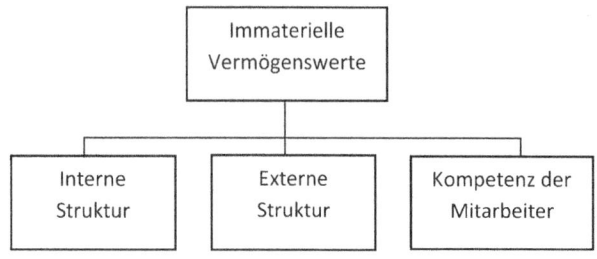

der Unternehmung darstellt, da die Kompetenz nur dem Träger, also dem Mitarbeiter gehört. Zu den internen Strukturen zählt Sveiby die Patente, Konzepte, Modelle, Computer
und Verwaltungssysteme, aber auch die Unternehmenskultur. Die internen Strukturen befinden sich im Eigentum der Unternehmung. Zusammen mit den Mitarbeitern bilden sie
die Organisation. Die externen Strukturen umfassen die Beziehungen zu den Kunden und
Lieferanten, Markennamen, Warenzeichen sowie Ansehen oder Image der Unternehmung.
Teilweise stellen einige dieser Faktoren wie Markenname oder technisches Know-how Eigentum der Unternehmung dar. Der Wert des immateriellen Vermögens hängt laut Sveiby
maßgeblich davon ab, wie gut die Mitarbeiter bzw. die Unternehmung auf die Probleme
der Kunden eingehen und sie lösen.[43]

Eine weitere Vorgehensweise zur Strukturierung von immateriellen Werten geht auf
Stoi, in Anlehnung an Daum sowie Edvinsson und Malone, zurück.[44] Dieser differenziert
immaterielle Werte in Human-, Kunden-, Partner/Allianz-, (Beziehungs-) und Strukturkapital. Bei dieser Differenzierung findet des Weiteren noch eine Unterteilung in interne
(Eigentum) und externe (kein Eigentum) immaterielle Werte statt. Zu den internen Werten,
also zum Eigentum der Unternehmung, zählt das Strukturkapital.[45] Dieses gliedert sich
wiederum in das Imagekapital und das Organisationskapital. Zum Imagekapital zählen
Marken, Bekanntheitsgrad und Reputation der Unternehmung. Das Organisationskapital
bestimmt die Leistungsfähigkeit der Unternehmung.[46] Zu den externen Werten, die kein
Eigentum der Unternehmung darstellen, zählen das Humankapital, Kundenkapital und das
Partner-/Allianzkapital.[47] Abbildung 3.3 verdeutlicht die Kategorisierung nach Stoi.

Die Initiative Arbeitskreis Immaterielle Werte im Rechnungswesen[48] der Schmalen-
bach-Gesellschaft für Betriebswirtschaft nimmt eine noch detailliertere Aufteilung vor
(siehe Abb. 3.4). In der Strukturierung sind ebenfalls wieder die drei Kategorien Human-,
Struktur- und Kundenkapital enthalten, unter Verwendung der Begrifflichkeiten Human

---

[43] Vgl. Sveiby (1998, S. 28 f).

[44] Vgl. Stoi (2003, S. 175); siehe auch Daum (2002, S. 33).

[45] Vgl. Stoi (2003, S. 176).

[46] Vgl. Dillerup und Stoi (2011, S. 741).

[47] Vgl. Stoi (2003, S. 176).

[48] Der Arbeitskreis Immaterielle Werte im Rechnungswesen wurde 1998 gegründet und beschäftigt
sich mit der Berücksichtigung von immateriellen Werten im internen und externen Rechnungswesen. Vgl. Schmalenbach online im Internet.

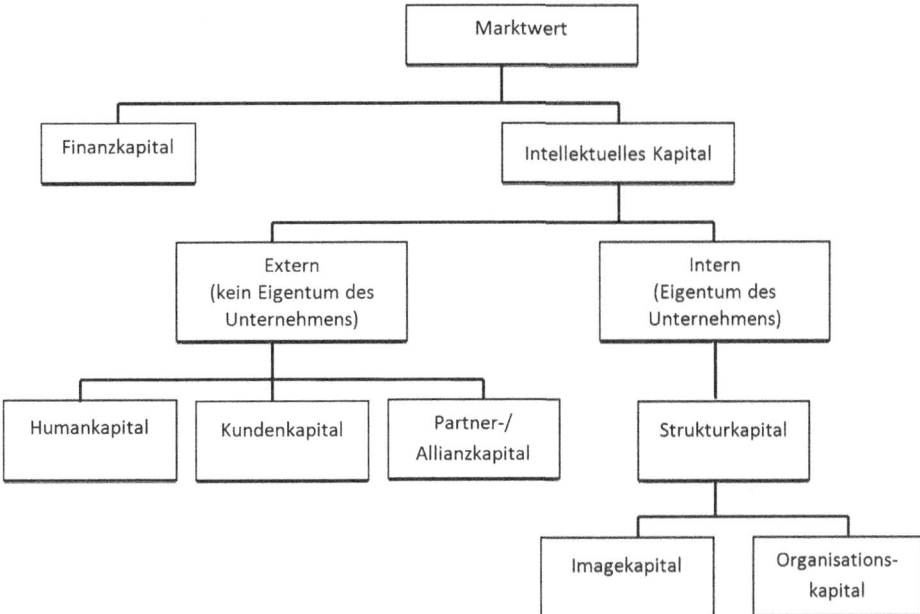

Abb. 3.3 Kategorisierung nach Stoi (eigene Darstellung in Anlehnung an Dillerup und Stoi 2011)

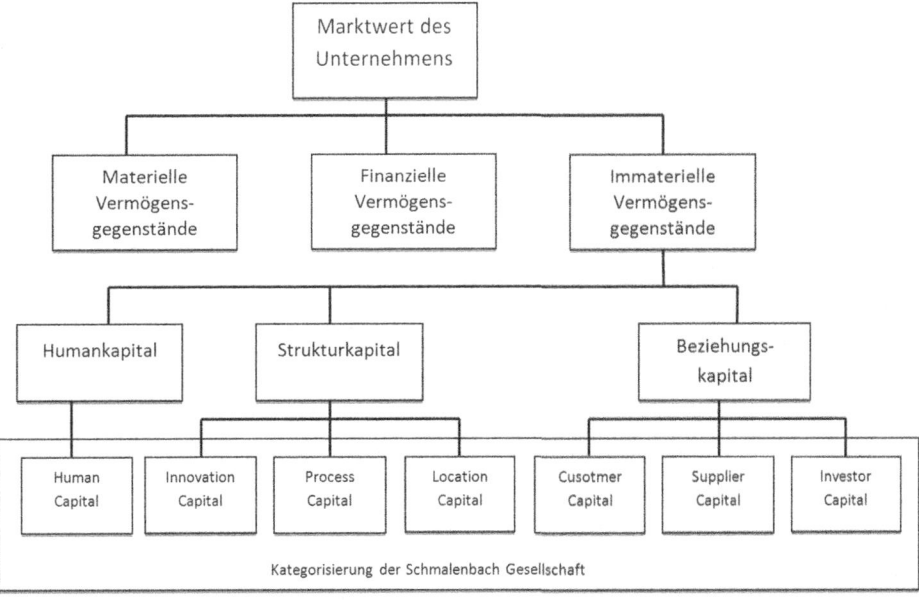

Abb. 3.4 Kategorisierung Arbeitskreis Immaterielle Werte im Rechnungswesen (eigene Darstellung in Anlehnung an Möller und Gamerschlag 2009)

Tab. 3.1 Synopse Kategorisierungsmöglichkeiten

Edvinsson	Human-kapital	Strukturkapital					
Steward	Human-kapital	Strukturkapital			Kundenkapital		
Sveiby	Kompetenz der Mitarbeiter	Strukturkapital					
		Intern	Extern				
Stoi	Human-kapital	Strukturkapital			Kunden-kapital	Beziehungskapital	
Schmalen-bach	Human-kapital	Innovations-kapital	Prozess-kapital	Standort-kapital	Kunden-kapital	Investoren-kapital	Lieferanten-kapital
Markt-schema Skandia	Human-kapital	Strukturkapital			Kundenkapital		
		Innovations-kapital	Prozess-kapital	Organi-sations-kapital			

Capital, Process Capital und Customer Capital. Zusätzlich werden hier die Kategorien Innovation Capital, Supplier Capital, Investor Capital und das Location Capital eingefügt.[49]

Zum Bereich des Innovation Capital gehören immaterielle Werte der Produkt-, Dienstleistungs- und Verfahrensinnovationen. Diese beinhalten z. B. neue Software, Patente, Filme oder auch ungeschützte Rezepturen einer Unternehmung.[50] Supplier Capital bezieht sich auf immaterielle Werte im Beschaffungsbereich. Dazu zählen beispielsweise Verträge über den Bezug von Rohstoffen oder die Entwicklungszusammenarbeit mit Lieferanten.[51] Investor Capital fokussiert den Finanzbereich der Unternehmung und umfasst diejenigen immateriellen Werte, die zu günstigen Konditionen für Eigen- und Fremdkapital auf dem Kapitalmarkt führen.[52] Das Location Capital umfasst die Werte, die sich auf den Standort zurückführen lassen, wie beispielsweise regionale Standortvorteile, die aus einer guten Verkehrsanbindung resultieren, aber auch Steuervorteile.[53]

Tabelle 3.1 gibt einen Überblick über die verschiedenen Kategorisierungsmöglichkeiten der einzelnen Autoren.

Auch wenn der Einteilung des Arbeitskreises Immaterielle Werte im Rechnungswesen eine ausreichende Basis zugesprochen wird, da hier eine leichtere Zuordnung stattfinden kann mit relativ wenig Überschneidungen zwischen den Kategorien, soll hier zunächst

---

[49] Vgl. Weber et al. (2006, S. 15).
[50] Vgl. Arbeitskreis Immaterielle Werte im Rechnungswesen (2001, S. 991).
[51] Vgl. Weber et al. (2006, S. 16).
[52] Vgl. Arbeitskreis Immaterielle Werte im Rechnungswesen (2004, S. 226).
[53] Vgl. Möller und Schläfke (2012, S. 87).

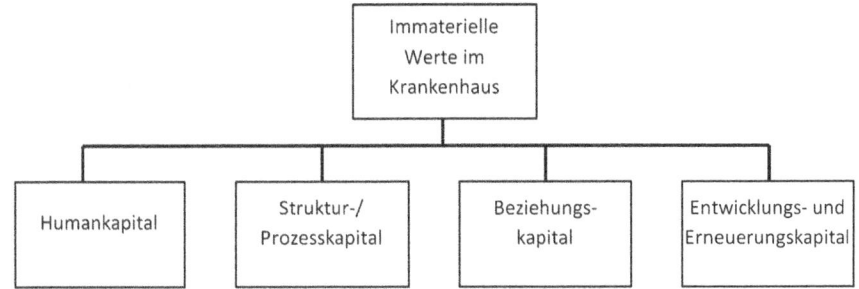

Abb. 3.5 Kategorisierung der immateriellen Werte im Krankenhaus (eigene Darstellung)

auf die von den meisten Autoren vorgenommene Dreiteilung[54] der immateriellen Werte in Human-, Struktur- und Beziehungskapital Bezug genommen werden.[55] Die Dreiteilung findet sich in den meisten Konzeptionen zur Messung, Bewertung und dem Management der immateriellen Werte wieder und dient häufig als Grundlage für die jeweilige Konzeption.

3.2.5 Immaterielle Werte im Krankenhaus

Ein Großteil der immateriellen Werte eines Krankenhauses setzt sich aus den Bereichen des Wissens und der Fähigkeiten des Personals zusammen. Neben diesen spielen vor allem die Organisationsstrukturen und die Beziehungen zu Externen eine große Rolle im Krankenhaus.[56] Daher erscheint die gewählte Kategorisierung in Human-, Struktur- und Beziehungskapital auch für den Krankenhausbereich generell als geeignet.[57] Diese Kategorisierung sollte im Bereich der Krankenhäuser aber noch um die Kategorie des Entwicklungs- und Erneuerungskapitals erweitert werden. Krankenhäuser stehen vor der Herausforderung, sich den ständig ändernden Rahmenbedingungen auf dem Krankenhausmarkt anzupassen und sich diese zu Nutzen zu machen. Eine Möglichkeit der Kategorisierung von immateriellen Werten im Krankenhaus enthält Abb. 3.5.

---

[54] Vgl. Renzl et al. (2006, S. 235).

[55] Die Klassifizierung im Human-, Struktur- und Beziehungskapital war auch das Ergebnis eines Forschungsprojekts der Europäischen Union unter dem Titel Meritum (Measuring Intangible to understand and improve innovation management) aus dem Jahr 2002. Vgl. Piber (2004, S. 501).

[56] Vgl. Bornemann (2007, S. 14).

[57] Zwar wurde sich gegen die Verwendung des Begriffs Kapital entschieden, für die Kategorisierung der immateriellen Werte wird allerdings aus Vereinfachungsgründen auf die sich in der Literatur durchgesetzten Begrifflichkeiten des Human-, Struktur- und Beziehungskapitals zurückgegriffen. Immaterielle Werte in diesen Kategorien werden als Ressourcen der Unternehmung angesehen, die das Potenzial zur nachhaltigen Wertsteigerung besitzen und nicht als Kapital im engeren Sinne aufgefasst.

Im Folgenden soll nun auf die zugrunde gelegte Kategorisierung zurückgegriffen und die einzelnen Kategorien beschrieben werden.

Immaterielle Werte im Bereich des *Humankapitals* haben sich zu den wichtigsten immateriellen Vermögenswerten entwickelt, denn es sind die Mitarbeiter, die über das notwendige Wissen, beispielsweise über die Bedürfnisse der Kunden, verfügen. In dieser Kategorie werden die immateriellen Werte im Personalbereich erfasst. Hierzu zählen unter anderem die Fähigkeiten und Potenziale der Mitarbeiter, sowie deren Wissen, Kompetenz und Erfahrung, die sie in die Unternehmung einbringen.[58] Immaterielle Werte in diesem Bereich sind im Besitz des Mitarbeiters und verlassen mit ihm die Organisation.[59] Die Unternehmung hat diese nur solange zur Verfügung, wie die Person in der Unternehmung tätig ist. Weiterhin beinhaltet diese Kategorie persönliche Erfahrungen der Mitarbeiter auf den Gebieten der Arbeitsabläufe, Arbeitsmittel, Arbeitsmethoden, Teamarbeit und deren persönliche Kontakte im Unternehmensumfeld.[60] Unter diese Kategorie fällt ebenfalls die Motivation der Mitarbeiter.

Neben den bereits genannten beinhaltet das Humankapital im Krankenhaus im Speziellen die Erfahrungen und Kompetenzen der Ärzte, insbesondere im Bereich der Diagnostik und Therapie. Weitere immaterielle Werte in dieser Kategorie sind die Erfahrungen und Kompetenzen der Gesundheits- und Krankenpfleger ebenso wie die Erfahrungen und Kompetenzen, der für einen reibungslosen Ablauf sorgenden Mitarbeiter in der Verwaltung. Die Freundlichkeit der Mitarbeiter im Umgang mit dem Patienten, also der emotionale Teil der Dienstleistung, ist ein wesentlicher Bestandteil des Humankapitals von Krankenhäusern. Ebenso zählen das Engagement, die Leistungsbereitschaft, die Zufriedenheit, die soziale Kompetenz und insbesondere die Teamfähigkeit der Mitarbeiter zu wichtigen immateriellen Werten in dieser Kategorie.

Das *Beziehungskapital* ist der Oberbegriff für alle Beziehungen der Unternehmung zu externen Gruppen und Personen.[61] Es kann als Wert der Partnerschaften innerhalb der Wertschöpfungskette einer Unternehmung bezeichnet werden.[62] Entstehen aus diesen Beziehungen wirtschaftliche Vorteile, stellen sie immaterielle Werte dar.[63] Häufig wird anstelle des Begriffes des Beziehungskapitals der Begriff des Kundenkapitals verwendet. Das Kundenkapital besteht aus dem Kundenstamm und den Kundenbeziehungen. Entscheidend für das Kundenkapital sind die Kundenzufriedenheit und die Kundenbindung, da diese das zukünftige Umsatzpotenzial und den Wert des Kundenstamms bestimmen. Weiterer Bestandteil des Kundenkapitals sind die mit dem Kundenstamm verbundenen Informationen über die Kundenbedürfnisse.[64] Das Kundenkapital stellt allerdings nur einen Teil des Beziehungskapitals dar. Das Krankenhaus steht in einer Vielzahl von Beziehun-

---

[58] Vgl. Daum (2002, S. 33 f.).
[59] Vgl. BMWi (2008, S. 18).
[60] Vgl. Auer (2007, S. 2 online im Internet).
[61] Vgl. BMWi (2008, S. 19).
[62] Vgl. Daum (2002, S. 41).
[63] Vgl. Bischof (2008, S. 17).
[64] Vgl. Dillerup und Stoi (2011, S. 740).

gen zu Externen wie Lieferanten, Kapitalgebern, Behörden und der Öffentlichkeit. Daher scheint der Begriff des Beziehungskapitals für Krankenhäuser besser geeignet, als der Begriff des Kundenkapitals. Das Beziehungskapital von Krankenhäusern erfasst somit alle Beziehungen zu den Stakeholdern eines Krankenhauses, aus denen ein wirtschaftlicher Vorteil resultieren kann.

Neben dem eigentlichen Kunden, also den Patienten im Krankenhaus, gehören ebenso die Angehörigen von Patienten zum Beziehungskapital von Krankenhäusern. Als eine der wichtigsten Beziehungen, aus der wirtschaftliche Vorteile resultieren können, kann im Krankenhaus die Beziehung zu niedergelassenen Ärzten bezeichnet werden, da diese die Patienten dem Krankenhaus zuweisen. Aber auch die Beziehungen zu Kostenträgern, wie der gesetzlichen und der privaten Krankenversicherung, stellen wichtiges Beziehungskapital dar.

Das *Strukturkapital* beinhaltet die Leistungsfähigkeit der organisatorischen Gegebenheiten. Laut Stoi hat das Strukturkapital eine Sonderstellung, da es die Basis und Voraussetzung für den Aufbau und insbesondere die Nutzung der anderen Formen der immateriellen Werte darstellt.[65] Damit Mitarbeiter überlegenes Wissen und führende Produkte schaffen können, bedarf es neben gut qualifizierten Mitarbeitern einer adäquaten internen Unternehmensstruktur. So haben die Unternehmenskultur und die Führung Einfluss darauf, ob das Wissen der Mitarbeiter genutzt und vor Verlust, z. B. durch Kündigung, geschützt ist.[66] Die Unternehmung benötigt eine Infrastruktur, die es ermöglicht individuelles Wissen in Strukturkapital umzuwandeln. Das Strukturkapital ist im Besitz der Unternehmung und kann vervielfältigt und genutzt werden und bleibt beim Verlassen der Mitarbeiter weitestgehend bestehen.[67] Zum Strukturkapital zählen die internen Abläufe und Strukturen, die Datenbanken mit Kundenverbindungen, Arbeitsablaufbeschreibungen und Arbeitsanweisungen, Prozesse und Methoden.[68] Aber auch Aufbau- und Ablauforganisation sowie Steuerungs- und Informationssysteme, die Eingespieltheit des Mitarbeiterteams, die Flexibilität und die Innovationsfähigkeit.

Neben den bereits erwähnten Beispielen, die auch in Krankenhäusern von Bedeutung sind, gehören zum Strukturkapital von Krankenhäusern, neben den Prozessen die zwischen den einzelnen Leistungsanbietern im Krankenhaus bestehen, auch Wissensquellen wie Checklisten, Dienst- und Ablaufpläne, Notfallprozeduren, klinische Pfade und Regelwerke.[69] Aber auch die Art und Weise der Kommunikation, sowohl zwischen unterschiedlichen Abteilungen als auch zwischen den Berufsgruppen, gehört zum Strukturkapital. Die Vernetzung in einem Verbund zählt ebenfalls zum Strukturkapital eines Krankenhauses.

Der Krankenhausmarkt ist fortwährend sich ändernden Rahmenbedingungen unterworfen. Sektorale Strukturen werden aufgebrochen und neue Vergütungsstrukturen ein-

---

[65] Vgl. Stoi (2003, S. 175).
[66] Vgl. Dillerup und Stoi (2011, S. 742).
[67] Vgl. Daum (2002, S. 38).
[68] Vgl. Dillerup und Ramos (2006).
[69] Vgl. Bornemann (2007, S. 14).

geführt.[70] Die Fähigkeit von Krankenhäusern, diese Veränderungen nicht nur zu beobachten, sondern die Chancen, die aus ihnen resultieren, zu analysieren und sich zu Nutzen zu machen, stellt einen wesentlichen immateriellen Wert im Krankenhaus dar. Um sich auch in Zukunft als Krankenhaus erfolgreich am Markt behaupten zu können, müssen Krankenhäuser aber auch eventuelle Risiken frühzeitig erkennen und diesen begegnen können. Diese Fähigkeiten sind Bestandteil des *Entwicklungs- und Erneuerungskapitals* von Krankenhäusern. Darüber hinaus gehören hierzu auch die Einstellung der Mitarbeiter gegenüber Neuerungen und die bereits vorhandenen Strukturen, um Neuerungen schnell umzusetzen und in den Krankenhausalltag zu implementieren. Auch bereits eingegangene strategische Kooperationen gehören zum Entwicklungs- und Erneuerungskapital.

Eine eindeutige und überschneidungsfreie Zuordnung der immateriellen Werte zu einer Kategorie ist nicht immer möglich. Die immateriellen Werte beeinflussen sich gegenseitig, stehen miteinander in Beziehung und sind deshalb nicht immer eindeutig voneinander trennbar.[71] So können einzelne immaterielle Werte mehreren Kategorien zugeordnet werden.

3.2.6 Eigenschaften immaterieller Werte

Immaterielle Werte unterliegen einigen Besonderheiten, die sie gleichzeitig ausmachen. Diese Besonderheiten oder auch Eigenschaften sollten auch bei der Ermittlung einer geeigneten Methode zur Bewertung von immateriellen Werten Berücksichtigung finden.

Der Aufbau von immateriellen Werten erfordert hohe Investitionen. Die Nutzung, wie beispielsweise die Verwendung der Fähigkeiten eines Mitarbeiters, verursacht hingegen nur geringe bis gar keine Kosten.[72] Durch die hohen Investitionen in Form von Entwicklungskosten entstehen hohe Fixkosten, allerdings nur sehr geringe variable Kosten oder Grenzkosten.[73] So steigt der Gewinn mit der Anzahl der verkauften Einheiten in der Regel stark an, da ungefähr ein Deckungsbeitrag in Höhe des Verkaufserlöses erzielt wird. Dies ist vor allem dann der Fall, sobald die Entwicklungskosten verdient sind.[74] Immaterielle Werte zeichnen sich also durch hohe Fixkosten bei geringen proportionalen Kosten und gleich bleibenden bzw. steigenden Skalenerträgen aus. Immaterielle Werte besitzen eine einfache Skalierbarkeit, diese wird lediglich durch die Größe des Marktes begrenzt.[75] Immaterielle Werte unterliegen somit nicht dem Gesetz abnehmender Grenzerträge.[76]

Im Gegensatz zu materiellen Vermögensgegenständen, die in der Regel zu einem Zeitpunkt nur für einen Zweck verwendet werden können, besteht bei den immateriellen

---

[70] Vgl. Schrappe (2007, S. 180).
[71] Vgl. Möller und Gamerschlag (2009, S. 7).
[72] Vgl. Dillerup und Stoi (2011, S. 743).
[73] Vgl. Möller und Gamerschlag (2009, S. 7).
[74] Vgl. Dillerup und Stoi (2011, S. 743).
[75] Vgl. Stoi (2003, S. 177).
[76] Vgl. Sveiby (1998, S. 44).

Werten keine Rivalität in der Nutzung. Immaterielle Werte können zum selben Zeitpunkt in mehrfacher Weise für verschiedene Zwecke verwendet werden, ohne dass sie einer Wertminderung unterliegen. Von der ursprünglichen Investition abgesehen, besitzen immaterielle Werte aufgrund der vielseitigen und gleichzeitigen Verwendung keine oder nur geringe Opportunitätskosten.[77] Immaterielle Werte bzw. ihr Wert wird auch durch die Nutzung nicht verbraucht. Eher das Gegenteil ist der Fall, der Wert wird durch die Nutzung erhöht. Dies ist z. B. bei den Erfahrungen von Mitarbeitern der Fall.[78] So profitieren immaterielle Werte ebenfalls von Netzwerkeffekten. Der Nutzen des einzelnen steigt mit der Anzahl der Nutzer eines Netzwerkes. Die positiven Effekte kommen bei unternehmensinternen, in besonderem Maße aber bei unternehmensübergreifenden Netzwerken, zur Geltung.[79]

Lassen sich Sach- und Finanzanlagen durch den Eigentümer gut schützen, ist dies bei immateriellen Werten anders. Das Ausmaß an Verfügungsrechten an den einzelnen Bestandteilen der immateriellen Werte ist unterschiedlich stark ausgeprägt. Im Gegensatz zu Marken und Patenten, die noch relativ gut geschützt sind, sind Mitarbeiter, Kunden und Partner, da sie kein Eigentum der Unternehmung sind, nicht geschützt.

Immaterielle Werte für sich alleine generieren noch keinen Wert oder Wachstum, sondern müssen mit anderen immateriellen oder materiellen Produktionsfaktoren kombiniert werden.[80] Sie lassen sich allerdings meist nur schwer oder gar nicht vom restlichen Unternehmen separieren. Daher fällt eine getrennte Veräußerung oder Verwertung schwer.[81]

Ein weiterer Unterschied zu den materiellen Werten wird bei den Investitionen deutlich. Der Aufbau von immateriellen Werten wird bilanziell nicht als Investition angesehen und auch nicht so behandelt, sondern als Aufwand verbucht. Eine Beurteilung wie bei Investitionen in materielle Vermögenswerte unterbleibt in den meisten Fällen. Der durch die Investition in immaterielle Werte geschaffene Wert, wie z. B die Ausbildung eines Mitarbeiters, lässt sich nur schwer feststellen. Ebenfalls schwer zu beurteilen sind die zukünftigen Einzahlungsüberschüsse, die aus dieser Investition zurückfließen. Da häufig nur der Aufwand einer solchen Investition klar festgestellt werden kann, werden Investitionen in immaterielle Werte meist als Aufwand verbucht.[82] Bei der Beurteilung einer Investition in immaterielle Werte sind zwei Arten von Zeitverzögerungen zu beachten. Zum einen die Zeitdauer zwischen der eigentlichen Investition und deren Auswirkungen auf die immateriellen Werte (Investment effectiveness lag). Zum anderen die Zeitdauer zwischen der Steigerung der immateriellen Werte und deren Wirkung auf den Unternehmenswert (Intangible effectiveness lag).[83]

---

[77] Vgl. Möller und Gamerschlag (2009, S. 7).
[78] Vgl. Stoi (2004, S. 192).
[79] Vgl. Möller und Gamerschlag (2009, S. 7).
[80] Vgl. Müller (2006, S. 9).
[81] Vgl. Bischof (2008, S. 21).
[82] Vgl. Stoi (2003, S. 177 f.).
[83] Vgl. Stoi (2002, S. 260).

Immaterielle Werte weisen meist so genannte Spillover-Effekte[84] auf. Dabei wird der Nutzen desjenigen, der in die Innovation investiert hat, durch Nachahmungen begrenzt. Häufiges Beispiel für einen Spillover-Effekt ist der Wechsel eines erfahrenen Mitarbeiters zur Konkurrenz.[85] So können auch Nichtbesitzer nur schlecht von der Nutzung ausgeschlossen werden.[86] Dies wiederum macht Investitionen in immaterielle Werte vergleichsweise riskant. Eine weitere Gefahrenquelle bei der Investition in immaterielle Werte stellen die höheren Wertschwankungen dar. So kann das Wissen eines Mitarbeiters von heute auf morgen obsolet geworden sein, da beispielsweise ein neues Verfahren auf dem Markt erschienen ist.[87]

Ebenfalls existiert in den seltensten Fällen ein Markt, auf dem die immateriellen Werte gehandelt werden können. Dies wiederum führt dazu, dass eine Bewertung in der gleichen Art und Weise wie bei finanziellem Vermögen oder Sachanlagen nicht möglich ist.[88] Die Folge dieser Bewertungsproblematik ist, dass der Gesetzgeber eine Aktivierung der immateriellen Werte nur in wenigen Fällen erlaubt.[89] Ein weiteres Problem, das sich aus dem fehlenden Markt für immaterielle Werte ergibt, ist, dass Kosten von vorzeitig beendeten Investitionen nicht über einen eventuellen Weiterverkauf zurückgeholt werden können. Dies wiederum verdeutlicht das höhere Risiko einer Investition in immaterielle Werte.[90]

Aufgrund der Besonderheiten der immateriellen Werte ist deren Nutzen oft nur schlecht ermittelbar und deshalb für viele Unternehmungen auch schwer mess- und bewertbar. Dies führt zu der Gefahr, dass Investitionen in immaterielle Werte unterlassen werden.[91]

3.2.7   Bilanzielle Bewertung

Der Begriff der immateriellen Vermögensgegenstände ist gesetzlich nicht definiert. Immaterielle Vermögensgegenstände sind alle Vermögensgenstände, die

- körperlich nicht fassbar sind,
- nicht den Sach- oder Finanzanlagen zuzuordnen sind und
- solche, die dazu bestimmt sind dem Geschäftsbetrieb auf Dauer zu dienen.

Immaterielle Werte, wie auch materielle Werte, müssen konkret und abstrakt aktivierungsfähig sein, um als Vermögensgegenstand in der Bilanz aktiviert werden zu können.

---

[84] Spillover-Effekte sind Ausstrahlungs- oder Übertragungseffekte. Die Wirkung der Maßnahme geht über den eigentlichen Zielbereich der Entscheidung hinaus. Sie können sowohl positive als auch negative Nebenwirkungen haben. Vgl. Feess und Kirchgeorg (o.J. online im Internet).
[85] Vgl. Daum (2001).
[86] Vgl. Dillerup und Stoi (2011, S. 744).
[87] Vgl. Stoi (2003, S. 178).
[88] Vgl. Möller und Gamerschlag (2009, S. 7).
[89] Vgl. Bischof (2008, S. 23).
[90] Vgl. Daum (2001).
[91] Vgl. Bischof (2008, S. 23).

Hinsichtlich der abstrakten Aktivierungsfähigkeit muss ein Vermögensgegenstand selbstständig verwertbar sein. Die selbstständige Verwertbarkeit eines Gutes ist gegeben, wenn ein Gut außerhalb der Unternehmung monetär verwertet werden kann, d. h. einzeln bewertet werden kann.[92]

Die konkrete Aktivierungsfähigkeit richtet sich nach § 246 Abs. 1 HGB. Danach müssen folgende Kriterien erfüllt sein:

- subjektive Zurechenbarkeit (der Vermögensgegenstand muss dem Bilanzierenden zuzurechnen sein),
- Zugehörigkeit zum Betriebsvermögen (der Vermögensgegenstand darf nicht zum Privatvermögen gehören) und
- kein ausdrückliches Bilanzierungsverbot.

Ein ausdrückliches Bilanzierungsverbot bestand lange Zeit für immaterielle Vermögensgegenstände. Bei der bilanziellen Bewertung von immateriellen Vermögensgegenständen wird zwischen entgeltlich erworbenen und selbst geschaffenen immateriellen Vermögensgegenständen unterschieden.

Bis zum 31.12.2009 galt nach Handelsgesetzbuch (HGB) der Grundsatz, dass immaterielle Vermögensgegenstände nur dann aktiviert werden durften, wenn sie von Dritten entgeltlich erworben wurden. Diese sind nach § 255 Abs. 1 HGB in Verbindung mit § 253 Abs. 1 S. 1 HGB höchstens mit ihren Anschaffungskosten zu aktivieren. Für selbst geschaffene immaterielle Vermögensgegenstände galt ein Aktivierungsverbot.

Seit dem 01.01.2010 besteht durch die Änderungen des Bilanzrechtsmodernisierungsgesetz ein Ansatzwahlrecht für selbst geschaffene immaterielle Vermögensgegenstände. Durch die Änderung des § 248 Abs. 2 HGB können nun auch selbstgeschaffene immaterielle Vermögensgegenstände aktiviert werden. Ein Aktivierungsverbot besteht aber weiterhin für selbst geschaffene Marken, Drucktitel, Verlagsrechte, Kundenlisten oder vergleichbare immaterielle Vermögensgegenstände des Anlagevermögens (§ 248 Abs. 2 HGB). Selbst geschaffene immaterielle Vermögensgegenstände dürfen dabei aber lediglich nur mit den in der Entwicklungsphase angefallenen Herstellungskosten aktiviert werden, Herstellungskosten der Forschungsphase bleiben nach § 255 Abs. 2a HGB außen vor. Wenn Forschungs- und Entwicklungsphase nicht getrennt werden können, besteht weiterhin ein Aktivierungsverbot der immateriellen Vermögensgegenstände. Ebenso besteht nach § 255 Abs. 2 S. 4 HGB ein Aktivierungsverbot für Vertriebskosten.

Auch wenn durch das Bilanzmodernisierungsgesetz den immateriellen Werten mehr Bedeutung zukommt, wird ein Großteil der immateriellen Werte aufgrund der oben genannten Besonderheiten nicht erfasst. Im Folgenden sollen daher Konzeptionen vorgestellt werden, die es ermöglichen sollen, diese immateriellen Werte zu messen und zu bewerten.

---

[92] Vgl. Arbeitskreis Immaterielle Werte im Rechnungswesen (2004, S. 28).

3.3   Konzeptionen zur Bewertung von immateriellen Werten im Krankenhaus

In der Literatur existiert eine Vielzahl von Konzeptionen zur Abbildung, Messung und zum Management von immateriellen Werten. Je nachdem, welches Ziel die unterschiedlichen Konzeptionen verfolgen, lassen sie sich unterschiedlichen Kategorien zuordnen. Bei der Systematisierung der verschiedenen Konzeptionen haben sich unterschiedliche Methoden entwickelt, die eine Einteilung der Konzeptionen vornehmen. Im Folgenden sollen zunächst einmal die in der Literatur am häufigsten genannten Kategorisierungen zur Einteilung der Konzeptionen vorgestellt werden, bevor auf die einzelnen Konzeptionen an sich eingegangen wird.

3.3.1   Einteilung der Konzeptionen

Eine Einteilung der Konzeptionen, die häufig in der Literatur angeführt wird, geht auf North und Probst zurück. Diese teilen die Konzeptionen in deduktiv-summarische und induktiv-analytische Ansätze ein. Bei den deduktiv-summarischen Ansätzen werden die Daten der Bilanz und Börsenkurse herangezogen. Diese Ansätze gehen von einer Bezifferung der Differenz zwischen Markt- und Buchwert einer Unternehmung aus. Die Differenz entspricht dem Wert der immateriellen Werte, folglich nehmen sie eine Bewertung in monetärer Form vor.[93] Andere Faktoren, die den Marktwert der Unternehmung beeinflussen könnten, wie spekulative Erwartungen, konjunkturelle Einflüsse, politische Entscheidungen oder unvorhersehbare Ereignisse, die nicht unbedingt in Zusammenhang mit den immateriellen Werten stehen, werden hier nicht berücksichtigt.[94] Aus diesem Grund scheinen die deduktiv-summarischen Ansätze auch nur bedingt geeignet, um immaterielle Werte zu bewerten.

Die induktiv-analytischen Ansätze nehmen eine Beschreibung und Bewertung einzelner Elemente vor, um Ansatzpunkte zu deren Entwicklung zu liefern. Hier liegt das Hauptaugenmerk nicht auf einer monetären Bewertung.[95] Die induktiv-analytischen Ansätze sind aufgrund ihrer tiefer gehenden Betrachtungsweise von größerer Bedeutung.[96] Bei diesen Ansätzen lassen sich zwei Arten unterscheiden. Einerseits Verfahren, die eine analytische Beschreibung und Bewertung unterschiedlicher Komponenten vornehmen. Andererseits Verfahren, die nicht-finanzielle und finanzielle Indikatoren zu einem Gesamtsystem integrieren. Zu diesen zählen beispielsweise die Balanced Scorecard und der Skandia Navigator.[97] Abbildung 3.6 zeigt die Einteilung der unterschiedlichen Konzeptionen in die Bereiche deduktiv-summarisch und induktiv-analytisch.

---

[93] Vgl. North (2011, S. 231).
[94] Vgl. Picot und Neuburger (2005, S. 78).
[95] Vgl. North (2011, S. 231).
[96] Vgl. Treml (2009, S. 56).
[97] Vgl. North (2011, S. 235).

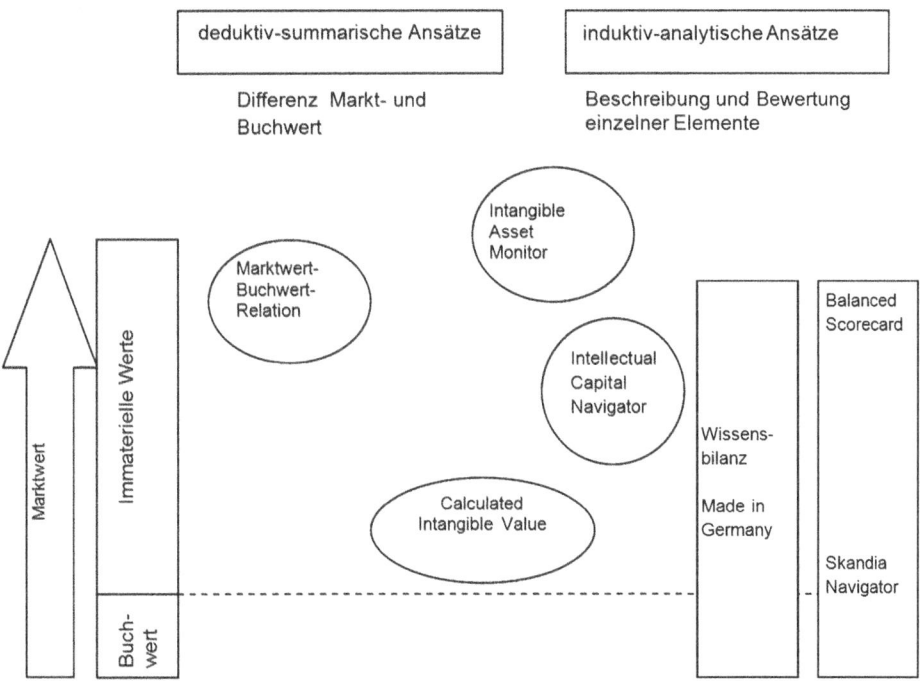

Abb. 3.6 Einteilung der Konzeptionen nach North und Probst (eigene Darstellung in Anlehnung an North 2011)

Stoi hingegen nimmt eine Einteilung in Monoindikatorverfahren, bei denen der Wert nur in einer einzigen aggregierten Größe ausgedrückt wird, und Multiindikatorverfahren, bei denen der Wert durch verschiedene Indikatoren ausgedrückt wird, vor.[98] Eine ähnliche Einteilung findet sich bei Bischof. Dieser unterteilt die Konzeptionen in Verfahren zur monetären Bewertung und mehrdimensionale Indikatorenmodelle.[99] Die Einteilung der unterschiedlichen Konzeptionen nach Stoi zeigt Abb. 3.7.

Monoindikatorverfahren versuchen eine monetäre Bewertung der immateriellen Werte zu ermöglichen und werden hauptsächlich im Rechnungswesen verwendet. Multiindikatorverfahren haben ihren Schwerpunkt weniger auf der monetären Bewertung, sondern teilen die immateriellen Werte in verschiedene Kategorien ein und bilden diese schließlich mit mehrdimensionalen Maßgrößen quantitativ ab.[100]

Eine andere Einordnung der Konzeptionen geht auf Luthy (1998) oder auch Sveiby (2001) zurück. Diese unterteilen die Konzeptionen in vier Gruppen. Dabei wird unter-

---

[98] Vgl. Dillerup und Stoi (2011, S. 749 ff.).
[99] Vgl. Bischof (2008, S. 27 f.).
[100] Vgl. Dillerup und Stoi (2011, S. 751).

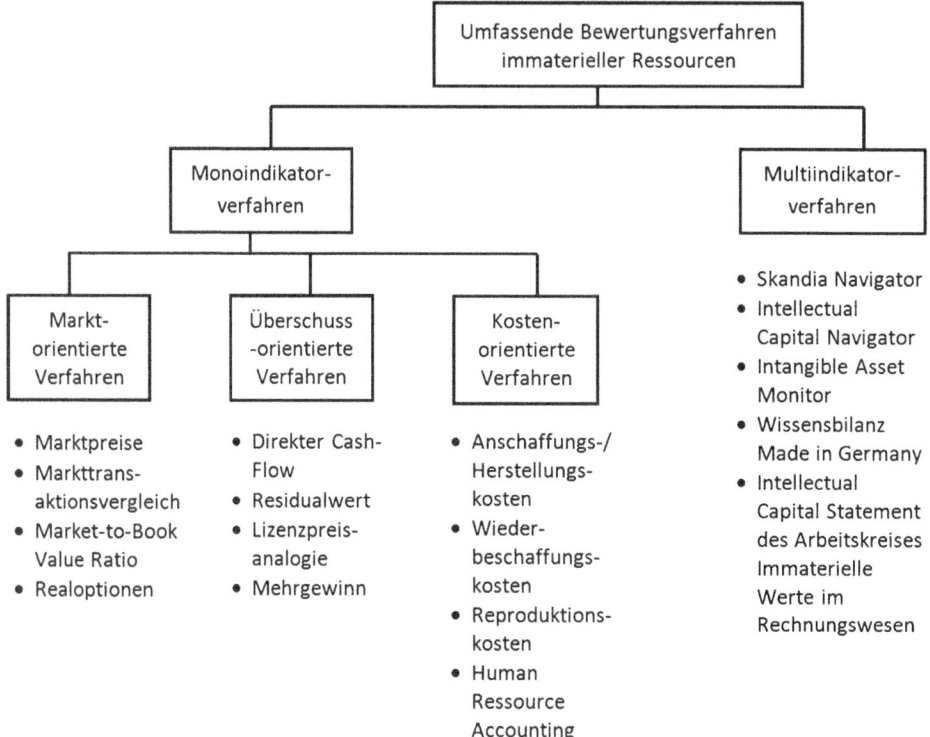

Abb. 3.7 Einteilung der Konzeptionen nach Stoi (eigene Darstellung in Anlehung an Dillerup und Stoi 2011)

schieden, ob eine monetäre oder nicht monetäre Bewertung vorgenommen wird und ob eine Betrachtung der gesamten Unternehmung erfolgt oder nur von Komponenten.[101]

Direct Intellectual Capital Methods (DIC): Sie schätzen den Geldwert der einzelnen Komponenten der immateriellen Werte. Die erfassten Komponenten können dann direkt evaluiert werden, dies sowohl im Einzelnen als auch aggregiert.[102]

Market Capitalization Methods (MCM): Diese Methoden berechnen aus der Differenz zwischen der Marktkapitalisierung und dem Buchwert den Wert der immateriellen Werte.[103] Voraussetzung ist eine Börsennotierung.[104] Sie entsprechen den deduktiv-summarischen Ansätzen.

Return on Assets Methods (ROA): Hier wird der Wert der immateriellen Werte anhand der Kennzahl Return on Assets definiert.[105] Der durchschnittliche Gewinn vor Steu-

---

[101] Vgl. Fischer (2008, S. 225).
[102] Vgl. Roos et al. (2004, S. 139).
[103] Vgl. Bodrow und Bergmann (2003, S. 113 f.).
[104] Vgl. Dillerup und Ramos (2006).
[105] Vgl. Müller (2006, S. 13).

ern wird durch den durchschnittlichen Buchwert dividiert. Das Ergebnis wird mit dem Branchendurchschnitt verglichen. Aus der Differenz und dem eingesetzten Kapital lässt sich der Wert der immateriellen Werte abschätzen.[106] Zu den Return-on-Assets-Methoden zählt die von Stern und Steward entwickelte Methode des Economic Value Added (EVA), welche durch das entwickelte RAVE-Konzept speziell auf immaterielle Werte zugeschnitten wurde.

Scorecard Methods (SCM): Diese ermöglichen eine nicht monetäre Bewertung von einzelnen Komponenten und werden daher als sehr praktikabel betrachtet.[107] Der Wert wird durch die Evaluierung der verschiedenen Aspekte der Unternehmensstrategie ermittelt.[108] Die wohl bekannteste Scorecard-Methode ist die von Kaplan und Norton entwickelte Balanced Scorecard. Weitere Methoden sind z. B. der Intangible Asset Monitor und der Skandia Navigator.

Im Folgenden werden zunächst Verfahren vorgestellt, die eine monetäre Bewertung der einzelnen Komponenten von immateriellen Werten ermöglichen. Dabei wird auf die traditionellen Bewertungsverfahren zurückgegriffen, die Stoi als Monoindikatorverfahren beschreibt. Dazu zählen der Cost Approach, der Income Approach und der Market Approach. Für eine nicht rein monetäre Abbildung der immateriellen Werte werden zudem die Scorecard-Methoden vorgestellt. Weiterhin wird die Wissensbilanz Made in Germany, eine in gewisser Weise den Scorecard-Verfahren ähnliche Konzeption, vorgestellt. Bei den Scorecard-Methoden werden solche Konzeptionen betrachtet, die ein internes Management der immateriellen Werte ermöglichen und nicht hauptsächlich auf die Berichterstattung für Externe abzielen.[109]

3.3.2 Direct Intellectual Capital Methods

Zur monetären Bewertung einzelner immaterieller Werte sollen hier die traditionellen Bewertungsverfahren vorgestellt werden. Obwohl diese üblicherweise zur Bewertung der materiellen Vermögensgegenstände herangezogen werden, können sie ebenfalls für die Bewertung der immateriellen Werte genutzt werden. Im Folgenden soll auf die klassischen Bewertungsverfahren Cost Approach, Market Approach und Income Approach eingegangen werden (siehe Abb. 3.8).

Market Approach
Beim Market Approach wird der Wert der immateriellen Güter mithilfe der am Markt gehandelten Vermögenswerte ermittelt und gegebenenfalls mit unternehmungsspezifischen

---

[106] Vgl. Möller (2004, S. 488).
[107] Vgl. Fischer (2008, S. 224 ff.); ähnlich Bodrow und Bergmann (2003, S. 113 f.).
[108] Vgl. Müller (2006, S. 13).
[109] Zu den Konzeptionen, die hauptsächlich auf die Berichterstattung für Externe abzielen, gehört bspw. das Intellectual Capital Statement. Für weitere Informationen zum Intellectual Capital Statement siehe Daum (2004, S. 45 ff.); siehe auch Wagner (2006, S. 89 ff.).

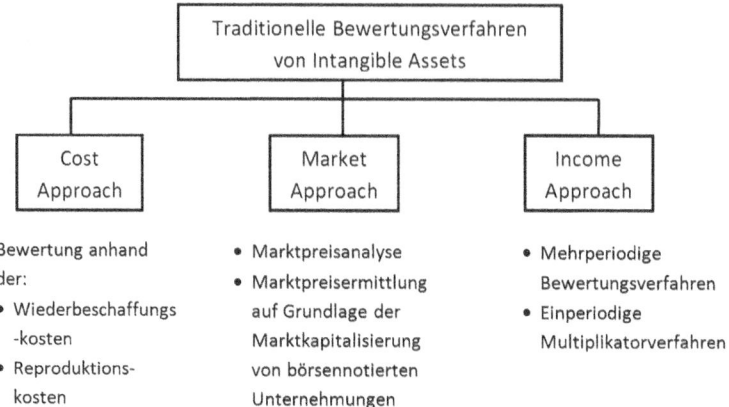

Abb. 3.8 Traditionelle Bewertungsverfahren (eigene Darstellung in Anlehnung an Creutzmann 2005)

Multiplikatoren korrigiert.[110] Der angemessene Wert wäre somit der Betrag, der sich auf dem Markt durch das Zusammenspiel von Angebot und Nachfrage ergeben würde. Unter der Voraussetzung, dass ein Markt für immaterielle Werte existieren würde, ergäbe sich der Wert aus den zu beobachtenden Marktpreisen.[111] Eine andere Möglichkeit besteht darin, den Wert der immateriellen Werte aus zeitnahen Transaktionen zu ermitteln, bei denen vergleichbare immaterielle Werte gehandelt wurden. Der Wert der immateriellen Werte würde dann dem Preis entsprechen, der zuvor für die immateriellen Werte gezahlt wurde. Gegebenenfalls sind weitere Anpassungen, welche die Spezifika der zu bewertenden immateriellen Werte berücksichtigen, vorzunehmen. Die Anpassungen dienen einer objektiven Bewertung und sollen die zugrunde liegenden speziellen Marktgegebenheiten berücksichtigen.[112]

Income Approach
Beim Income Approach entspricht der Wert der immateriellen Werte dem Barwert der zukünftigen Zahlungsüberschüsse, die durch die immateriellen Werte erzielt werden können. Dieser Wert wird dann auf den Bewertungsstichtag diskontiert. Beim Income Approach wird davon ausgegangen, dass der Wert sich hauptsächlich aus dem Potenzial ergibt, zukünftig Gewinne zu erwirtschaften. Somit steht hier das zukünftige Erfolgspotenzial im Mittelpunkt. Zur Wertermittlung wird die Höhe der zukünftigen finanziellen Überschüsse, die aus der Nutzung des immateriellen Wertes erzielt werden können, die Nutzungsdauer und das Risiko, das in Zusammenhang mit der erwarteten Nutzung besteht, in Form des Diskontierungsfaktors herangezogen.[113]

---

[110] Vgl. Wagner (2006, S. 31).
[111] Vgl. Creutzmann (2005, S. 34).
[112] Vgl. Leibfried und Fassnacht (2008, S. 232).
[113] Vgl. Creutzmann (2005, S. 35).

Durch den Diskontierungsfaktor berücksichtigt das Verfahren ebenfalls die Anlagealternativen des Käufers. Die zukünftigen Zahlungsüberschüsse müssen bei diesem Verfahren dem zu bewertenden Objekt zurechenbar sein. Dies ist allerdings in der praktischen Anwendung nicht für alle immateriellen Werte möglich.[114] Das Problem stellt hier die Zuordnung der Erträge zu den einzelnen immateriellen Werten dar.

Cost Approach

Beim Cost Approach wird davon ausgegangen, dass ein Investor nicht mehr für einen immateriellen Wert ausgeben würde, als es ihn kosten würde, diesen zu reproduzieren oder wiederherstellen zu lassen.[115] Zur Bewertung werden hier die Wiederbeschaffungs- bzw. Reproduktionskosten herangezogen. Zur Ermittlung werden Vergangenheitsdaten oder auch Marktdaten verwendet. Dazu müssen zunächst die immateriellen Werte identifiziert und mit den einzelnen Kosten bewertet werden. Dazu zählen neben den eigentlichen Kosten, wie Material-, Arbeits- und Verwaltungskosten, auch die Opportunitätskosten, die entstanden sind. Beim Cost Approach wird also versucht, die bei der Entstehung des immateriellen Wertes entstandenen Kosten monetär zu bewerten. Beim Reproduktionskostenansatz würden die Kosten ermittelt, die anfallen, um eine Nachbildung des immateriellen Wertes herstellen zu können. Werden die Wiederbeschaffungskosten herangezogen, würden die Kosten ermittelt, die entstehen, um einen immateriellen Wert mit der gleichen Funktionalität zu erwerben.[116]

Eine objektive Kostenbewertung für einzelne immaterielle Werte ist allerdings kaum durchführbar, was das Verfahren schnell an seine Grenzen stoßen lässt. Der kostenorientierte Ansatz kommt nur dann zum Tragen, wenn noch keine Marktpreise existieren und der zukünftige Ertrag bzw. Nutzen noch nicht absehbar ist.[117]

Übertragbarkeit auf den Bereich des Krankenhauses

Die traditionellen Bewertungsverfahren ermöglichen es zwar theoretisch, einen monetären Betrag für einen Teil der immateriellen Werte zu ermitteln, allerdings besitzen die Verfahren einige Schwierigkeiten, welche die Anwendung insbesondere im Bereich der Krankenhäuser erschweren. Bei allen Verfahren ergibt sich das Problem, dass zunächst die immateriellen Werte getrennt von materiellen Werten zu identifizieren und anschließend von diesen zu separieren sind. Dies führt, wie bereits erwähnt, bei den immateriellen Werten zu Problemen, da diese meist nur in Zusammenhang mit anderen materiellen oder immateriellen Werten einen Beitrag zum Unternehmungserfolg leisten.[118]

Die mangelnde Separierbarkeit macht es insbesondere beim Cost Approach schwer, die einzelnen immateriellen Werte zu identifizieren und mit Kosten zu belegen. Übertragen auf den Bereich des Krankenhauses könnte beispielsweise versucht werden, die

---

[114] Vgl. Schmidli und Vassalli (2006, S. 45).
[115] Vgl. Creutzmann (2005, S. 33); siehe auch Wagner (2006, S. 29).
[116] Vgl. Creutzmann (2006, S. 18).
[117] Vgl. Leibfried und Fassnacht (2008, S. 232).
[118] Vgl. Bischof (2008, S. 21).

Kosten zu ermitteln, die entstanden sind, um niedergelassene Ärzte als Zuweiser an ein Krankenhaus zu binden. Hier müssten alle Kosten, die mit dem Aufbau und der Erhaltung der Beziehung zum Zuweiser bisher entstanden sind, in die Berechnung einbezogen werden. Schwierig wird es das Zeitinvestment als Opportunitätskosten einzuschätzen, da Mitarbeiter in dieser Zeit nicht für andere Zuweiser oder Patienten zur Verfügung standen. Hieran wird deutlich, dass der Cost Approach nur sehr bedingt geeignet ist, um immaterielle Werte im Krankenhaus zu bewerten. Ebenso ist es sehr schwierig, die Kosten für die Herstellung dieser Beziehung zu einem bestimmten Zuweiser von den Kosten des laufenden Geschäfts zu separieren. Für die Erfahrung von Ärzten oder aber die Fähigkeit des Pflegepersonals, die Bedürfnisse der Patienten zu erkennen und auf diese einzugehen, lassen sich erst gar keine Kosten ermitteln.

Ein weiteres Problem beim Cost Approach ergibt sich aus der Tatsache, dass die entstandenen Kosten nicht unbedingt dem Wert des immateriellen Gutes entsprechen. So könnte angenommen werden, dass sich der Wert eines Mitarbeiters aus dem Gehalt und den Kosten für Fort- und Weiterbildungen zusammensetzt. Dass diese Kosten allerdings nicht den Wert widerspiegeln, den ein Mitarbeiter für das Krankenhaus darstellt, zeigt sich allein an der Tatsache, dass das Wissen eines Mitarbeiters oder auch seine Fähigkeiten, beispielsweise durch den Austausch mit anderen Mitarbeitern, im Laufe der Jahre wächst, sodass die zugrunde liegenden Kosten nicht mehr den tatsächlichen Wert des Mitarbeiters widerspiegeln. Dieser Ansatz ist gerade im Bereich der Chefärzte fraglich, da Patienten das Krankenhaus aufgrund der guten Reputation gewisser Ärzte aufsuchen und der Wert für das Krankenhaus somit deutlich über den angefallenen Kosten liegt. Der immer stärker spürbare Ärztemangel, aber auch der zunehmende Personalmangel in der Pflege machen deutlich, dass das Vorhandensein gut qualifizierter Mitarbeiter für das Krankenhaus einen größeren Wert darstellt, als die zugrunde liegenden Kosten für diese Mitarbeiter es widerspiegeln.

Weiterhin stellt der Cost Approach lediglich auf die zugrunde liegenden Kosten für die Reproduktion oder Wiederbeschaffung eines immateriellen Wertes ab. Er betrachtet somit nur die in der Vergangenheit angefallenen Kosten. Der fehlende Zukunftsbezug schränkt dieses Verfahren zur Bewertung von immateriellen Werten zusätzlich ein. Ebenso berücksichtigt der Cost Approach nicht die Leistungsfähigkeit der immateriellen Werte. Daher scheint dieser für die Bewertung von immateriellen Werten eher ungeeignet und findet in der Praxis so gut wie keine Anwendung.[119]

Die mangelnde Separierbarkeit immaterieller Werte führt auch beim Income Approach zu Problemen. Um eine Bewertung zu ermöglichen, müssen die Erträge eindeutig einem Objekt zugeordnet werden können und von den sonstigen Erträgen der Unternehmung separiert werden.[120] Immaterielle Werte erzielen aber meist nur in Kombination mit anderen immateriellen oder materiellen Werten einen Erlös, was die Separierbarkeit und eindeutige Zuordnung erschwert. Wurden beispielsweise die speziellen Fähigkeiten eines Chefarztes

---

[119] Vgl. Himmel und Krostewitz (2012, S. 34).
[120] Vgl. Himmel und Krostewitz (2012, S. 34).

als ein immaterieller Wert identifiziert, da diese Fähigkeit das Potenzial besitzt, zukünftig Erträge zu erwirtschaften, ergibt sich das Problem der eindeutigen Zuordnung von Erträgen zu diesem immateriellen Wert. Die spezielle Fähigkeit des Chefarztes alleine erzielt für das Krankenhaus noch keinen Erlös. Erst durch die Unterstützung durch sein Team an Mitarbeitern und dem Einsatz materieller Vermögensgegenstände wird im Krankenhaus ein Erlös erzielt. Durch die interdisziplinäre Leistungserstellung im Krankenhaus wird die eindeutige Zuordnung von Erträgen zu einem Mitarbeiter oder einer Berufsgruppe zusätzlich erschwert.

Ein weiteres Problem bei der Bewertung von speziellen Fähigkeiten eines Chefarztes als immateriellen Wert ergibt sich bei der Nutzungsdauer. Diese ist fraglich, da der Chefarzt kein Eigentum des Krankenhauses darstellt und das Krankenhaus jederzeit verlassen kann. Würde versucht werden, die Erträge diesem speziellen immateriellen Wert zuzuordnen, müssten eine Vielzahl von nicht nachprüfbaren Annahmen getroffen werden. Häufig können Erlöse, die mit immateriellen Werten erzielt werden, daher nur geschätzt werden. Für bestimmte immaterielle Werte, wie die Unternehmenskultur oder auch eine reibungslos funktionierende Kommunikation zwischen den Fachabteilungen oder Berufsgruppen, lassen sich erst gar keine zukünftigen Erträge ermitteln.[121] Dieser Tatbestand trifft auf einen Großteil der immateriellen Werte im Krankenhaus zu.

Das Problem des Income Approach macht sich auch im Bereich der Weiterbildungsmaßnahmen bemerkbar. Während hier der Aufwand noch recht leicht zu ermitteln ist, entzieht sich der dadurch erzielbare Ertrag der Kontrolle des Krankenhauses. Es liegt in der Handhabe des Mitarbeiters, inwieweit er das erlernte Wissen einsetzt.[122] Dies stellt gerade im personalintensiven Leistungserstellungsprozess des Krankenhauses ein Problem dar. Die aufgeführten Schwierigkeiten machen deutlich, dass auch der Income Approach nur bedingt zur Bewertung von immateriellen Werten im Krankenhaus geeignet ist.

Auch der Market Approach bringt, trotz der guten Nachvollziehbarkeit bei diesem Bewertungsverfahren, gewisse Probleme mit sich. Für immaterielle Werte existiert in den seltensten Fällen ein Markt, auf dem diese gehandelt werden. Dies führt dazu, dass Informationen über Preise nicht existieren bzw. nicht zugänglich sind. Marktpreise können für immaterielle Werte nur in bestimmten Fällen den adäquaten Wert wiedergeben. Gerade für den Bereich des Humankapitals bestehen bei diesem Verfahren Schwierigkeiten, da Humankapital nicht an frei zugänglichen Märkten gehandelt wird. Der Wert der Erfahrungen eines Chefarztes oder seiner Führungskompetenzen ist nicht transparent. Aufgrund der personalintensiven Leistungserstellung ist das Humankapital allerdings ein wesentlicher Teil der immateriellen Werte eines Krankenhauses. Da ein Markt für das Humankapital im Krankenhaus nicht existiert, scheint der Market Approach ebenfalls nicht zur Bewertung von immateriellen Werten im Krankenhaus geeignet zu sein. Eine weitere Schwierigkeit beim Market Approach liegt in der mangelnden Vergleichbarkeit von immateriellen Wer-

---

[121] Vgl. Treml (2009, S. 211).
[122] Vgl. Treml (2009, S. 211).

ten. So kann der Wert für ein immaterielles Gut nicht einfach aus anderen Transaktionen, falls diese bekannt sind, übertragen werden.

Der Market Approach eignet sich gut für marktfähige immaterielle Werte wie Patente und Lizenzen. Da für die meisten immateriellen Werte im Krankenhaus kein Markt existiert, scheint dieser Ansatz für eine umfangreiche Bewertung immaterieller Werte im Krankenhaus nicht geeignet zu sein.

Aufgrund der aufgeführten Schwierigkeiten dieser Verfahren, die im besonderen Maße auch im Bereich des Krankenhauses zum Tragen kommen, eignen sich die traditionellen Bewertungsverfahren eher nicht, um immaterielle Werte im Krankenhaus zu bewerten.

3.3.3 Wissensbilanzen

Wissensbilanzen sind in jüngster Zeit vermehrt auf den Markt getreten. Ursprünglich wurden sie von Forschungseinrichtungen zur Abbildung ihrer Forschungsleistungen entwickelt, fanden aber auch im privatwirtschaftlichen Raum vermehrt Zuspruch.[123] Sie weisen eine hohe Ähnlichkeit zu den Scorecard-Verfahren auf. Bei den Wissensbilanzen werden die immateriellen Werte in homogene Gruppen eingeteilt. Diese Einteilung orientiert sich an der Kategorisierung der immateriellen Werte in Human-, Struktur- und Beziehungskapital.[124] Es werden Indikatoren gebildet, die einerseits die Messung der immateriellen Werte ermöglichen sollen, andererseits sollen sie die Identifikation konkreter Stellgrößen für die Gestaltung dieser Werte ermöglichen. Die immateriellen Werte werden dabei als Inputressource verstanden und als Wertschöpfungspotenzial bezeichnet.[125]

Wissensbilanzen sind keine Bilanzen im klassisch finanziellen Sinn, bei der auf der Aktiv- und Passivseite monetäre Beträge aufgeführt werden. Vielmehr dokumentieren sie die Verwendung der immateriellen Werte und sollen einen abschließenden Überblick über die Ergebnisse und Veränderungen geben können.[126] Sie sind somit keine reine Gegenüberstellung von Mittelherkunft und Mittelverwendung, sondern sollen Auskunft über die Entwicklung der gesamten immateriellen Werte geben. Wissensbilanzen beziehen sich nicht nur auf den Wissensbestand einer Unternehmung, sondern auf alle verwendeten immateriellen Ressourcen.[127] Der Begriff Wissensbilanz steht im deutschsprachigen Raum für die Darstellung von wissensbasierten Vermögensbeständen, die durch Mitarbeiter, Prozessorganisation und Kunden bestimmt werden.[128]

Wissensbilanzen haben zwei unterschiedliche Zielsetzungen. Zum einen dienen sie der externen Berichterstattung in Form einer Rechenschaftslegung für externe Zielgruppen. Zum anderen soll durch Wissensbilanzen die interne Steuerung der immateriellen Werte

---

[123] Vgl. Treml (2009, S. 211).
[124] Vgl. Treml (2009, S. 62).
[125] Vgl. Leitner (2006, S. 264).
[126] Vgl. BMWi (2008, S. 53).
[127] Vgl. Blum und Borrmann (2004, S. 408).
[128] Vgl. North et al. (1998) zitiert nach Renzl et al. (2006, S. 232).

ermöglicht bzw. verbessert werden.[129] Vorgestellt werden soll hier eine Methode, die in Deutschland entwickelt wurde und große Anerkennung gefunden hat, die Wissensbilanz Made in Germany.

Wissensbilanz Made in Germany

Die Wissensbilanz Made in Germany wurde vom deutschen Bundesministerium für Wirtschaft und Arbeit als Projekt in Auftrag gegeben und im Jahr 2004 vorgestellt. Ziel war es, für mittelständische Unternehmungen ein Instrument zur Messung und Steuerung von immateriellen Werten zu entwickeln. Die Wissensbilanz Made in Germany soll Transparenz bezüglich der immateriellen Werte schaffen, ihre Wirkung auf die Leistungserstellung bewerten und es ermöglichen, daraus die richtigen Maßnahmen abzuleiten. Neben der gezielten und systematischen Entwicklung der immateriellen Werte soll die Wissensbilanz Made in Germany auch zur Kommunikation mit externen Zielgruppen dienen.[130] Als internes Steuerungsinstrument soll sie eine umfassende Unternehmensanalyse und eine systematische Steuerung der immateriellen Werttreiber ermöglichen. Die interne Sicht hat somit das Ziel, Schwachstellen und Potenziale aufzudecken. Neben der Erfassung und Analyse der einzelnen Einflussfaktoren soll die Wissensbilanz Made in Germany auch Auskunft über deren Wirkungszusammenhänge geben.[131]

Zur Erstellung der Wissensbilanz bedarf es acht verschiedener Schritte (siehe Abb. 3.10). Die Erstellung erfolgt durch ein Team, in dem Mitarbeiter aller Hierarchieebenen vertreten sind. Ausgangspunkt ist die Vision und Strategie der Unternehmung mit Blick auf die Möglichkeiten und Risiken im Unternehmensumfeld.[132]

In einem ersten Schritt wird das Geschäftsmodell evaluiert und die Ausgangssituation der Unternehmung beschrieben. Diese Informationen bilden die Basis für die Bewertung bei allen folgenden Schritten. Die Beschreibung des Geschäftsmodells setzt sich zum einen aus dem Bilanzierungsbereich[133], dem Geschäftsumfeld, in dem die Möglichkeiten und Risiken der Unternehmung liegen, der Vision, der Strategie, den zentralen wertschöpfenden Geschäftsprozessen und dem Geschäftserfolg zusammen. Der Geschäftserfolg steht für die angestrebten Geschäftsergebnisse, die durch den Einsatz von Ressourcen in den Geschäftsprozessen erreicht werden sollen und umfasst sowohl finanzielle, materielle als auch immaterielle Ergebnisse.[134]

Im zweiten Schritt werden die immateriellen Werte definiert. Es werden die für das Erreichen der Strategie der Unternehmung wichtigen Einflussfaktoren[135] für die drei Ka-

---

[129] Vgl. Blum und Borrmann (2004, S. 409).
[130] Vgl. BMWi (2008, S. 4).
[131] Vgl. Mertins et al. (2009, S. 93 ff.).
[132] Vgl. BMWi (2008, S. 10 f.).
[133] Der Bilanzierungsbereich gibt an, welche Unternehmensteile bei der Wissensbilanz betrachtet werden sollen. Vgl. BMWi (2008, S. 17).
[134] Vgl. BMWi (2008, S. 15 f.).
[135] „Ein Einflussfaktor ist ein abgrenzbares Element mit dem ein Aspekt des intellektuellen Kapitals präzise beschrieben wird. Verändert sich ein Einflussfaktor, wirkt sich das direkt oder indirekt auf den Geschäftserfolg und damit auf die Zielerreichung des Unternehmens aus". BMWi (2008, S. 19).

pitalarten Human-, Struktur- und Beziehungskapital bestimmt. Hierbei sollten zwei bis vier Einflussfaktoren pro Kapitalart bestimmt werden.[136] Beispiele für Einflussfaktoren sind Fachkompetenz, Mitarbeitermotivation, Beziehungen zu Kunden aber auch die Unternehmenskultur.[137] In einem nächsten Schritt, dem dritten Schritt, erfolgt eine Bewertung der immateriellen Werte. Der Bewertungsmaßstab ist hier die Strategie der Unternehmung. Die Bewertung erfolgt anhand der Bewertungsdimensionen Quantität, Qualität und Systematik[138]. Hier ist es besonders wichtig, dass die Teilnehmer zu einem Konsens gelangen.[139] Das Ergebnis der Bewertung soll einen präzisen Aufschluss über den aktuellen Zustand der immateriellen Werte geben und einen Überblick über die Stärken und Schwächen bieten.[140]

Die in Schritt drei vorgenommene Selbstbewertung der immateriellen Werte wird im vierten Schritt, durch die Bestimmung von Indikatoren für die Einflussfaktoren, mit zusätzlichen Zahlen und Fakten untermauert. Wenn möglich, sollte auch für die drei Bewertungsdimensionen Qualität, Quantität und Systematik je ein Indikator ermittelt werden. Durch die Bestimmung von Indikatoren erhalten die Einflussfaktoren eine zusätzliche, nachvollziehbare und nachprüfbare Aussage.[141] Der fünfte Schritt umfasst die Betrachtung der Wechselwirkung der Einflussfaktoren und es werden die Wirkungszusammenhänge zwischen den Einflussfaktoren untereinander, den Prozessen und dem Geschäftserfolg durch das Team eingeschätzt und mit einer Bewertung versehen. So soll eine Aussage zur Steuerbarkeit einzelner Faktoren (Wirkungsstärke) und zur zeitlichen Verzögerung (Wirkungszeitraum) bis zum Eintritt der Wirkung von bestimmten Maßnahmen getroffen werden können.[142] Dazu werden die einzelnen Einflussfaktoren hinsichtlich ihrer Wirkungsstärke und des Wirkungszeitraumes gewichtet.

Im sechsten Schritt werden die bisherigen Ergebnisse ausgewertet, analysiert und interpretiert. Es sollen sowohl die Stärken und Schwächen als auch die Wirkungszusammenhänge sichtbar werden. So soll es ermöglicht werden, zu erkennen, welche Einflussfaktoren das größte Verbesserungspotenzial und den größten Einfluss auf das Geschäftsmodell haben. Hierdurch sollen dringende Handlungsfelder sichtbar werden, sodass die Unternehmung erkennen kann, wo sie intervenieren muss, um die größte Wirkung zu erzielen. Hier stehen fünf unterschiedliche Arten der Ergebnis-Visualisierung zur Verfügung. Zentrales Ergebnis ist das Potenzialportfolio (siehe Abb. 3.9), welches das Entwicklungspotenzial der einzelnen Einflussfaktoren darstellt. Hierdurch kann erkannt werden, welche Ein-

---

[136] Vgl. BMWi (2008, S. 18 f.).
[137] Vgl. Mertins et al. (2009, S. 94).
[138] Bei der Systematik wird beurteilt, ob die Pflege und Entwicklung der Einflussfaktoren ausreichend ist.
[139] Vgl. Reinisch (2011, S. 36).
[140] Vgl. BMWi (2008, s. 21 ff.).
[141] Vgl. BMWi (2008, S. 27 ff.).
[142] Vgl. Mertins et al. (2009, S. 94).

Abb. 3.9 Potenzialportfolio
(eigene Darstellung in Anlehnung an BMWi 2008)

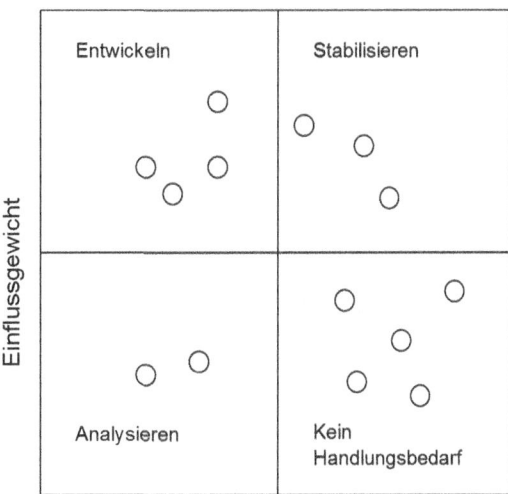

flussfaktoren aufgrund ihrer hohen Bedeutung aber relativ geringen Bewertung entwickelt werden müssen.[143]

Kreise, die im ersten Quadranten oben links liegen, haben einen hohen Einfluss, sind aber nur schlecht entwickelt. Diese Einflussfaktoren sollten entwickelt werden. Kreise im zweiten Quadranten oben rechts sind bereits gut entwickelt und haben einen hohen Einfluss. Diese Einflussfaktoren sollten stabilisiert werden. Kreise im dritten Quadranten unten links müssen analysiert werden. Es ist zu prüfen, ob bei diesen Einflussfaktoren überhaupt Handlungsbedarf besteht, da sie nur wenig Einfluss haben. Kreise im vierten Quadranten unten rechts haben nur wenig Handlungsbedarf. Diese Einflussfaktoren besitzen geringes Entwicklungspotenzial und Maßnahmen zur Verbesserung hätten nur wenig Einfluss.[144]

Im vorletzten siebten Schritt werden aus den Analyseergebnissen Maßnahmen abgeleitet. Durch die zuvor durchlaufenen Schritte soll gewährleistet sein, dass diese Maßnahmen die Erreichung der Strategie unterstützen. Es sollte sich auf die Einflussfaktoren konzentriert werden, die die größte Hebelwirkung entfalten.[145] Im achten und letzten Schritt wird die Wissensbilanz zusammengestellt und zielgruppengerecht aufbereitet. In der Wissensbilanz Made in Germany sollten auf jeden Fall das Geschäftsmodell, die Bewertung und die Maßnahmen enthalten sein. Für die externe Berichterstattung sollte die Wissensbilanz für den relevanten Zweck angepasst werden.[146]

---

[143] Vgl. BMWi (2008, S. 37).
[144] Vgl. BMWi (2008, S. 41).
[145] Vgl. Mertins et al. (2009, S. 95).
[146] Vgl. BMWi (2008, S. 47).

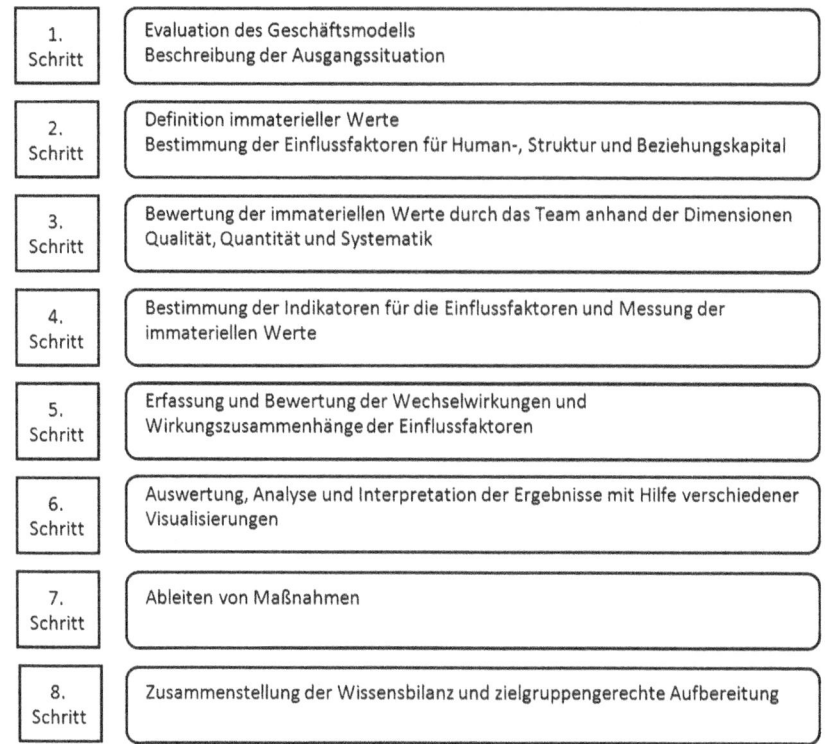

Abb. 3.10 Schritte der Wissenbilanz Made in Germany (eigene Darstellung)

Die Wissensbilanz stellt ein Selbstbewertungsverfahren unter Zuhilfenahme von Indikatoren und Kennzahlen dar. Durch die Wissensbilanz Made in Germany soll es ermöglicht werden, Zusammenhänge zwischen den immateriellen Werten und dem Geschäftserfolg transparent abzubilden. Es sollen Handlungsfelder erkennbar werden, in denen die Maßnahmen die größtmögliche Wirksamkeit für die Unternehmung entfalten. Durch die Verknüpfung mit quantitativen Messgrößen sollen die Auswirkungen der Maßnahmen nachprüfbar werden, sodass bei Zielabweichungen rechtzeitig Gegenmaßnahmen ergriffen werden können.

Übertragbarkeit auf den Bereich des Krankenhauses

Die Wissensbilanz Made in Germany wurde speziell für klein- und mittelständische Unternehmungen entwickelt.[147] Die Verfasser beschreiben ausführlich, unter Zuhilfenahme von Beispielen und Vorschlägen, wie bei der Erstellung vorgegangen werden soll. Dies soll es allen Unternehmungen, egal welcher Größe, ermöglichen, eine solche Wissensbilanz zu erstellen. Die vorgenommene Kategorisierung der immateriellen Werte in der

---

[147] Vgl. BMWi (2008, S. 5).

Wissensbilanz in Human-, Struktur- und Beziehungskapital ist generell geeignet, um alle immateriellen Werte eines Krankenhauses zu erfassen. Das Entwicklungs- und Erneuerungskapital ist bei der Wissensbilanz Made in Germany unter der Kategorie des Strukturkapitals subsumiert.[148]

Die Indikatoren sowie die Einflussfaktoren müssen an die spezielle Zielsetzung im Krankenhaus angepasst werden. Die Anpassung der Einflussfaktoren und Indikatoren wird von den Verfassern ausdrücklich betont. Einige Einflussfaktoren lassen sich aber auch bereits aus den vorgestellten übernehmen, da ihnen auch eine Relevanz im Krankenhaus zugesprochen werden kann. Dies sind im Bereich des Humankapitals beispielsweise die Führungskompetenz, Mitarbeitermotivation oder auch die Fachkompetenz. Weitere Einflussfaktoren für Krankenhäuser aus dem Bereich des Humankapitals, die durch das Team identifiziert und in die Wissensbilanz aufgenommen werden könnten, sind die Erfahrung der Mitarbeiter oder die Teamfähigkeit der Mitarbeiter, da das Arbeiten im Team ein wesentlicher Aspekt der Leistungserstellung im Krankenhaus ist.

Wurden die Einflussfaktoren ausgewählt, die für den jeweiligen Unternehmungszweck am wichtigsten erscheinen, werden diese hinsichtlich Qualität, Quantität und Systematik bewertet. Ebenso wie die Auswahl der Einflussfaktoren, erfolgt auch die Bewertung als Selbsteinschätzung durch das Team. Das Team setzt sich aus Mitarbeitern unterschiedlicher Hierarchieebenen zusammen. Das Team soll die Einschätzung der Einflussfaktoren diskutieren und sich anschließend auf eine Einschätzung einigen. Bei der Einschätzung der Einflussfaktoren durch das Team kann es im Krankenhaus zu unterschiedlichen Ansichten bei den drei Berufsgruppen Pflege, Ärzte und Verwaltungsmitarbeitern kommen. So kann beispielsweise die Kooperationsfähigkeit oder auch die Führungskompetenz hinsichtlich Qualität, Quantität und Systematik von der Pflege anders bewertet werden als vom ärztlichen Personal.

Die Selbsteinschätzung bringt keine nachprüfbaren Ergebnisse für die Bewertung der Einflussfaktoren hervor. Bei der Bewertung steht hier die subjektive Einschätzung im Vordergrund. Hier besteht die Gefahr, dass die Ergebnisse subjektiv verfärbt werden und keine objektive Einschätzung vorgenommen wird. Zwar sollen in einem nächsten Schritt die wichtigsten Einflussfaktoren mit Indikatoren belegt werden, hierbei kommt es aber zu gewissen Einschränkungen. Es lassen sich längst nicht alle Einflussfaktoren mit aussagekräftigen Indikatoren belegen. So bleibt es bei einigen Einflussfaktoren bei einer Selbsteinschätzung durch das Team. Weiterhin liegen beispielsweise für den Großteil der Indikatoren im Bereich des Humankapitals Mitarbeiterbefragungen zugrunde.[149] Ebenso für den Bereich des Beziehungskapitals, wo Kundenbefragungen die Grundlage für einige Indikatoren bilden. Bei Kunden- bzw. Patientenbefragungen im Krankenhaus kommt es zu der Besonderheit, dass der Patient die eigentliche medizinische Leistung nicht einschätzen kann und daher eher die Hotelkomponente beurteilt.[150] Indikatoren, die auf Kundenbefra-

---

[148] Vgl. BMWi (2008, S. 19 f.).
[149] Vgl. BMWi (2008, S. 30).
[150] Vgl. Habersam und Piber (2003, S. 204); vgl. auch Greulich et al. (2005, S. 26).

gungen beruhen, scheinen für den Krankenhausbereich eher weniger geeignet zu sein. Generell handelt es sich bei Befragungen, sei es bei Patienten- oder Mitarbeiterbefragungen, um eine subjektive Einschätzung des Befragten.

Bei anderen Indikatoren wie beispielsweise der Führungskompetenz wird durch die Anzahl der Führungskräfteschulungen auf die Führungskompetenz der Mitarbeiter geschlossen.[151] Die Anzahl der Schulungen lässt nicht unbedingt ein Rückschluss auf das Führungsverhalten der Mitarbeiter zu. Es kommt auf den Mitarbeiter an, was er von dem in der Schulung Gelernten in der täglichen Arbeit umsetzt. Bei vielen der vorgeschlagenen Indikatoren wird ein solcher Zusammenhang unterstellt.

Im Gegensatz zu vielen anderen Konzeptionen soll es die Wissensbilanz Made in Germany ermöglichen, Wirkungszusammenhänge zwischen den Einflussfaktoren ebenfalls zu berücksichtigen. Aber auch diese unterliegen der Selbsteinschätzung durch das Team. Ebenso unterliegen die Einschätzung der Wirkungsstärke und des Wirkungszeitraumes einer reinen Selbsteinschätzung des Teams. So soll auch hier das Team über die Wirkungsstärke und den Wirkungszeitraum jedes einzelnen Einflussfaktors diskutieren und sich festlegen. Auch hier kann es wiederum zu unterschiedlichen Ansichten der drei Berufsgruppen kommen, wie stark sich die Veränderung eines Einflussfaktors auf den Unternehmenserfolg auswirkt.

Bei der Auswertung der Wissensbilanz Made in Germany werden den Erstellern verschiedene grafische Auswertungen zur Verfügung gestellt, aus denen Handlungsempfehlungen abgeleitet werden können. Diese Auswertungen beruhen allerdings zum größten Teil auf den durch das Team vorgenommen Selbsteinschätzungen, da sich ein Großteil der Einflussfaktoren nicht mit Indikatoren belegen lässt und Wirkungszusammenhang und Wirkungsstärke ebenfalls auf einer Selbsteinschätzung beruhen. Somit stützen sich die abgeleiteten Handlungsempfehlungen zum größten Teil auch nur auf die zugrunde gelegte Selbsteinschätzung.

Zusammengefasst ermöglicht es die Wissensbilanz Made in Germany dem Management eines Krankenhauses, die wichtigsten Einflussfaktoren zur Erreichung der Strategie im Bereich der immateriellen Werte zu ermitteln und für diese Handlungsempfehlungen abzuleiten. Eine umfassende Bewertung der immateriellen Werte im Krankenhaus mit nachprüfbaren Größen erfolgt allerdings nicht im vollen Umfang. Somit lässt sich insgesamt feststellen, dass bei der Wissensbilanz Made in Germany die Ermittlung der Einflussfaktoren und das Ableiten von Handlungsempfehlungen eher im Vordergrund stehen als eine tatsächlich nachprüfbare Bewertung der immateriellen Werte.

---

[151] Vgl. BMWi (2008, S. 30).

3.3.4 Scorecard Methods

Bei den Scorecard-Verfahren liegt die modellhafte Annahme zugrunde, die Unternehmenswirklichkeit auf Basis eines Kennzahlensystems abbilden zu können.[152] Und dies größtenteils anhand von nicht monetären Größen.[153] Durch die Darstellung mithilfe nicht monetärer Größen wird das Problem der Nicht-Bewertbarkeit von einigen immateriellen Werten umgangen. Die Indikatoren müssen so miteinander in Beziehung gesetzt werden, dass sie die Ziele und die Strategie der Unternehmung unterstützen.[154]

Auch bei den Scorecard-Verfahren hat sich in den letzten Jahren eine Vielzahl unterschiedlicher Konzeptionen entwickelt. Die Konzeptionen unterscheiden sich allerdings hinsichtlich der Kategorisierung der immateriellen Werte, der Auswahl und Operationalisierung der Indikatoren, sowie in ihrer Darstellungsform.[155] Einige der Konzeptionen stammen aus dem skandinavischen Raum. Diese Konzeptionen zeichnet aus, dass nichtmonetäre Informationen eine hohe Bedeutung haben. Es wird also ein indirekter Einfluss auf den Unternehmenserfolg bzw. auf die Steigerung des Unternehmenswertes unterstellt.[156]

Auf das wohl bekannteste Scorecard-Verfahren, die Balanced Scorecard, wird im Weiteren nicht näher eingegangen. An dieser Stelle sollen solche Verfahren vorgestellt werden, die speziell für die Bewertung, Lenkung und zum Management von immateriellen Werten entwickelt worden sind. Auch die Kritik an der Balanced Scorecard trägt dazu bei, dass an dieser Stelle nicht weiter auf dieses Verfahren eingegangen werden soll. Die Kritik an der Balanced Scorecard ist zum einen, dass die Ursache-Wirkungszusammenhänge zwischen den einzelnen Kennzahlen der Balanced Scorecard zu hinterfragen sind, da sie keinen Allgemeingültigkeitscharakter besitzen. Aussagen oder Beweise für Kausalzusammenhänge zwischen Kundenzufriedenheit und Unternehmenserfolg oder zwischen Produktqualität und Unternehmenserfolg lassen sich nicht treffen. Zudem baut die Balanced Scorecard auf Ursache-Wirkungszusammenhängen auf. Diese berücksichtigen jedoch nicht, dass unterschiedliche Ursachen dieselbe Wirkung haben können, aber auch unterschiedliche Wirkungen aus derselben Ursache resultieren können.[157]

Zu den wohl bekanntesten Scorecard-Verfahren, die zur Bewertung von immateriellen Werten entwickelt wurden, zählen der Skandia Navigator, der Intangible Asset Monitor und der Intellectual Capital Navigator. Auf diese drei Verfahren soll im Folgenden näher eingegangen werden.

---

[152] Vgl. Treml (2009, S. 56).
[153] Vgl. Treml (2009, S. 213).
[154] Vgl. Lange und Kraemer (2009, S. 447).
[155] Vgl. Picot und Neuburger (2005, S. 80).
[156] Vgl. Weber et al. (2006, S. 21).
[157] Vgl. Zapp und Oswald (2009, S. 211).

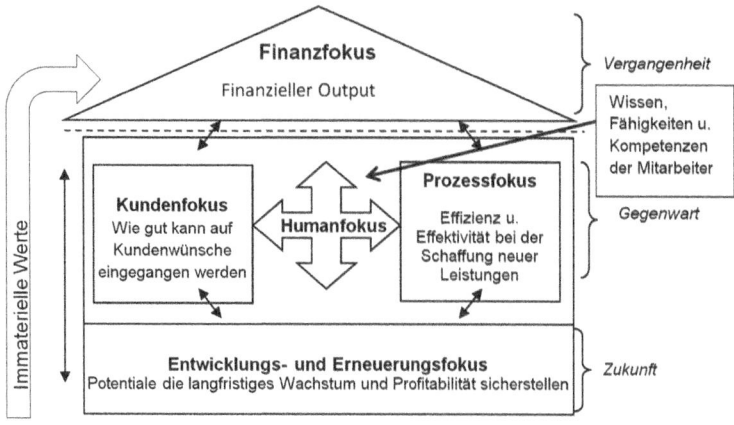

Abb. 3.11 Skandia Navigator (eigene Darstellung in Anlehnung an Edvinsson und Brünig 2000)

Skandia Navigator

Entwickelt wurde der Skandia Navigator Anfang der 1990er-Jahre von Leif Edvinsson für das schwedische Versicherungsunternehmen Skandia. Edvinsson setzte sich frühzeitig mit dem Thema der immateriellen Werte auseinander. Durch den Skandia Navigator sollen einerseits dem Jahresbericht extern ausgerichtete Informationen hinzugefügt werden können, und andererseits sollen die bereitgestellten Daten das Handeln der Akteure in der Unternehmung beeinflussen können. Das Ziel ist es, durch die Nutzung der immateriellen Werte einen Wert in der Unternehmung zu schaffen. Der Prozess, wie dies erreicht werden kann, soll durch den Skandia Navigator strukturierbar und planbar werden und es ermöglichen, die Erfolge zu beobachten.[158]

Der Skandia Navigator fokussiert fünf unterschiedliche Bereiche und ist an die Struktur eines Hauses angelehnt (siehe Abb. 3.11).[159] Er baut auf der Logik der Balanced Scorecard auf, wurde aber im Gegensatz zur Balanced Scorecard speziell für die Bewertung von immateriellen Werten entwickelt. Durch die fünf Bereiche wird eine Perspektive mehr als bei der Balanced Scorecard betrachtet. Er enthält finanzielle und nicht finanzielle Werte, auf die sich eine Unternehmung konzentrieren muss. Praktiker schätzen an diesem Instrument vor allem, dass die Möglichkeit besteht, verschiedene Bereiche mit beliebigen Indikatoren messen zu können.[160] Jeder der einzelnen fünf Bereiche wird durch eine Reihe von Indikatoren dargestellt. Der Skandia Navigator unterscheidet nicht zwischen den unterschiedlichen Kapitalarten, sondern fokussiert die fünf Bereiche, aus denen der Wert des intellektuellen Kapitals resultiert.[161]

---

[158] Vgl. Weber et al. (2006, S. 21 f.).
[159] Vgl. Edvinsson und Brünig (2000, S. 58).
[160] Vgl. Weber et al. (2006, S. 22).
[161] Vgl. Edvinsson und Brünig (2000, S. 57).

Den Boden oder das Fundament des Hauses bildet der Fokus der Erneuerung und Entwicklung. Dieser stellt die Potenziale dar, die langfristig das Wachstum und die Profitabilität sicherstellen. Das Fundament bezieht sich auf strategische Maßnahmen in Hinblick auf die Zukunft der Unternehmung und ist zusammen mit dem Prozessfokus Teil des Strukturkapitals.[162] Hier sollen unternehmensspezifische Indikatoren ausgewählt werden, die für das langfristige Wachstum der Unternehmung eine besondere Relevanz haben und kritische Erfolgsfaktoren darstellen.[163] Hier geht es nicht nur darum, wie gut sich die Unternehmung auf zukünftige Entwicklungen vorbereitet, beispielsweise durch Mitarbeiterschulungen oder die Entwicklung neuer Produkte, sondern auch darum, wie gut sie die Vergangenheit hinter sich lässt, beispielsweise durch den Rückzug aus schrumpfenden Märkten.[164] Mögliche Indikatoren sind Index zufriedener Mitarbeiter, Trainingskosten/Mitarbeiter, Investitionen in die Entwicklung neuer Märkte, Anteil Entwicklungsstunden, Qualitätsentwicklungskosten/Mitarbeiter.[165]

Die Wände des Hauses bilden der Kundenfokus und der Prozessfokus. Im Kundenfokus wird hinterfragt, inwieweit die Unternehmung die Wünsche ihrer Kunden erfüllen kann.[166] Der Prozessfokus betrachtet den weiteren Teil des Strukturkapitals, er fokussiert die Effizienz und Effektivität bei der Schaffung neuer Leistungen und Produkte.[167] Der Kunden- und der Prozessfokus verdeutlichen die Gegenwart der Unternehmung. Mögliche Indikatoren für den Kundenfokus sind hier Marktanteil, Anzahl der Kunden, Jahresumsatz pro Kunde in Euro oder durchschnittliche Zeit von Kundenkontakt zur Vertriebsbearbeitung. Mögliche Indikatoren für den Prozessfokus sind Verwaltungskosten/Summe der Einnahmen, IT-Kosten/Mitarbeiter, Bearbeitungszeit, IT-Kosten/Verwaltungskosten in Prozent.[168]

Der Mittelpunkt des Hauses ist der Humanfokus, dieser ist zugleich Seele, Geist und Herz der Unternehmung.[169] Hierzu zählen das Wissen, die Fähigkeiten und Kompetenzen der Mitarbeiter genauso wie die Zufriedenheit und der Einsatz der Unternehmung, die Fähigkeiten regelmäßig zu verbessern und zu aktualisieren. Das Humankapital berührt als einzige aktive Kraft alle anderen Bereiche.[170] Mögliche Indikatoren sind hier Mitarbeiterfluktuation in Prozent, Anzahl Manager, Anzahl Mitarbeiter und Motivation.[171]

Der Fokus Erneuerung und Entwicklung, der Kundenfokus, Prozessfokus und der Humanfokus bilden die immateriellen Werte ab. All diese Potenziale sollen sich langfristig in einer Wertsteigerung oder – anders ausgedrückt – in einem finanziellen Output wider-

---

[162] Vgl. Lange und Kraemer (2009, S. 449).
[163] Vgl. Weber et al. (2006, S. 22).
[164] Vgl. Edvinsson und Brünig (2000, S. 58 f.).
[165] Vgl. Bodrow und Bergmann (2003, S. 104).
[166] Vgl. Rydén und Bredahl (2004, S. 459).
[167] Vgl. Weber et al. (2006, S. 22).
[168] Vgl. Edvinsson und Brünig (2000, S. 83 ff.).
[169] Vgl. Edvinsson und Brünig (2000, S. 59).
[170] Vgl. Edvinsson und Malone (1997, S. 87).
[171] Vgl. Bodrow und Bergmann (2003, S. 105).

spiegeln, was zum Finanzfokus, dem Dach des Hauses führt.[172] Der Finanzfokus schließt die traditionellen Instrumente wie Bilanzen mit ein und ist ein zeitpunktbezogenes genaues Maß der Vergangenheit. Die hier verwendeten Indikatoren sind bereits gut etabliert. Indikatoren sind beispielsweise Gesamtvermögen, Gesamtvermögen/Mitarbeiter, Gewinne/Gesamtvermögen, Marktwert, Marktwert/Mitarbeiter.[173]

Durch eine Anpassung der Indikatoren kann das Bewertungssystem auch auf andere Bereiche der Wirtschaft übertragen werden. Laut Edvinsson besteht so auch die Chance, die Erfassung von immateriellen Werten in öffentlichen Einrichtungen oder Non-Profit-Organisationen vorzunehmen.[174] Aber auch genau in der unternehmensspezifischen oder geschäftsbereichsspezifischen Anpassung der Indikatoren besteht ein Nachteil, da wiederum der Vergleich mit anderen Unternehmen, aber auch einzelner Geschäftseinheiten erschwert wird.[175]

Wurden für die fünf unterschiedlichen Bereiche des Skandia Navigators die Indikatoren ermittelt, erfolgt die Aggregation dieser Indikatoren auf eine einzelne Kennzahl. Dazu wird zunächst der Wert C ermittelt. Dieser stellt den Wert des intellektuellen Kapitals in Euro dar. Die im Skandia Navigator angewendeten Indikatoren können in drei verschiedenen Arten ausgedrückt werden, in direkten Zählungen, Prozentsätzen oder in Geldeinheiten. Direkte Zählungen werden entweder mit anderen direkten Zählungen verglichen, um ein Verhältnis zu errechnen oder in Geldeinheiten umgerechnet. Nachdem dies geschehen ist, existieren nur zwei Arten von Messungen. Aus der Liste der Indikatoren werden alle monetären Messungen in eine kumulierbare Form gebracht, Redundanzen beseitigt und die Werte, die eher in die Bilanz gehören, entfernt. Die übergebliebenen Indikatoren werden zu einem numerischen Wert C summiert. In einem weiteren Schritt wird nun der Koeffizient der Effizienz des Wissenskapitals ermittelt, der als i bezeichnet wird. Aus den Prozentsätzen und Verhältnissen wird durch einige Vereinfachungen und individuelle Anpassungen sowie Umformungen eine Gruppe von Indizes als Prozentsätze gebildet. In einem dritten Schritt wird dann die Summe der Indizes durch die Anzahl der Indizes dividiert, man ermittelt den Durchschnittswert der Indizes. Dadurch erhält man den Wert i. Durch die Multiplikation der beiden ermittelten Größen i und C ergibt sich der Wert für die gesamten immateriellen Werte.[176] Der Wert C repräsentiert hier den potenziellen Wert, welcher durch die immateriellen Werte maximal realisierbar wäre. Der Wert i repräsentiert die Wahrscheinlichkeit, den maximalen Wert der immateriellen Werte zu erreichen.[177]

---

[172] Vgl. Weber et al. (2006, S. 22).
[173] Vgl. Edvinsson und Brünig (2000, S. 58 ff.).
[174] Vgl. Bodrow und Bergmann (2003, S. 107).
[175] Vgl. Weber et al. (2006, S. 23).
[176] Vgl. Bodrow und Bergmann (2003, S. 106 f.).
[177] Vgl. Scholz et al. (2005, S. 116).

Exkurs

Beispielrechnung für Ermittlung von IK im Skandia Navigator
Gleichung:

$$IK = i \times C.$$

Berechnung C:

Für die Ermittlung des Wertes C müssen alle monetären Messungen in eine kumulierte Form gebracht werden. Dazu werden alle Indikatoren, die einen monetären Wert haben, addiert. Zuvor müssen alle Redundanzen und Einträge, die eigentlich in die Bilanz gehören, wie beispielsweise das Gesamtvermögen, entfernt werden. Bei den Indikatoren, die als Verhältnis angegeben werden, wie beispielsweiwse der Indikator *Mehrwert pro Mitarbeiter*, muss der Nenner beseitigt werden. Nachdem alle Anpassungen vorgenommen worden sind, können die Beträge der Indikatoren summiert und der Wert C ermittelt werden. Als Summe sollen in dieser Beispielrechnung für C ein Wert von 200 Mio. Euro angenommen werden.

Berechnung i:

Bevor mit der Berechnung von i angefangen werden kann, müssen einige Anpassungen vorgenommen werden, da i reflektieren soll, wie gut die Unternehmung ihre gegenwärtigen immateriellen Werte nutzt. Je höher der Wert i ist, desto besser nutzt die Unternehmung ihre immateriellen Werte. Deshalb muss beispielsweise der Indikator *Mitarbeiterfluktuation*, dessen Wert steigt, wenn die Unternehmung ihre immateriellen Werte nicht gut nutzt, durch den Indikator *Mitarbeiterbindung* ersetzt werden. Wurden alle Anpassungen vorgenommen, können die Indizes addiert werden. Das folgende Beispiel verdeutlicht die Berechnung von i.Marktanteil = 46 %; Index zufriedener Kunden = 78 %; Index Führungskräfte = 45 %; Index der Motivation = 53 %; Index der FuE-Ressourcen = 93 %; Index der Schulungsstunden = 95 %; Leistung/Qualitätsziele = 91 %; Mitarbeiterbindung = 87 %

Verwaltungseffizienz/Einnahmen = 91 %

Es wird die Summe der Indizes gebildet und durch die Anzahl der Indizes geteilt.

$$i = (n/x)$$
$$i = (0{,}46 + 0{,}78 + 0{,}45 + 0{,}53 + 0{,}93 + 0{,}95 + 0{,}91 + 0{,}87 + 0{,}91)/9 = 0{,}75$$
$$i = 75\,\%.$$

Nachdem die Werte für C und i ermittelt wurden, können diese in die Formel eingesetzt werden. Durch die Multiplikation der beiden Größen erhält man den Wert für die immateriellen Werte:

$$IK = i \times C$$
$$IK = 75\,\% \times 200 \text{ Millionen Euro} = 150 \text{ Millionen Euro}.$$

Der aggregierte Wert der immateriellen Werte würde in diesem Beispiel 150 Mio. Euro betragen.

Mit dem Skandia Navigator werden die immateriellen Werte in fünf Fokussierungen mithilfe von Indikatoren abgebildet und es besteht die Möglichkeit, diese Daten in ein einziges umfassendes Maß zusammenzufassen. Dies soll es ermöglichen, nachzuvollziehen, ob immaterielle Werte geschaffen wurden oder verloren gegangen sind.

Intangible Asset Monitor

Der Intangible Asset Monitor ermöglicht eine nicht monetäre Darstellung der Indikatoren und dient der Erfassung von immateriellen Werten. Er soll sowohl zur Präsentation für externe Stakeholder dienen als auch zum internen Management der immateriellen Werte.[178] Entwickelt wurde dieser von Karl Erik Sveiby in den 1990er-Jahren und hat seinen Ursprung im Wissensmanagement. Sveiby unterteilt die immateriellen Werte in die Bereiche Kompetenz der Mitarbeiter, interne und externe Struktur und nimmt so eine Abgrenzung zu den materiellen Werten vor.[179] Hieran lässt sich eindeutig der Rückschluss auf die von Sveiby beschriebene Struktur der immateriellen Werte erkennen. Alle drei Bereiche werden auf ihren Beitrag zu Wachstum, Effizienz und Stabilität untersucht. Somit ergibt sich eine Neun-Felder-Matrix. Eine weitere Zusammenfassung der einzelnen Werte ist dabei nicht vorgesehen, hier steht eher der Vergleich mit dem Vorjahr oder anderen Unternehmungen im Vordergrund. Für jedes in Abb. 3.12 enthaltene Feld sollten ein bis zwei Kennzahlen ausgewählt werden.[180]

Beim Intangible Asset Monitor steht nicht die vollständige Abbildung aller immateriellen Werte im Vordergrund, sondern die Konzentration auf die wichtigsten Indikatoren. Für alle drei Bereiche wird eine Gesamteinschätzung über die letzten drei Jahre angegeben. Eine detaillierte Betrachtung, die die Entwicklung der einzelnen drei Bereiche beinhaltet, erfolgt zusätzlich. Die Darstellung folgt der Ampelsymbolik, was er ermöglichen soll, Abweichungen schnell zu erkennen. Grün bedeutet, dass der Indikator gleich oder größer dem Planwert ist. Rot entspricht einem Wert geringer als 80 % des Planwertes und Gelb einem Wert dazwischen.[181]

	Kompetenz der Mitarbeiter	Interne Struktur	Externe Struktur
Wachstum / Erneuerung			
Effizienz			
Stabilität			

Abb. 3.12 Intangible Asset Monitor (eigene Darstellung in Anlehnung an Sveiby 1998)

---

[178] Vgl. Weber et al. (2006, S. 28).
[179] Vgl. Bodrow und Bergmann (2003, S. 83).
[180] Vgl. Sveiby (1998, S. 225).
[181] Vgl. Weber et al. (2006, S. 28 f.).

In einem ersten Schritt werden zunächst das Zielsystem, also der Zweck der Messung, sowie die Zielgruppen definiert, die an den Ergebnissen interessiert sind.[182] Wie bereits erwähnt, kann der Intangible Asset Monitor sowohl zum internen Management als auch zur Präsentation für Externe Anwendung finden. Hier soll der Zweck des internen Managements im Vordergrund stehen.

In einem zweiten Schritt wird eine Klassifizierung der Mitarbeiter vorgenommen, beispielsweise in die Gruppen Spezialist und Zuarbeiter. Bei dieser Zuordnung geht es darum, die Mitarbeiter in die Bereiche Kompetenz, interne und externe Struktur zuzuweisen.

Spezialisten gehören in den Bereich der Kompetenz. Die Kompetenz bezieht sich hier aber nicht auf die Kompetenz der Spezialisten. Als Spezialisten bezeichnet Sveiby solche Mitarbeiter, die Produkte oder Lösungen planen, produzieren, bearbeiten oder präsentieren. Alle Spezialisten haben dabei direkten Kundenkontakt, müssen aber keine Fachspezialisten sein. Zur internen Struktur gehören beispielsweise die Controller, die für sich genommen Spezialisten darstellen. Da es in den meisten Fällen zu ihren Aufgaben gehört, die interne Struktur aufrechtzuerhalten und zu entwickeln, werden sie in den Bereich der internen Struktur eingeordnet. Externe Mitarbeiter und Vertragslieferanten sind an sich zwar keine Mitarbeiter, stellen aber wichtige Produktionsfaktoren dar. Sie fallen unter den Bereich der externen Struktur. Sveiby selbst schlägt unterschiedliche Arten von Klassifizierungen der Mitarbeiter vor, beispielsweise nach dem Grad der Kundenverantwortung oder nach einzelnen Fachgebieten. Durch die Klassifizierung soll es ermöglicht werden, die Zahlen als Nenner zu verwenden um Indikatoren für Mitarbeiter statt für Kapital berechnen zu können. So basieren einige der allgemeinen Indikatoren im Intangible Asset Monitor auf derartigen Klassifizierungen.[183]

Nachdem die Mitarbeiter klassifiziert wurden, erfolgt die Messung für jeden der drei Bereiche bezogen auf die Indikatoren Wachstum und Erneuerung, Effizienz sowie Stabilität. In dem Bereich der Kompetenz beziehen sich die Indikatoren nur auf die Spezialisten. Als Indikatoren für Wachstum und Erneuerung können hier genannt werden: Anzahl der Berufsjahre, Ausbildungsstand, Trainings- und Weiterbildungskosten. Die Anzahl der Spezialisten an der Gesamtzahl der Beschäftigten oder die Wertschöpfung pro Spezialist können als Indikator für die Effizienz herangezogen werden. Stabilitätsindikatoren sind beispielsweise Durchschnittsalter der Beschäftigten oder Dauer der Betriebszugehörigkeit.[184]

Im Bereich der internen Struktur beziehen sich die Indikatoren hauptsächlich auf die Mitarbeiter des Managements und der Verwaltung, also solche Mitarbeiter, deren Aufgabe darin besteht, die interne Struktur aufrecht zu erhalten. Neben diesen beziehen sich die Indikatoren aber auch auf generelle immaterielle Werte in diesem Bereich. Für Wachstum und Erneuerung wird von Sveiby hier beispielsweise Investitionen in neue IT-Systeme als Indikator genannt. Effizienzindikatoren sind, neben weiteren: Änderung des Anteils

---

[182] Vgl. Sveiby (1998, S. 223).
[183] Vgl. Sveiby (1998, S. 225 ff.).
[184] Vgl. Bodrow und Bergmann (2003, S. 89 ff.).

an Sachbearbeitern oder Veränderung des Umsatzes pro Mitarbeiter. Das Alter der Unternehmung soll ein Indikator für die Stabilität sein, da davon ausgegangen wird, dass ältere Unternehmungen stabiler als junge Unternehmungen sind. Aber auch die Fluktuationsrate der Mitarbeiter, die der internen Struktur zugeordnet werden, ist hier ein Indikator.[185]

Im Bereich der externen Struktur schlägt Sveiby vor, zunächst eine Kundenklassifizierung vorzunehmen. So könnten diese nicht nur nach ihrem Gewinnbeitrag klassifiziert werden, sondern auch nach den immateriellen Werten, die sie liefern. Eine solche Klassifizierung könnte folgendermaßen aussehen:

1. Kunden, mit denen Gewinn erzielt wird,
2. Kunden, die die Kompetenz der Mitarbeiter verbessern,
3. Kunden, die den Aufbau der internen Struktur unterstützen und
4. Kunden, die das Image verbessern und Kontakte zu anderen Kunden herstellen.[186]

Durch diese Klassifizierung sollen Unternehmungen überprüfen können, inwieweit beispielsweise die Strategie, vermehrt Kunden zu akquirieren, die die Kompetenz der Mitarbeiter erhöht, erreicht wurde.[187] Auch können so die einzelnen Indikatoren getrennt für die jeweilige Kundengruppe erhoben werden. Dadurch kann beispielsweise die Zufriedenheit differenziert nach den einzelnen Kundengruppen erhoben werden.

Nachdem eine Klassifizierung der Kunden vorgenommen wurde, können wieder Indikatoren für die externe Struktur ermittelt werden. Indikatoren für Wachstum und Erneuerung könnten z. B. Gewinn pro Kunde oder organisatorische Wachstum, welches nicht durch Akquisition zustande gekommen ist sein. Für die Effizienz können dies Index der Kundenzufriedenheit oder Umsatz pro Kunde sein. Umsatzanteile von Großkunden, Anteil von Stammkunden oder Kaufhäufigkeiten sind hingegen Indikatoren für die Stabilität.[188]

Der Intangible Asset Monitor strukturiert die immateriellen Werte in die drei Kategorien Kompetenzen der Mitarbeiter, interne Struktur und externe Struktur. Die drei Kategorien werden auf ihren Beitrag zu Wachstum und Erneuerung, Effizienz sowie Stabilität hin untersucht. Die immateriellen Werte werden über eine gewisse Anzahl an Indikatoren abgebildet. Dies soll es Unternehmungen ermöglichen, die Entwicklung der immateriellen Werte im Zeitverlauf abbilden zu können.

Intellectual Capital Navigator
Entwickelt wurde der Intellectual Capital Navigator von Thomas Steward im Jahr 1997, mit dem Ziel der Visualisierung und Messung der immateriellen Werte im Unternehmen.

---

[185] Vgl. Sveiby (1998, S. 238 ff.).
[186] Vgl. Sveiby (1998, S. 245).
[187] Vgl. Sveiby (1998, S. 224 f.).
[188] Vgl. Sveiby (1998, S. 248 ff.).

Er hat die Form eines Radar Charts und soll auf anschauliche Weise die Differenz zwischen Ist- und Sollwerten wichtiger Kategorien von immateriellen Werten abbilden.[189]

Das Radar Chart hat in der Regel vier Achsen, auf denen die Werte des Humankapitals, des Strukturkapitals, des Kundenkapitals und das Verhältnis zwischen Markt- und Buchwert angegeben sind.[190] Hier findet sich die von Steward vorgenommene Kategorisierung der immateriellen Werte, erweitert um eine finanzielle Komponente, wieder. Entwickelt wurde das Chart, da Steward davon ausging, dass das Verhältnis von Markt- und Buchwert als einzige Kennzahl nicht ausreicht, um der Bedeutung von immateriellen Werten Rechnung zu tragen.[191] Durch die drei Bereiche des Struktur-, Kunden- und Humankapitals soll das Chart den Vergleich von Unternehmungen untereinander ermöglichen.

Für die Erstellung des Intellectual Capital Navigators müssen die folgenden Schritte vorgenommen werden:

1. Auswahl der darzustellenden Items,
2. Belegung der einzelnen Achsen mit Skalen (Relationen, Prozentsätze, Nummern),
3. Einzeichnen des Istzustandes der einzelnen Indikatoren und
4. Einzeichnen des Sollzustandes der einzelnen Indikatoren.[192]

Die drei Bereiche Struktur-, Kunden- und Humankapital enthalten je drei Kennzahlen, für die Messgrößen zu definieren sind und der Ist- sowie der Sollzustand einzutragen ist.[193] Daraus soll dann die Struktur der immateriellen Werte erkannt und Handlungsbedarf aus dem Vergleich der Soll- und Istwerte abgeleitet werden können.

Neben den drei Bereichen der immateriellen Werte schlägt Steward die Vervollständigung durch das Markt-Buchwertverhältnis vor. Das Verhältnis der beiden Werte hat laut Steward eine größere Aussagekraft als die reine Differenz zwischen Markt- und Buchwert als Wert der immateriellen Werte. Hierbei wird der Quotient von Markt- zu Buchwert analysiert. Dies soll die Vergleichbarkeit zu anderen Unternehmungen erleichtern. Ein sinkender Markt-Buchwertquotient soll beispielsweise ein Zeichen dafür sein, dass nicht ausreichend in die Reputation oder die Wissensbasis der Unternehmung investiert wird.[194]

Der eingezeichnete Kreis bildet die Sollwerte ab, die von der Unternehmung erreicht werden sollen. Das graue ungleichmäßige Polygon beschreibt den Ist-Zustand, in welchem sich die Unternehmung zum jetzigen Zeitpunkt befindet. Neben einem Vergleich mit anderen Unternehmungen, können Unternehmen ebenfalls die Charts verschiedener Jahre miteinander vergleichen und ihre Weiterentwicklung beobachten (siehe Abb. 3.13).[195]

Die vorgegebenen Skalen auf den einzelnen Achsen können im Intellectual Capital Navigator variieren. Es können Prozentzahlen, Quotienten aber auch absolute Zahlen

---

[189] Vgl. Weber et al. (2006, S. 23).
[190] Vgl. Picot und Neuburger (2005, S. 80).
[191] Vgl. Steward (1998, S. 236).
[192] Vgl. Weber et al. (2006, S. 23).
[193] Vgl. Steward (1998, S. 237).
[194] Vgl. Steward (1998, S. 219 f.).
[195] Vgl. Steward (1998, S. 238).

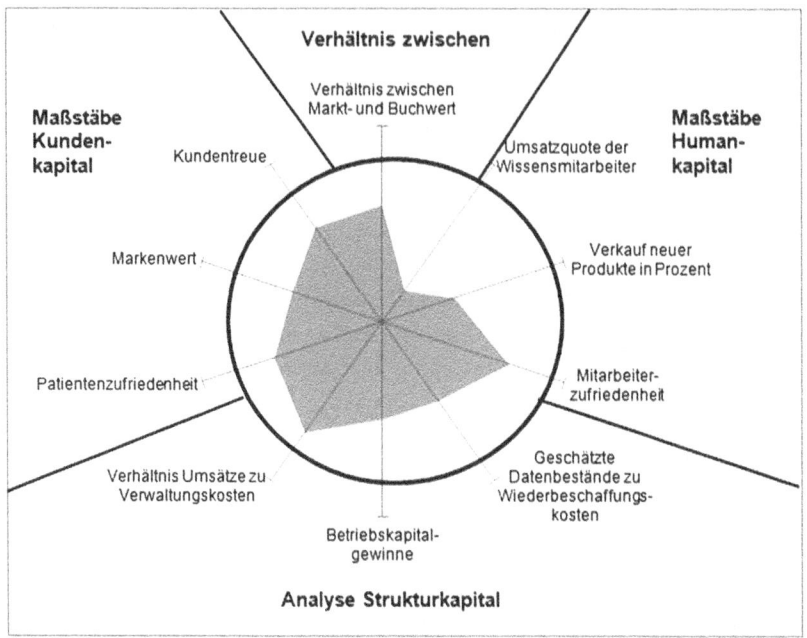

Abb. 3.13 Intellectual Capital Navigator (eigene Darstellung in Anlehnung an Steward)

verwendet werden. Ebenso müssen die einzelnen Achsen nicht die gleichen Abstände aufweisen. Laut Steward können Unternehmungen so erkennen, wo sie sich zurzeit befinden, aber auch, wo sie sich hin entwickeln sollten. So soll es beispielsweise möglich sein, zu erkennen, dass zwar die Kundentreue dem Istwert entspricht, die Mitarbeiter allerdings die Unternehmung vermehrt verlassen. Bei der Auswahl der Indikatoren sollte darauf geachtet werden, nur strategisch wichtige Indikatoren zu wählen.

Der Intellectual Capital Navigator soll es Unternehmungen ermöglichen, durch einen Soll-Ist-Vergleich einen schnellen Überblick über den derzeitigen Stand der immateriellen Werte zu erhalten und Handlungsempfehlungen ableiten zu können.

Übertragbarkeit auf den Bereich des Krankenhauses

Wie in allen drei vorgestellten Konzeptionen ersichtlich, versuchen die Scorecard-Verfahren, die immateriellen Werte zu strukturieren und diese mit einer gewissen Anzahl an Indikatoren abzubilden und zu messen. Bei allen drei vorgestellten Scorecard-Verfahren ist es möglich, eine Anpassung der Indikatoren an den Unternehmungszweck vorzunehmen. Die vorgestellten Indikatoren sind dabei nur als Vorschläge der Autoren zu werten. So ist eine Übertragung auf den Krankenhaussektor durch eine Anpassung der Indikatoren generell bei allen drei Verfahren möglich.

Die drei vorgestellten Scorecard-Verfahren unterscheiden sich hinsichtlich der Kategorisierung der immateriellen Werte, aber auch hinsichtlich der Anzahl der Indikatoren und in der Art und Weise ihrer Darstellungsform.

So differenziert Steward im Intellectual Capital Navigator die immateriellen Werte in die Bereiche Human-, Struktur- und Kundenkapital. Generell ist die Kategorisierung für die Abbildung der immateriellen Werte im Krankenhaus geeignet, die Kategorie des Kundenkapitals sollte allerdings weiter gefasst werden und in Beziehungskapital umbenannt werden. Vernachlässigt wird hier die Kategorie des Entwicklungs- und Erneuerungskapitals.[196] Die Kategorisierung wird um eine Größe ergänzt, die ein aussagefähiges Gesamtbild liefern soll.[197] Hier zieht Steward das Markt-Buchwertverhältnis als finanzielle Dimension heran. Der Buchwert entspricht dem in der Bilanz aufgeführten Wert, der nach Abzügen, Abschreibungen oder Zuschreibungen entsprechend den Bewertungsvorschriften übrig bleibt. Der Marktwert entspricht dem Wert, den der Aktienmarkt vorgibt. Er berechnet sich nach Steward aus dem Preis pro Aktie multipliziert mit der Gesamtzahl der Aktien.[198]

Durch die Abbildung der finanziellen Ebene über das Markt-Buchwertverhältnis, eignet sich der Intellectual Capital Navigator eher weniger für Krankenhäuser. Die wenigsten Krankenhäuser sind börsennotiert, sodass eine Berechnung des Marktwertes für Krankenhäuser in den seltensten Fällen möglich ist. Die Veränderungen des Marktwertes können somit nicht nachvollzogen werden, wodurch die Veränderung des Markt-Buchwertquotienten keinen Anhaltspunkt liefert, ob immaterielle Werte geschaffen wurden. Für Krankenhäuser bieten sich daher eher Verfahren an, die nicht auf das Markt-Buchwertverhältnis abstellen.

Bei der Übertragung auf den Krankenhausbereich stellt sich für Krankenhäuser zunächst die Frage, welche Items in den Intellectual Capital Navigator aufzunehmen sind. Hier sollte darauf geachtet werden, dass jeweils nicht mehr als drei Items für eine Kategorie gewählt werden.[199] Ebenfalls ist darauf zu achten, dass diese der Strategie des Krankenhauses entsprechen. Da der Intellectual Capital Navigator hauptsächlich den Soll-Ist-Vergleich der immateriellen Werte ermöglicht, stellt sich für Krankenhäuser die Frage, wie der Ist-Zustand aber auch der Soll-Zustand ermittelt werden könnte. Um die Ausprägung, also den Ist-Zustand der immateriellen Werte zu ermitteln, müssen Krankenhäuser eine geeignete Berechnungsgrundlage finden. Hier lässt sich ein großer Aufwand für Krankenhäuser vermuten, da viele der benötigten Daten von den Krankenhäusern wahrscheinlich bislang noch nicht erhoben wurden. Im Gegensatz zu anderen Autoren macht Steward aber keine Vorschläge, wie der einzelne Ist-Zustand des jeweiligen Items erhoben werden könnte. So kann davon ausgegangen werden, dass beispielsweise für die

---

[196] Es würde die Möglichkeit bestehen, die Kategorie des Entwicklungs- und Erneuerungskapitals mit in den Intellectual Capital Navigator aufzunehmen. Dies könnte allerdings die Übersichtlichkeit, den wesentlichen Vorteil dieses Instrumentes, erheblich einschränken.

[197] Vgl. Steward (1998, S. 237).

[198] Vgl. Steward (1998, S. 219).

[199] Vgl. Steward (1998, S. 237).

Erhebung der Items Markenwert oder Kundentreue auf andere in der Literatur bekannte Bewertungsverfahren für einzelne immaterielle Werte zurückgegriffen werden muss.[200] Diese Verfahren müssten allerdings ebenfalls auf ihre Eignung für den Krankenhaus-bereich überprüft werden und an die dort vorhandenen Rahmenbedingungen angepasst werden.

Der Intellectual Capital Navigator soll es ermöglichen, die unterschiedlichen Dimen-sionen der immateriellen Werte zu visualisieren und der Unternehmung zugleich als Na-vigator für den Umgang mit immateriellen Werten dienen.[201] Die Visualisierung scheint dabei mehr im Vordergrund zu stehen als die eigentliche Messung. Diese Visualisierung der immateriellen Werte hat allerdings auch einen erheblichen Nachteil. Die Skalierung erfolgt vom Anwender, sodass die Daten in jeglicher Form, in Prozentzahlen, Quotienten und absoluten Zahlen, dargestellt werden können, solange sie metrisch sind. Dies birgt die Gefahr von Fehlinterpretationen der Ergebnisse. Durch die unterschiedliche Skalie-rung der immateriellen Werte in Prozentwerte, monetäre Werte aber auch absolute Zahlen ist die Aggregation auf eine Kennzahl nicht möglich. Ebenso ist eine Vergleichbarkeit der immateriellen Werte untereinander nicht möglich.[202]

Neben dem Soll-Ist-Vergleich schlägt Steward den Vergleich mit anderen Unterneh-mungen der gleichen Branche vor. Die eigene Auswahl der Indikatoren sowie die eigene Auswahl der Berechnungsgrundlage schränkt die Vergleichbarkeit allerdings erheblich ein. Im Bereich der Krankenhäuser ist darüber hinaus hinderlich, dass die meisten Kran-kenhäuser ihre immateriellen Werte nicht erfassen bzw. die Erfassung nicht der Öffent-lichkeit zugänglich machen. Daher fehlt es im Krankenhausbereich an Daten, die einen solchen Vergleich ermöglichen.

Der Intellectual Capital Navigator an sich scheint eher für die Visualisierung der Messung unterschiedlichen Dimensionen von immateriellen Werten gedacht. Anwender können schnell den derzeitigen Zustand und die Abweichung zum Soll-Zustand erkennen. Allerdings hat auch die dargestellte Visualisierung einen Nachteil, aufgrund der unter-schiedlich verwendeten Skalierung. Für die Bewertung von immateriellen Werten im Krankenhaus scheint der Intellectual Capital Navigator eher weniger geeignet zu sein, da er auf das Markt-Buchwertverhältnis abstellt und eine wichtige Kategorie der immateriel-len Werte im Krankenhaus vernachlässigt.

Der Intangible Asset Monitor unterteilt die immateriellen Werte in die Kategorien Kompetenz der Mitarbeiter, interne Strukturen und externe Strukturen. Er nimmt also eine ähnliche Einteilung wie Steward im Intellectual Capital Navigator vor. In den einzelnen Kategorien werden dann Indikatoren hinsichtlich Wachstum und Erneuerung, Effizienz sowie Stabilität erhoben. Es erfolgt somit eine detailliertere Erfassung, als im Intellectual Capital Navigator. Die Erhebung von Indikatoren für den Bereich Wachstum und Erneue-

---

[200] Steward verweist darauf, dass bereits probate Mittel existieren, einzelne immaterielle Werte wie bspw. das Markenkapital oder den Kundenstamm zu messen. Vgl. Steward (1998, S. 217 f.).
[201] Vgl. Steward (1998, S. 236).
[202] Vgl. Lange und Kraemer (2009, S. 455).

rung entspricht in gewisser Weise der zugrunde gelegten Kategorisierung von immateriellen Werten im Krankenhaus. Auch beim Intangible Asset Monitor müssen die jeweiligen Indikatoren an die Zielsetzung des Krankenhauses angepasst werden. Das Krankenhaus muss demnach jeweils entscheiden, ob der gewählte Indikator für eine Kategorie Relevanz besitzt. Hat ein Indikator für das Krankenhaus keine Relevanz, müssen aussagekräftigere Indikatoren gefunden werden. Krankenhäuser stehen somit zunächst einmal vor dem Problem, die genannten Indikatoren auf ihre Relevanz hin zu überprüfen und gegebenenfalls geeignetere Indikatoren zu ermitteln und eine Berechnungsgrundlage festzulegen.

Bevor allerdings die einzelnen Indikatoren ermittelt werden können, müssen die Mitarbeiter klassifiziert werden. Würde die von Sveiby vorgeschlagene Einteilung in Spezialisten und Zuarbeiter gewählt, würden Ärzte und das Pflegepersonal aufgrund ihres Kundenkontaktes zum Bereich der Spezialisten gezählt, Verwaltungsmitarbeiter und weiteres Personal würde zu den Zuarbeitern gezählt. Die Fähigkeiten und Kompetenzen dieser Mitarbeiter würden dann nicht im Bereich der Kompetenzen der Mitarbeiter erfasst, also im Humankapital, sondern im Bereich der internen Strukturen, also im Strukturkapital. Diese Klassifizierung der Mitarbeiter gelingt allerdings nicht immer trennscharf.[203] An der Einteilung der Mitarbeiter in Spezialisten und Zuarbeiter lässt sich der Ursprung des Intangible Asset Monitors im Wissensmanagement erkennen.

Ein Problem bei der Übertragung des Intangible Asset Monitors auf den Krankenhausbereich ist die Klassifizierung der Kunden bzw. Patienten. Sveiby geht davon aus, dass Kunden neben den monetären Einnahmen auch immaterielle Einnahmen erzielen, indem sie zur Kompetenzerweiterung beitragen, aber auch als Referenzen dienen und Empfehlungen an weitere potenzielle Kunden geben. Dieses Kriterium ist besonders für Wissensunternehmen wie Beratungsgesellschaften von Belang, da in dieser Branche die Zusammenarbeit mit bestimmten Großunternehmen als gute Referenz angesehen wird. An dieser Einteilung der Kunden wird wiederum der Bezug zum Wissensmanagement deutlich. Bei der Einteilung sollen Erkenntnisse erlangt werden, inwieweit die Kunden zur Kompetenzerweiterung der Mitarbeiter oder zur Imageverbesserung beitragen. Ziel sollte es sein, vermehrt Kunden zu akquirieren, die die Kompetenz der Mitarbeiter erhöhen oder das Image verbessern. Die Konzentration auf solche Patienten, die zur Kompetenz der Mitarbeiter in der Pflege und des ärztlichen Personals beitragen, ist im Krankenhaus schwierig, da dies meist vorher nicht voraussehbar ist und auch den Einschränkungen des Versorgungsvertrages, der Zuordnung zur Versorgungsstufe und der medizinisch technischen Ausstattung vor Ort unterliegen. So wird dieses gerade bei Krankenhäusern der Grund- und Regelversorgung schwer fallen. Die Behandlung bestimmter Patienten als Referenzkunden anzugeben ist aufgrund von datenschutzrechtlichen Bestimmungen ebenfalls nicht möglich. Aus den genannten Gründen ist eine Klassifizierung der Patienten, wie von Sveiby vorgegeben, im Krankenhaus nicht möglich. Das bedeutet, dass auch die Indikatoren nicht, wie von Sveiby angedacht, getrennt für die einzelnen Kundengruppen erhoben werden können.

---

[203] Vgl. Becker (2005, S. 62).

Eine finanzielle Ebene wie beim Skandia Navigator fehlt im Intangible Asset Monitor. Eine Beziehung der Kennzahlen zum Unternehmungserfolg lässt sich bei den vorgestellten Indikatoren nur erahnen. So müssen Investitionen in einen bestimmten immateriellen Wert nicht zwangsläufig zum Geschäftserfolg beitragen. Der Intangible Asset Monitor ermöglicht es aber, die immateriellen Werte über eine Anzahl von Indikatoren abzubilden. Durch den Vergleich der unterschiedlichen Jahre ermöglicht er es, Aufschluss über die Entwicklung der immateriellen Werte zu erhalten.

Im Gegensatz zum Intangible Asset Monitor und dem Intellectual Capital Navigator unterscheidet der Skandia Navigator nicht zwischen den unterschiedlichen Kapitalarten, sondern fokussiert die fünf Bereiche, aus denen der Wert der immateriellen Werte resultiert.[204] Jeder dieser fünf Bereiche sollte auf immaterielle Werte hin untersucht werden. Neben dem Human-, Prozess- und Kundenfokus wird beim Skandia Navigator auch der Fokus der Entwicklung und Erneuerung betrachtet. Damit entspricht der Skandia Navigator von allen Verfahren am meisten der zugrunde gelegten Kategorisierung der immateriellen Werte in diesem Beitrag, wobei auch hier der Kundenfokus auf den Beziehungsfokus erweitert werden sollte. Dem Tatbestand der Anpassungsfähigkeit an neue Situationen bzw. sich ständig ändernden Rahmenbedingungen wird beim Skandia Navigator in besonderen Maße Rechnung getragen. Zwar erfasst der Intangible Asset Monitor auch die Ebene Wachstum und Erneuerung, dies allerdings nur als eine Ausprägung in den Kategorien Kompetenz der Mitarbeiter, interne Strukturen und externe Strukturen, und sieht dies nicht als eigenen Bereich an, aus dem immaterielle Werte entstehen können. Ebenfalls positiv zu bewerten ist, dass der Skandia Navigator das Humankapital in den Mittelpunkt stellt, was für Krankenhäuser mit ihrer personalintensiven Leistungserstellung von besonderer Bedeutung ist.

Zusätzlich enthält der Skandia Navigator eine finanzielle Perspektive, den Finanzfokus. Der Skandia Navigator stellt hier nicht wie der Intellectual Capital Navigator auf das Markt-Buchwertverhältnis ab. Die Verbindung zum finanziellen Erfolg erfolgt im Skandia Navigator anhand von Effizienzkennzahlen. Die Effizienz wird hier aus den Kosten, die beispielsweise bei einer Investition in neue Geschäftsfelder entstanden sind, und den ihnen zugewiesenen Erträgen ermittelt.[205] Im Finanzfokus sollen sich letztlich alle zuvor genannten Potenziale widerspiegeln. Zu einem bestimmten Zeitpunkt müssen sich die immateriellen Werte in höheren Erlösen oder geringeren Kosten ausdrücken, sonst stellen sie keinen Wert für die Unternehmung dar. Also muss sich auch der Indikator zwangsläufig zu einem bestimmten Zeitpunkt im finanziellen Fokus widerspiegeln, sonst misst er nichts, was von Wert ist.[206] So wird die Effizienz von Investitionen in neue Geschäftsfelder durch den Indikator „Gewinn aus neuen Geschäftsfeldern" im Finanzfokus gemessen. Auch enthält der Skandia Navigator im Gegensatz zu den beiden anderen Scorecard-Verfahren als einziger die Möglichkeit, die immateriellen Werte zu einem einzigen Wert zu aggregieren.

---

[204] Vgl. Edvinsson und Brünig (2000, S. 57).
[205] Vgl. Treml (2009, S. 218).
[206] Vgl. Edvinsson und Brünig (2000, S. 64).

Der Skandia Navigator ermöglicht es durch die fünf Fokussierungen, sowohl die Vergangenheit, die Gegenwart als auch die Zukunft der Unternehmung zu erfassen.

Wie beim Intellectual Capital Navigator und beim Intangible Asset Monitor müssen auch beim Skandia Navigator die einzelnen Indikatoren an den Bereich des Krankenhauses und an die spezielle Zielsetzung des jeweiligen Krankenhauses angepasst werden. Die Schwierigkeit der Übertragung auf den Krankenhausbereich liegt somit auch hier wieder in der richtigen Auswahl der Indikatoren und dem Finden einer geeigneten Berechnungsgrundlage. Bedenkt man, dass der Skandia Navigator, so wie er bei Skandia selbst zum Einsatz gekommen ist, aus ca. 91 Indikatoren besteht, lässt die Umsetzung im Krankenhaus einen erheblichen Aufwand vermuten. Die von Edvinsson und seinem Team entwickelten Indikatoren beziehen sich auf den Bereich von Versicherungsgesellschaften, sodass ein erheblicher Teil der Indikatoren für Krankenhäuser keine Relevanz besitzt. Der zeitliche und kostenmäßige Aufwand, der aus dem Bestimmen von geeigneten Indikatoren, dem Finden einer geeigneten Berechnungsgrundlage, der Erhebung der Daten und der laufenden Überwachung der Indikatoren resultiert, muss in einem ausgewogenen Verhältnis zu dem daraus resultierenden Nutzen stehen. Dies ist jedoch fraglich, angesichts der großen Anzahl von Indikatoren und der benötigten Anpassungen.

Es hat sich gezeigt, dass der Intellectual Capital Navigator eher nicht geeignet erscheint, um immaterielle Werte im Krankenhaus abzubilden. Sowohl der Intangible Asset Monitor als auch der Skandia Navigator sind im Prinzip auf den Bereich des Krankenhauses übertragbar. Der Skandia Navigator eignet sich aufgrund seiner Kategorisierung der immateriellen Werte und der Tatsache, dass eine finanzielle Ebene berücksichtigt wird, die nicht auf das Markt-Buchwertverhältnis abstellt, am ehesten für die Bewertung von immateriellen Werten im Krankenhaus. Der mit der Übertragung einhergehende Aufwand steht allerdings nicht in einem ausgewogenem Verhältnis zum dem daraus resultierenden Nutzen.

Das größte Problem bei der Anwendung von Scorecard-Verfahren im Krankenhaus ist die richtige Auswahl der Indikatoren und das Finden einer geeigneten Berechnungsgrundlage. Wie bereits erwähnt, müssen die Indikatoren an die spezielle Zielsetzung im Krankenhaus angepasst werden. Der Nutzen, der aus der Bewertung vom immateriellen Werten gezogen werden kann, hängt davon ab, wie gut die Indikatoren geeignet sind, den Wert der immateriellen Werte zu messen. Die Gefahr bei der Anwendung von Scorecard-Verfahren besteht darin, die falschen Indikatoren zu erheben und somit das Falsche zu messen. Dies kann dazu führen, dass es zu Fehlsteuerungen im Krankenhaus kommt. Wechselwirkungen zwischen den Indikatoren werden durch die Scorecard-Verfahren nicht abgebildet. So kann nicht nachvollzogen werden, wie sich die Veränderung eines Indikators auf die anderen Indikatoren auswirkt.

3.3.5   Auswahl eines Verfahrens

Nachdem nun die einzelnen Verfahren vorgestellt worden sind und deren Übertragbarkeit auf den Krankenhaussektor überprüft wurde, sollen nun noch einmal zusammengefasst die Vor- und Nachteile der einzelnen Verfahren kurz dargestellt werden.

Die Direct-Intellectual-Capital-Methoden, für die hier die traditionellen Bewertungsverfahren Market Approach, Income Approach und Cost Approach ausgewählt wurden, ermöglichen es zwar, eine monetäre, nachprüfbare Bewertung vorzunehmen, sind für eine Bewertung der immateriellen Werte im Krankenhaus jedoch eher ungeeignet. Aufgrund der mangelnden Separierbarkeit, Prognostizierbarkeit und des fehlenden Marktes kann ein Großteil der immateriellen Werte eines Krankenhauses durch diese Verfahren nicht abgebildet werden.

Die Wissensbilanz Made in Germany ermöglicht es, die gesamten immateriellen Werte eines Krankenhauses abzubilden und Wechselwirkungen zwischen den Indikatoren zu beachten. Es bleibt aber eher bei einer Selbsteinschätzung der immateriellen Werte durch das Team, als dass eine nachprüfbare Bewertung der immateriellen Werte vorgenommen wird.

Eine ebenfalls umfassende Abbildung der immateriellen Werte ermöglichen die Scorecard-Verfahren. Der Intellectual Capital Navigator scheint, aufgrund des zugrunde gelegten Markt-Buchwertverhältnisses als finanzielle Ebene nicht geeignet, um immaterielle Werte im Krankenhaus zu bewerten. Der Skandia Navigator und der Intangible Asset Monitor können prinzipiell auf den Krankenhausbereich übertragen werden. Bei der Überprüfung der Eignung für den Bereich des Krankenhauses hat sich gezeigt, dass der Skandia Navigator aufgrund seines Aufbaues und der zugrunde gelegten Kategorisierung am ehesten geeignet erscheint, immaterielle Werte im Krankenhaus zu bewerten. Allerdings erfordert die Übertragung auf den Bereich der Krankenhäuser einen sehr hohen Aufwand, der nicht in einem ausgewogenen Verhältnis zum daraus resultierenden Nutzen steht.

3.4   Anwenderorientiertes Resümee

Aufgrund der hohen Relevanz von immateriellen Werten im Krankenhaus und deren Bedeutung für eine effiziente und effektive Leistungserstellung, sollten sich auch Krankenhäuser mit der Strukturierung, Erfassung und Bewertung von immateriellen Werten auseinandersetzen. Nur so wird der gezielte Aufbau und die Entwicklung dieser Werte ermöglicht und der Erfolg von Investitionen in diese kann nachvollzogen werden. Die traditionellen Instrumente der Unternehmenssteuerung, die im Wesentlichen finanzielle Kennzahlen berücksichtigen, sind hierfür allerdings nicht geeignet. Daher wurde untersucht, welches der Verfahren zur Bewertung von immateriellen Werten für den Krankenhausbereich als geeignet erscheint. Von allen vorgestellten Konzeptionen erwies sich der Skandia Navigator, aufgrund der zugrunde gelegten Kategorisierung, am praktikabelsten, um immaterielle Werte im Krankenhaus zu erfassen und zu bewerten. Allerdings scheint dieser aufgrund des großen Aufwandes, der bei der Umsetzung entsteht, ebenfalls als nicht geeignet. Es lässt sich also feststellen, dass ein Verfahren für die Bewertung von immateriellen Werten im Krankenhaus, welches in einem ausgewogenen Verhältnis von Aufwand und Nutzen steht, noch nicht existiert. Daher sollten Krankenhäuser sich zunächst auf einige wesentliche Indikatoren beschränken, um einen ersten Überblick über ihre immateriellen Werte zu erhalten.

Die zu erhebenden Indikatoren sollten dabei auf nachprüfbaren Größen beruhen, um nicht interessengeleitet verzerrt werden zu können. Dies setzt voraus, dass die Indikatoren auf einer berechenbaren Grundlage fußen, d. h. die benötigten Daten müssen durch das Krankenhaus nachprüfbar generiert werden können. Weiterhin sollten die immateriellen Werte, die durch die Indikatoren abgebildet werden, beeinflussbar sein, denn es nützt dem Management nicht, die Ausprägung bzw. den Wert zu ermitteln, diesen aber nicht beeinflussen zu können. Auch sind solche Indikatoren fraglich, die einen rein beschreibenden Charakter besitzen, wie beispielsweise das Alter der Beschäftigten, da diese keinen Anhaltspunkt über den tatsächlichen Wert des immateriellen Wertes liefern.

Im Folgenden sollen nun für die vier Kapitalarten, Human-, Struktur-, Beziehungs-, sowie Erneuerungs- und Entwicklungskapital, die zu Beginn des Beitrags zugrunde gelegt wurden, ein paar Indikatoren vorgestellt werden, die häufig in den unterschiedlichen Scorecard-Verfahren Anwendung finden. Die Indikatoren werden einer Bewertung, im Speziellen für die Eignung im Krankenhaus, unterzogen. An einigen Stellen werden für den Krankenhausbereich geeignetere Indikatoren vorgestellt. Die im Folgenden vorzustellenden Indikatoren ermöglichen zwar keine umfangreiche Bewertung von immateriellen Werten, sie stellen jedoch einen ersten Schritt dar, um einen Überblick über die immateriellen Werte zu erhalten.

Ein wesentlicher immaterieller Wert, der in der Kategorie des Beziehungskapitals häufig gemessen wird, ist die Zufriedenheit der Kunden[207]. Dabei wird meistens auf Befragungen zurückgegriffen. Diese sind in der Regel mit einem erheblichen Aufwand verbunden und erfolgen eher unregelmäßig.[208] Neben den Befragungen besteht zudem die Möglichkeit, die Zufriedenheit der Kunden[209] indirekt zu messen. Dies erfolgt durch Messung der Faktoren, für die ein Einfluss auf die Zufriedenheit unterstellt wird oder die als Ausdruck von Verhalten zufriedener bzw. unzufriedener Kunden interpretiert werden können.[210] Als Ausdruck unzufriedener Kunden kann die Beschwerde gesehen werden. Daher könnte die Anzahl der Kundenbeschwerden Auskunft über die Kundenzufriedenheit liefern. Im Krankenhaus bietet sich demnach der Indikator Anzahl der Patientenbeschwerden[211] an. Dieser kann im Krankenhaus ohne größeren Aufwand erhoben werden. Berücksichtigt werden sollten hierbei auch Beschwerden von den Angehörigen der Patien-

---

[207] Vgl. Edvinsson und Brünig (2000, S. 81); Sveiby (1998, S. 248).
[208] Vgl. Havingshorst (2006, S. 34).
[209] Gleiches gilt für die Messung der Zufriedenheit von Mitarbeitern oder Zuweisern.
[210] Vgl. Havingshorst (2006, S. 34).
[211] Vgl. Kirstein (2010, S, 299); vgl. Dreckmann und Piek zitiert nach Haubrock (2007a, S. 357).

ten. Um gezieltere Erkenntnisse zur Patientenzufriedenheit zu erlangen, bietet es sich für Krankenhäuser an, die Beschwerden getrennt nach Fachabteilungen oder nach dem Grund der Beschwerde zu erheben. Der Indikator Anzahl der Patientenbeschwerden ermöglicht es, einen ersten Überblick über die Patientenzufriedenheit, auch gezielt zu einzelnen Bereichen, zu erhalten. Bei der Erhebung dieses Indikators zur Ermittlung der Patientenzufriedenheit, sollte aber beachtet werden, dass nicht alle Patienten, die unzufrieden mit der Leistung sind, auch tatsächlich eine Beschwerde einreichen.

Neben der Anzahl der Beschwerden werden in den Scorecard-Verfahren noch eine Reihe weiterer Indikatoren erhoben, die Aufschluss über die Zufriedenheit der Kunden geben sollen, wie beispielsweise die Indikatoren Kaufhäufigkeit[212] oder auch die Anzahl verlorener Kunden[213]. Um diese Indikatoren zu erheben, bedarf es in der Regel einer genauen Analyse der einzelnen Kundenbeziehungen. Aufgrund des hohen Kunden- bzw. Patientenaufkommens im Krankenhaus würde die Analyse jeder einzelnen Patientenbeziehung zu einem großen Aufwand führen.[214] Neben dem großen Aufwand, scheinen die Indikatoren zudem nicht geeignet, die Patientenzufriedenheit im Krankenhaus zu bewerten. So besteht beim Indikator Kaufhäufigkeit im Bereich der Krankenhäuser das Problem, dass der Patient nicht der Leistungsveranlasser ist und nicht selbstständig über die Inanspruchnahme einer Leistung entscheiden kann.[215] So bedarf es hierfür in der Regel einer Überweisung eines niedergelassenen Arztes. Bei dem Indikator Anzahl verlorener Kunden kann beispielsweise durch das Krankenhaus nicht nachvollzogen werden, ob Patienten für einen stationären Aufenthalt ein anderes Krankenhaus gewählt haben oder bislang noch kein erneuter Krankenhausaufenthalt notwendig war. Dies ist nur dann der Fall, wenn es sich um Erkrankungen handelt, bei denen von vornherein ein erneuter stationärer Aufenthalt eingeplant werden muss. Die Erfassung der Patientenzufriedenheit über diese Faktoren erscheint daher im Bereich der Krankenhäuser problematisch, daher sollten hier andere Indikatoren erhoben werden. Es würde die Möglichkeit bestehen, Indikatoren zu erheben, die bestimmte Faktoren abbilden, denen ein Einfluss auf die Patientenzufriedenheit unterstellt werden kann. Mögliche Indikatoren der Kundenperspektive im Krankenhaus sind die Wartezeit der Patienten während des stationären Aufenthaltes bzgl. Diagnostik oder Therapie oder die Wartezeit der Patienten bis zur stationären Aufnahme.[216] Diese Indikatoren können es ermöglichen ein genaueres Bild über die Patientenzufriedenheit zu erhalten. Bei diesen Indikatoren ist es allerdings fraglich, wie lang die Wartezeit sein darf, bis sie zur Unzufriedenheit führt. Jeder Patient empfindet eine andere Wartezeit als akzeptabel.

---

[212] Vgl. Sveiby (1998, S. 250).

[213] Vgl. Edvinsson und Brünig (2000, S. 83).

[214] Der große Aufwand umfasst die Analyse jeder einzelnen Patientenbeziehung hinsichtlich des Grundes für die Auswahl des Krankenhauses, der Einteilung in Stammkunden und neue Kunden und wie diese sich in ihrer Zufriedenheit unterschieden.

[215] Vgl. Haubrock (2007b, S. 41).

[216] Vgl. Borges und Specker (2003, S. 49 f. online im Internet).

Ein weiterer Indikator im Bereich des Beziehungskapitals, der in einigen Scorecard-Verfahren zur Anwendung kommt, ist der Indikator Umsatz pro Kunde.[217] Dieser Indikator stellt dabei nicht auf einen Zusammenhang ab, sondern soll es ermöglichen, einen Bezug zum Erfolg der Unternehmung herzustellen.[218] Den Unternehmungen soll es so ermöglicht werden, zu erkennen, wie hoch der jeweilige Wert des Kunden für die Unternehmung ist. Die Berechnung des jeweiligen patientenbezogenen Umsatzanteils am Gesamtumsatz würde im Krankenhaus, aufgrund des großen Patientenaufkommens, zu einem erheblichen Aufwand führen. Im Krankenhaus kommt es zudem zu der Besonderheit, dass häufig nicht allein der Patient die Wahl des Krankenhauses bestimmt, sondern der niedergelassene Arzt einen erheblichen Einfluss auf diese Entscheidung hat.[219] Die Beziehung zu niedergelassenen Ärzten hat daher für Krankenhäuser eine hohe Bedeutung und lässt sich, aufgrund der geringeren Anzahl, mit weniger Aufwand analysieren als die Beziehungen zu Patienten. Eine Möglichkeit den Wert, der aus der Beziehung zu niedergelassenen Ärzten besteht, zu messen, ist es, die Case-Mix-Punkte pro niedergelassenem Arzt zu erfassen. Diese Kennzahl gibt an, inwieweit der niedergelassene Arzt zur Erlössituation des Krankenhauses beiträgt. Von besonderer Bedeutung könnten hier Beziehungen zu niedergelassenen Ärzten sein, die ihren Praxissitz nicht im Einzugsgebiet des Krankenhauses haben, denn diese niedergelassenen Ärzte tragen dazu bei, das Krankenhaus auch über das Einzugsgebiet hinweg bekannt zu machen.

Im Bereich der Beziehungen zu niedergelassenen Ärzten wäre es möglich, den Indikator Kaufhäufigkeit, der eigentlich Aufschluss über die Zufriedenheit der Kunden mit der Leistung geben soll, durch den Indikator Häufigkeit der Zuweisungen pro niedergelassenem Arzt zu ersetzen, um so auf die Zufriedenheit der niedergelassenen Ärzte schließen zu können. Bei diesem Indikator wird unterstellt, dass zufriedene Zuweiser häufiger Patienten in das betreffende Krankenhaus zuweisen als unzufriedene. Hierbei sollten jedoch die individuellen Verhältnisse vor Ort, wie die Entfernung zu anderen Krankenhäusern, beachtet werden. So kann es auch sein, dass unzufriedene Zuweiser Patienten aufgrund der weiten Entfernung zu anderen Krankenhäusern trotzdem dem eigenen Krankenhaus zuweisen. Das Krankenhaus muss hier jeweils entscheiden, ob der zugrunde liegende Zusammenhang akzeptiert werden kann. Dies ist bei einer Vielzahl der verwendeten Indikatoren der Fall. Da sich immaterielle Werte in der Regel nicht direkt erfassen lassen, wird

---

[217] Vgl. Sveiby (1998, S. 249).

[218] Indikatoren, die einen Bezug zum Erfolg ermöglichen sollen, wie der Gewinn aus neuen Geschäftsfeldern oder auch die Wertschöpfung pro Mitarbeiter oder pro Kunde, befinden sich im Skandia Navigator im Bereich des Finanzfokus, da sie die Effizienz aus den anderen Fokussierungen messen sollen. Vgl. Edvinsson und Brünig (2000, 64 ff.). Für Krankenhäuser ist es zunächst aber sinnvoll, sich auf solche Indikatoren zu beschränken, um einen Überblick über die immateriellen Werte zu erhalten.

[219] Vgl. Greulich et al. (2005, S. 26).

in den Scorecard-Verfahren häufig auf indirekte Messungen durch Indikatoren[220] zurück-gegriffen. Krankenhäuser sollten daher jeweils genau überprüfen, ob sie dem zugrunde liegenden Zusammenhang zustimmen können.

Die vorgestellten Indikatoren Anzahl der Patientenbeschwerden, Wartezeit der Patienten während des stationären Aufenthaltes bzgl. Diagnostik oder Therapie[221] und Wartezeit der Patienten bis zur stationären Aufnahme ermöglichen es, einen ersten Überblick über die Patientenzufriedenheit zu erlangen. Die Patientenzufriedenheit ist insofern ein wichtiger immaterieller Wert, da nur zufriedene Patienten das Krankenhaus weiterempfehlen und so zur positiven Imagebildung beitragen. Die Anzahl der Case-Mix-Punkte pro niedergelassenen Arzt kann Aufschluss über den Wertbeitrag der einzelnen niedergelassenen Ärzte geben. Kenntnis über die Zufriedenheit der Zuweiser kann aus dem Indikator Häufigkeit der Zuweisungen erlangt werden, falls der zugrunde liegende Zusammenhang vom Krankenhaus akzeptiert wird. Weitere Erkenntnisse im Bereich der Zuweiser können durch ein Zuweisermanagement erreicht werden.[222]

Indikatoren im Bereich des Strukturkapitals analysieren und bewerten häufig immaterielle Werte im Verwaltungsbereich, wie beispielsweise die technologische Infrastruktur der Verwaltung oder Bearbeitungszeiten in der Verwaltung.[223] Für Krankenhäuser ist es von größerer Bedeutung, die Strukturen und Prozesse auf den Stationen, die im Zusammenhang mit der Behandlung des Patienten erfolgen, zu analysieren und diese einer Bewertung zu unterziehen. Eine Übertragung der Indikatoren aus den Scorecard-Verfahren erscheint daher wenig sinnvoll. Es sollten hier speziell für den Krankenhausbereich entwickelte Indikatoren Anwendung finden. Im Bereich des Strukturkapitals ist es für Krankenhäuser möglich, sich an der mittleren Verweildauer zu orientieren. Liegt hier eine Abteilung im Durchschnitt deutlich über der mittleren Verweildauer, kann dies ein Hinweis darauf sein, dass die Prozesse in dieser Abteilung nicht reibungslos funktionieren, Absprachen eventuell nicht stattfinden oder Störungen im Prozessablauf vorliegen. Fokussiert werden sollte hier der Zeitraum zwischen der unteren Grenzverweildauer und der mittleren Verweildauer. Durch die Orientierung an der mittleren Verweildauer kann nachvollzogen werden, ob sich durch eine bessere Abstimmung der Prozesse eine Fachabteilung an den fokussierten Bereich annähert oder sich keine Veränderung einstellt.

Ein weiterer Indikator, der im Bereich des Struktur- und Prozesskapitals für Krankenhäuser relevant sein könnte, ist der Indikator Leerzeiten im OP[224]. Dieser Indikator kann Auskunft über den Prozess der OP-Planung liefern und darüber, wie gut die vorhandenen

---

[220] Indikatoren stellen Ersatzgrößen dar, die aufgrund ihrer Ausprägung bzw. Veränderung Rückschlüsse auf andere Größen zulassen. Die Korrelation mit der beschreibenden Größe wird dabei häufig nur vermutet und nicht korrekt bewiesen. Vgl. Küpper (2005, S. 346).

[221] Vgl. Borges und Specker (2003, S. 49 online im Internet).

[222] Durch das Zuweisermanagement kann bspw. Kenntnis darüber erlangt werden, warum bei bestimmten Diagnosen nicht in das eigene Krankenhaus zugewiesen wird. Vgl. Oberreuter (2010, S. 162).

[223] Vgl. hierzu die vorgestellten Indikatoren in Edvinsson und Brünig (2000, S. 90 f.).

[224] Vgl. Dreckmann und Piek zitiert nach Haubrock (2007a, S. 358).

Kapazitäten genutzt werden. Durch den Indikator kann überprüft werden, ob sich Investitionen in diesen Bereich, wie beispielsweise Mitarbeiterschulungen oder IT-Systeme, rentieren. Über die Beobachtung der Entwicklung der Leerzeiten im OP wird die Investition somit beurteilbar. Im Bereich des Struktur- und Prozesskapitals von Krankenhäusern könnte auch der Indikator Anzahl der verschobenen Leistungen oder Operationen[225] erhoben werden. Dieser Indikator könnte Auskunft darüber geben, wie gut die Prozesse auf den Stationen organisiert und untereinander abgestimmt sind.

Es lässt sich insgesamt feststellen, dass sich die Kategorie des Struktur- bzw. Beziehungskapitals nur sehr schwer durch Indikatoren, die Auskunft über den Anteil am Erfolg geben können, abbilden lässt. Durch effiziente Prozesse und die optimale Nutzung der vorhandenen Kapazitäten kann im Krankenhaus allerdings eine Kostensenkung erreicht werden. Dies wiederum ist für das Krankenhaus von großer Bedeutung. Durch eine Orientierung an der mittleren Verweildauer, den Indikatoren Leerzeiten im OP und Anzahl der verschobenen Leistungen oder Operationen können sich Krankenhäuser einen ersten Überblick über ihr Strukturkapital verschaffen. Die in den Scorecard-Verfahren vorgestellten Indikatoren scheinen für Krankenhäuser allerdings eher ungeeignet.

Wie am Anfang beschrieben, stellt das Entwicklungs- und Erneuerungskapital einen wichtigen Teil der immateriellen Werte im Krankenhaus dar. Krankenhäuser müssen sich ständig an die neuen rechtlichen Rahmenbedingungen anpassen. Neben den sich ständig ändernden Rahmenbedingungen werden auch immer wieder neue Versorgungsformen, wie die Integrierte Versorgung, Disease-Management-Programme oder auch das ambulante Operieren, in den Bereich der Krankenhausversorgung implementiert, deren Chancen es zu nutzen gilt. Auch der medizinisch-technische Fortschritt führt in Krankenhäusern dazu, dass ständig neue Therapieverfahren implementiert und in den Krankenhausalltag integriert werden müssen. Es ist davon auszugehen, dass Krankenhäuser auch zukünftig vor der Herausforderung stehen, die Chancen, die sich aus neuen Versorgungsformen oder Therapieverfahren ergeben, zu nutzen. Eine Möglichkeit, die Innovationsfähigkeit von Krankenhäusern zu beurteilen, ist es, die Zeitspanne zu messen, die ein Krankenhaus benötigt, um neue Therapieverfahren in den Krankenhausalltag zu implementieren oder sich den neuen Rahmenbedingungen anzupassen und bestimmte Vorgaben umzusetzen. Es ist für Krankenhäuser allerdings schwierig, eine Bewertung der Zeitspanne vorzunehmen, da es hierzu an Vergleichswerten, beispielsweise aus anderen Krankenhäusern, fehlt. Aufgrund der fehlenden Vergleichsdaten können Krankenhäuser nur schwer beurteilen, ob die entsprechende Zeitspanne als angemessen oder zu lang angesehen werden kann.

Ein in den Scorecard-Verfahren häufig genannter Indikator im Bereich des Erneuerungs- und Entwicklungskapital ist der Indikator Qualifikationsentwicklungskosten pro Mitarbeiter.[226] Die Höhe der entstandenen Kosten soll bei diesem Indikator Aufschluss darüber geben, wie gut das Krankenhaus seine Mitarbeiter auf neue Situationen vorbereitet und diese dafür ausbildet. Hier wird versucht von den entstandenen Kosten, also dem Input,

---

[225] Vgl. Greulich et al. (2005, S. 182).
[226] Vgl. Edvinsson und Brünig (2000, S. 96).

auf den Output zu schließen. Hier kommt es aber einerseits auf die Qualität der Schulung an, andererseits darauf, was der Mitarbeiter aus dem Erlernten umsetzt.[227] Die Höhe der Kosten spiegelt somit nicht unbedingt den tatsächlichen Wert, der durch die Maßnahmen erreicht werden sollte, wieder.

Ein möglicher Indikator im Bereich des Entwicklungs- und Erneuerungskapitals für Krankenhäuser könnte die Anzahl bestehender Kooperationen sein. Diese könnte Auskunft darüber geben, wie gut das Krankenhaus gerüstet ist, um auf die zunehmende Verzahnung der unterschiedlichen Sektoren zu reagieren. Allerdings fehlt es auch hier wieder an einer Möglichkeit, die Anzahl der Kooperationen zu bewerten. Es könnte jedoch Auskunft darüber erlangt werden, in welchen Bereichen bislang keine oder nur eine geringe Anzahl an Kooperationen bestehen. Diese Bereiche können dann auf ihre strategische Relevanz hin überprüft werden.

Im Bereich des Entwicklungs- und Erneuerungskapitals ist es von besonderer Bedeutung, die Indikatoren anhand der zugrunde gelegten Vision und Strategie zu entwickeln. Wird beispielsweise die Strategie verfolgt, sich zu einem Gesundheitszentrum zu entwickeln, mit vielen Leistungen auch außerhalb des Kernbereichs der stationären Versorgung, wäre es für Krankenhäuser möglich, den Indikator Umsatz aus neuen Geschäftsfeldern zu erheben.[228] Mithilfe dieses Indikators kann festgestellt werden, welchen Beitrag neue Geschäftsfelder zum Gesamtumsatz des Krankenhauses leisten. Es kann also ermittelt werden, wie hoch der Anteil am Gesamtumsatz ist, der bereits außerhalb des gedeckelten Budgets der stationären Versorgung erzielt werden kann. Durch eine Überwachung der Entwicklung des Umsatzes pro Geschäftsfeld kann überprüft werden, ob sich die Investitionen in die neuen Geschäftsfelder rechnen.

Es ist festzustellen, dass Standardindikatoren im Bereich des Entwicklungs- und Erneuerungskapitals nur wenig Sinn machen. Die hier zu entwickelnden Indikatoren sollten auf jeden Fall aus der zugrunde gelegten Strategie und Vision abgeleitet werden. Je nach Strategie können die Indikatoren Anzahl bestehender Kooperationen und Umsatz aus neuen Geschäftsfeldern einen ersten Überblick über den Bereich des Entwicklungs- und Erneuerungskapitals liefern.

Der Bereich des Humankapitals stellt im Krankenhaus sicherlich den größten Teil der immateriellen Werte dar, denn es sind die Mitarbeiter im Krankenhaus, die die Dienstleistung am Patienten erbringen und damit auch maßgeblich die Qualität bestimmen. Eine Größe, die häufig im Zusammenhang mit dem Humankapital genannt wird, ist die Wertschöpfung pro Mitarbeiter. Diese setzt sich aus dem Umsatz abzüglich der Vorleistungen, wie Material und Dienstleistungen, dividiert durch die Anzahl der Mitarbeiter zusammen. Die Aussagekraft dieser Größe wird als sehr hoch angesehen, da sie die Produktivitäts-

---

[227] Bei vielen der in den Scorecard-Verfahren verwendeten Indikatoren wird von der Höhe der Kosten als Input auf den Output geschlossen, bspw. auch bei dem Indikator *Schulungskosten der Mitarbeiter*.

[228] Edvinsson schlägt vor, den Gewinn aus neuen Geschäftsfeldern zu erheben. Aufgrund der hohen Anfangsinvestitionen im Bereich der Krankenhäuser sollten sich diese zunächst auf den Umsatz aus neuen Geschäftsfeldern konzentrieren.

entwicklung beurteilen kann.[229] Eine Möglichkeit die Wertschöpfung der Mitarbeiter im Krankenhaus zu ermitteln ist es, die Case-Mix-Punkte durch die Anzahl der Mitarbeiter zu dividieren. Auch hier bietet sich wieder eine Auswertung getrennt nach Fachabteilungen an. Ein wesentlicher Nachteil dieser Größe ist allerdings, dass sie keine Auskunft darüber geben kann, wie hoch der Anteil der jeweiligen Berufsgruppe an der Wertschöpfung ist. Es besteht aber die Möglichkeit, die Entwicklung der Produktivität zu beobachten oder einen Vergleich der unterschiedlichen Fachabteilungen eines Krankenhauses oder eines Verbundes vorzunehmen.

Ein Indikator des Humankapitals, der häufig genannt wird, ist der Indikator Fluktuationsrate der Mitarbeiter.[230] Damit soll es möglich werden, Auskunft über die Zufriedenheit der Mitarbeiter zu erhalten. Es erfolgt eine indirekte Messung der Zufriedenheit der Mitarbeiter. Besser geeignet in diesem Zusammenhang scheint allerdings der Indikator Eigenkündigungsquote.[231] Im Gegensatz zur Fluktuationsrate, bei der alle Mitarbeiterabgänge in einem Zeitraum erfasst werden, werden bei der Eigenkündigungsquote nur solche Abgänge erfasst, die durch eine Kündigung des Mitarbeiters selbst zustande gekommen sind. Entlassungen in den Ruhestand oder arbeitgeberseitige Kündigungen werden nicht erfasst. Die Eigenkündigungsquote errechnet sich aus der Anzahl der Eigenkündigungen durch die Mitarbeiter im Zeitraum X, dividiert durch die Gesamtzahl der Mitarbeiter zu Beginn des Zeitraumes X.[232] Um die Aussagekraft dieser Kennzahl zu erhöhen, bietet sich eine Analyse getrennt nach Fachabteilungen an. Beim Indikator Eigenkündigungsquote wird ein Zusammenhang zwischen der Anzahl der Kündigungen und der Zufriedenheit der Mitarbeiter unterstellt. So geht man davon aus, dass unzufriedene Mitarbeiter die Unternehmung verlassen. Hier muss beachtet werden, dass auch zufriedene Mitarbeiter aus privaten Gründen die Unternehmung verlassen können oder unzufriedene Mitarbeiter aufgrund der Arbeitsmarktsituation in der Unternehmung verbleiben. Das Krankenhaus sollte also auch hier wieder genau prüfen, inwieweit es dem unterstellten Zusammenhang zustimmen und diesen Indikator akzeptieren kann.

Ebenso wie der Indikator Eigenkündigungsquote wird häufig auch der Indikator durchschnittliche Betriebszugehörigkeit[233] erhoben. Dieser Indikator soll ebenfalls auf die Zufriedenheit der Mitarbeiter schließen lassen. Hier wird unterstellt, dass zufriedene Mitarbeiter länger in der Unternehmung tätig sind als Unzufriedene. Je länger die Betriebszugehörigkeit ist, desto zufriedener sollen die Mitarbeiter sein. Hier kann, wie auch bei der Eigenkündigungsquote, angeführt werden, dass auch unzufriedene Mitarbeiter aufgrund der Arbeitsmarktlage in der Unternehmung verbleiben können.

Der Indikator Anzahl der Dienstjahre[234] soll Auskunft über die Kompetenz der einzelnen Mitarbeiter liefern. Es wird unterstellt, dass Ärzte oder Pflegekräfte mit einer höheren

---

[229] Vgl. Hafner und Polanski (2009, S. 125); vgl. auch Havingshorst (2006, S. 21).
[230] Vgl. Sveiby (1998, S. 241); vgl. auch Edvinsson und Brünig (2000, S. 110).
[231] Vgl. Havingshorst (2006, S. 26 f.).
[232] Vgl. Havingshorst (2006, S. 36).
[233] Vgl. Edvinsson und Brünig (2000, S. 110).
[234] Vgl. Sveiby (1998, S. 229).

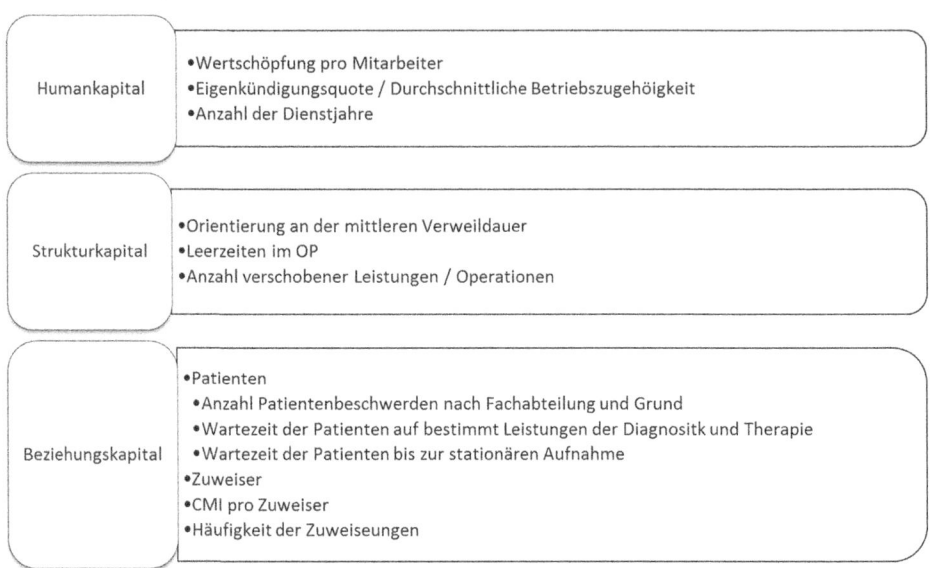

Abb. 3.14 Mögliche Indikatoren im Krankenhaus (Eigene Darstellung)

Anzahl an Dienstjahren kompetenter sind als Kollegen mit einer geringeren Anzahl. Allerdings ist dies nicht immer der Fall. Auch junge Ärzte und Pflegekräfte können durch ihr spezielles Fachwissen sehr kompetent oder sogar kompetenter sein als Ältere. Ebenso können gesundheitliche Einschränkungen des älteren Personals deren Fähigkeiten bereits reduzieren. Hier muss das Krankenhaus erneut entscheiden, ob der zugrunde gelegte Zusammenhang akzeptiert werden kann.

Im Bereich des Humankapitals stellt sicherlich die Wertschöpfung pro Mitarbeiter eine der aussagekräftigsten Kennzahlen dar, auf die sich Krankenhäuser zunächst fokussieren sollten. Insbesondere im Bereich des Humankapitals kann auf eine Vielzahl von Indikatoren, die im Rahmen des Human Capital Management entstanden sind, zurückgegriffen werden. Vor der Anwendung dieser Kennzahlen sollte der jeweilige Zusammenhang aber genauestens geprüft werden.

Auch wenn die vorgestellten Indikatoren in Abb. 3.14 es nicht ermöglichen, eine umfassende Bewertung der immateriellen Werte eines Krankenhauses vorzunehmen und diese anhand eines monetären Wertes abzubilden, liefern sie dennoch ein Grundgerüst, das je nach verfügbarer Datenlage im Krankenhaus um weitere Indikatoren ergänzt werden kann.[235] Eine umfassende Bewertung aller immateriellen Werte im Krankenhaus anhand aussagekräftiger Größen scheint derzeit noch nicht möglich. Es bedarf hier weiterer Forschungs- und Entwicklungsarbeit, um dies zu ermöglichen. Verfahrensanweisungen

---

[235] Wird bestimmten immateriellen Werten eine besondere Relevanz zugesprochen, bietet es sich an, spezifische Abbildungsverfahren für diese immateriellen Werte heranzuziehen. Vgl. Weber et al. (2006, S. 33).

und Checklisten sind in diesem Themenbereich allerdings eher unbrauchbar, da Krankenhäuser individuelle, ihrer Strategie entsprechende immaterielle Werte identifizieren sollten und geeignete Indikatoren bestimmen sollten. Die Bestimmung der Indikatoren und vor allem die Ermittlung der Ausprägung der Indikatoren im Krankenhaus setzt eine enge Zusammenarbeit unterschiedlicher Abteilungen, wie dem Controlling, der Personalabteilung und im Krankenhaus insbesondere dem Qualitätsmanagement voraus. Einige immaterielle Werte, wie das Führungsverhalten der Chefärzte, die Fähigkeiten und Kompetenzen der Mitarbeiter oder auch die Unternehmenskultur, lassen sich auch unter den größten Bemühungen nur sehr schwer einer Bewertung unterziehen.

Auch wenn die Bewertung von immateriellen Werten zur Zeit noch nicht in vollem Umfang möglich ist und einen sehr hohen Aufwand erfordert, sollten sich Krankenhäuser einen ersten Überblick über ihre immateriellen Werte verschaffen, um so Investitionen in den Aufbau und in die Entwicklung beurteilen zu können. Auch die zukünftigen Herausforderungen, vor denen Krankenhäuser stehen, wie der zunehmende Personalmangel beim ärztlichen sowie pflegerischen Personal, die zunehmende Vernetzung zwischen den Sektoren und das Heben von Effizienzreserven durch Optimierung der internen Prozesse, macht die steigende Bedeutung von immateriellen Werten im Krankenhaus deutlich. Eines steht fest, vernachlässigen und verlieren Krankenhäuser ihre wesentlichen immateriellen Werte, laufen sie Gefahr, ihre Leistungsfähigkeit einzuschränken. Der erneute Aufbau ist dann mit erheblich höheren Kosten verbunden.

Literatur

Verwendete Literatur

Alwert K, Heisig P, Mertins K (2005) Wissensbilanzen – Intellektuelles Kapital erfolgreich nutzen und entwickeln. In: Mertins K, Alwert K, Heisig P (Hrsg) Wissensbilanzen – Intellektuelles Kapital erfolgreich nutzen und entwickeln, 1. Aufl. Springer, Heidelberg

Arbeitskreis Immaterielle Werte im Rechnungswesen (2001) Kategorisierung und bilanzielle Erfassung immaterieller Werte. In: Der Betrieb, Heft 19: 989–995

Arbeitskreis Immaterielle Werte im Rechnungswesen (2004) Erfassung immaterieller Werte in der Unternehmensberichterstattung vor dem Hintergrund handelsrechtlicher Rechnungslegungsnormen. In: Horváth P, Möller K (Hrsg) Intangibles in der Unternehmenssteuerung, 1. Aufl. Vahlen Verlag, München

Auer T (2007) Controlling in der Wissensgesellschaft. In: http://www.hrm-auer.ch/downloads/Controller_LF_Auer_1207.pdf Letzter Zugriff am 26.06.2012

Becker D (2005) Intangible Assets in der Unternehmenssteuerung. Wie Sie weiche Vermögenswerte quantifizieren und aktiv managen, 1. Aufl. Gabler Fachverlage GmbH, Wiesbaden

Bischof J (2008) Controlling immaterieller Vermögenswerte. In: Fredersdorf F, Bischof J (Hrsg) Controlling immaterieller Vermögenswerte. Intangible Assets erkennen, bewerten und steuern, 1. Aufl. Symposion Publishing GmbH, Düsseldorf

Blachfellner M, Bornemann M (2006) Bericht Praxisstudie zum Thema „intangible Assets". In Matzler K, Hinterhuber H, Renzl B, Rothenberger S (Hrsg) Immaterielle Vermögenswerte. Handbuch der intangible Assets, 1. Aufl. Erich Schmidt Verlag, Berlin

Blum J, Borrmann R (2004) Wissensbilanzen zur internen Steuerung und externen Berichtser-stattung von Forschungseinrichtungen. In: Horváth P, Möller K (Hrsg) Intangibles in der Unternehmenssteuerung, 1. Aufl. Vahlen Verlag, München

BMWi (Bundesministerium für Wirtschaft und Technologie) (2008) Dokumentation Nr. 574. Wissensbilanz – Made in Germany. Leitfaden 2.0 zur Erstellung einer Wissensbilanz. Berlin

Bodrow W, Bergmann P (2003) Wissensbewertung in Unternehmen. Bilanzieren von intellektuellem Kapital, 1. Aufl. Erich Schmidt Verlag, Berlin

Borges P, Specker M (2003) Gebra Studie 2003: Die Bedeutung von Kennzahlen im DRG-System. Eine empirische Studie. In: http://www.gebera.com/download/Kennzahlenstudie.pdf Letzter Zugriff am 11.07.2012

Bornemann M (2007) Der Gesundheit zuliebe. In: Wissensmanagement. Das Magazin für Führungskräfte, Heft 3:14–16

Cañibano L (Verantwortlich) (2001) Guidelines for managing and reproting on intangibles (Intellectual capital report) – Meritum Projekt 2002. Abrufbar: http://www.pnbukh.com/site/files/pdf_filer/FINAL_REPORT_MERITUM.pdf

Creutzmann A (2005) Der Wert von immateriellen Vermögensgegenständen zur Steuerung von Unternehmen. In: ZfCM – Zeitschrift für Controlling und Management, Sonderheft 3/2005: 29–38

Creutzmann A (2006) Bewertung von Intangible Assets. In: Der Bewertungspraktiker, Heft 02/2006: 16–19

Daum J (2001) Werttreiber Intangible Assets: Brauchen wir ein neues Rechnungswesen und Controlling? Ein Ansatz für ein verbessertes Managementsystem. In: Controlling, Heft 01/2001: 15–24

Daum J (2002) Intangible Assets oder die Kunst, Mehrwert zu schaffen, 1. Aufl. Galileo Press GmbH, Bonn

Daum J (2004) Transparenzproblem Intangible Assets: Intellectual Capital Statement und der Neuentwurf eines Frameworks für Unternehmenssteuerung und Reporting. In: Horváth P, Möller K (Hrsg) Intangibles in der Unternehmenssteuerung, 1. Aufl. Vahlen Verlag, München

Daum J (2005) Intangible Asset Management: Wettbewerbskraft stärken und den Unternehmenswert nachhaltig steigern – Ansätze für das Controlling. In: ZfCM – Zeitschrift für Controlling und Management, Sonderheft 3/2005: 29–38

Dillerup R, Ramos J (2006) Steuerung und Bilanzierung immaterieller Vermögenswerte. In: Controller Magazin, Heft 02/2006: 116–119

Dillerup R, Stoi R (2011) Unternehmensführung, 3., überarbeitete Aufl. Vahlen Verlag, München

Edvinsson L, Brünig G (2000) Aktivposten Wissenskapital. Unsichtbare Werte bilanzierbar machen. 1. Aufl. Gabler Verlag, Wiesbaden

Edvinsson L, Malone M (1997) Intellectual Capital. Realizing your Company's true value by finding its hidden brainpower. Mazars presents and comments, 1 Aufl. Maxima, Paris

Eichhorn S (2008) Grundlagen der Krankenhaus-Managementlehre. In: Schmidt-Rettig B, Eichhorn S (Hrsg) Krankenhaus-Managementlehre. Theorie und Praxis eines integrierten Konzepts, 1. Aufl. W. Kohlhammer GmbH, Stuttgart

Feess E, Kirchgeorg M (o. J.): Spillover-Effekt. In: http://wirtschaftslexikon.gabler.de/Archiv/10407/spillover-effekt-v7.html Letzter Zugriff am 23.06.2012

Fischer G (2008) Wissensbewertung in der Theorie und Praxis. In: Jaspers W, Fischer G (Hrsg) Wissensmanagement heute, 1. Aufl. Oldenbourg Wissenschaftsverlag GmbH, München

Greulich A, Onetti A, Schade V, Zaugg B (2005) Balanced Scorecard im Krankenhaus. Von der Planung bis zur Umsetzung. Ein Praxishandbuch, 2., überarbeitete Aufl. Economica Verlag, Heidelberg

Habersam M, Piber M (2003) Controlling Intellektuellen Kapitals – Überlegungen zu einer Theorie des Controlling auf der Basis einer empirischen Untersuchung. In: Weber J, Hirsch B (Hrsg) Zur Zukunft der Controllingforschung. Empirie, Schnittstellen und Umsetzung in der Lehre, 1. Aufl. Deutscher Universitäts-Verlag/GWV Fachverlage GmbH, Wiesbaden

Hafner R, Polanski A (2009) Kennzahlen-Handbuch für das Personalwesen. Die wichtigsten Kennzahlen für die HR-Praxis Hintergrundinformationen und Umsetzungshilfen, 1. Aufl. Praximus-Verlag, Zürich

Haubrock M (2007a) Kennzahlensysteme. In: Haubrock M, Schär W (Hrsg) Betriebswirtschaft und Management im Krankenhaus, 4., vollständig überarbeitete und erweiterte Aufl. Hans Huber Verlag, Bern

Haubrock M (2007b) Interdependenzen zwischen Gesundheit und Ökonomie. In: Haubrock M, Schär W (Hrsg) Betriebswirtschaft und Management im Krankenhaus, 4., vollständig überarbeitete und erweiterte Aufl. Hans Huber Verlag, Bern

Havingshorst F (2006) Personalkennzahlen. Edition der Hans-Böckler-Stiftung

Himmel H, Krostewitz A (2012) Bewertung immaterieller Ressourcen als Teil der Unternehmenssteuerung: Herausforderungen für das Controlling. In: ZfCM – Zeitschrift für Controlling und Management, Sonderheft 1/2012: 30–39

Horváth P, Möller K (2004) Vorwort. In: Horváth P, Möller K (Hrsg) Intangibles in der Unternehmenssteuerung, 1. Aufl. Vahlen Verlag, München

Kaufmann L, Schneider Y (2006) Intangible Unternehmenswerte als internationales Forschungsgebiet der Unternehmensführung – Literaturübersicht, Schwerpunkte und Forschungslücken. In: Matzler K, Hinterhuber H, Renzl B, Rothenberger S (Hrsg) Immaterielle Vermögenswerte. Handbuch der intangible Assets, 1. Aufl. Erich Schmidt Verlag, Berlin

Kirstein A (2010) Key Performance Indicators (KPI) im Krankenhaus. In: Debatin J.F, Ekkernkamp B, Schulte B (Hrsg) Krankenhausmanagement. Strategien, Konzepte, Methoden, 1. Aufl. MWV Medizinisch Wissenschaftliche Verlagsgesellschaft mbH & Co. KG, Berlin

Küpper H-U (2005) Controlling: Konzeption, Aufgaben, Instrumente, 4. überarbeitete Aufl. Schäffer-Poeschel Verlag, Stuttgart

Lange S, Kraemer St (2009) Ansätze zur Bilanzierung – Immaterielle Ressourcen im Spannungsfeld von Wissenschaft und Praxis. In: Keuper F, Neumann F (Hrsg) Wissen- und Informationsmanagement. Strategien, Organisation und Prozesse, 1. Aufl. Gabler Fachverlage GmbH, Wiesbaden

Luthy D H (1998) Intellectual capital and its measurement. Paper presented at the Asian Pacific Interdisciplinary Research in Accounting (APIRA) Conference, Osaka. In: http://www.bus.osaka-cu.ac.jp/apira98/archives/htmls/25.htm

Leibfried P, Fassnacht A (2008) Intangible Assets – Management des Unfassbaren. In: Keuper F, Vocelka A, Häfner M (Hrsg) Die moderne Finanzfunktion, 1. Aufl. GWV Fachverlage GmbH, Wiesbaden

Leitner K-H (2006) Wissensbilanz als Instrument für Controlling und Reporting am Beispiel der Austrian Research Centers. In: Matzler K, Hinterhuber H, Renzl B, Rothenberger S (Hrsg) Immaterielle Vermögenswerte. Handbuch der intangible Assets, 1. Aufl. Erich Schmidt Verlag, Berlin

Lev B (2001) Intangibles: management, measurement, and reporting. Brookings Inst. Press, 1. Aufl. Washington, DC

Mertins K, Will M, Orth R (2009) Wissensbilanz. In: Mertins K, Seidel H (Hrsg) Wissensmanagement im Mittelstand. Grundlagen – Lösungen – Praxisbeispiele, 1. Aufl. Springer Verlag, Berlin, Heidelberg

Möller K (2004) Intangibles als Werttreiber. In: In: Horváth P, Möller K (Hrsg) Intangibles in der Unternehmenssteuerung, 1. Aufl. Vahlen Verlag, München

Möller K, Gamerschlag R (2009) Immaterielle Vermögenswerte in der Unternehmenssteuerung – betriebswirtschaftliche Perspektiven und Herausforderungen. In: Möller K, Piwinger M, Zerfaß A (Hrsg) Immaterielle Vermögenswerte: Bewertung, Berichtserstattung und Kommunikation, 1. Aufl. Schäfer Poeschel Verlag, Stuttgart

Möller K, Schläfke M (2012) Controlling und immaterielle Werte. In: Gleich R, Mayer R, Möller K, Seiter M (Hrsg) Controlling – Relevance lost? Perspektiven für ein zukunftsfähiges Controlling, 1. Aufl. Vahlen Verlag, München

Müller C (2006) Wissen, intangible Assets oder intellektuelles Kapital – eine Begriffswelt in Diskussion. In: Matzler K, Hinterhuber H, Renzl B, Rothenberger S (Hrsg) Immaterielle Vermögenswerte. Handbuch der intangible Assets, 1. Aufl. Erich Schmidt Verlag, Berlin

Neubauer G, Beivers A (2010) Zur Situation der stationären Versorgung: Optimierung unter schwierigen Rahmenbedingungen. In: Klauber J, Geraedts M, Friedrich J (Hrsg) Krankenhausreport 2010. Schwerpunkt: Krankenhausversorgung in der Krise?, Schattauer GmbH, Stuttgart

North K (2011) Wissensorientierte Unternehmensführung. Wertschöpfung durch Wissen, 5. Aufl. Gabler Verlag, Wiesbaden

North K, Probst G, Romhardt K (1998) Wissen messen – Ansätze, Erfahrungen und kritische Fragen. In: Zeitschrift Führung und Organisation. S. 158–166

Oberreuter P (2010) Einweisermanagement und -marketing. In: Debatin J.F, Ekkernkamp B, Schulte B (Hrsg) Krankenhausmanagement. Strategien, Konzepte, Methoden, 1. Aufl. MWV Medizinisch Wissenschaftliche Verlagsgesellschaft mbH & Co. KG, Berlin

Perridon L, Steiner M (2007) Finanzwirtschaft der Unternehmung, 14., überarbeitete und erweiterte Aufl. Vahlen Verlag, München

Piber M (2004) Messen und Management von Intangibles in unterschiedlichen organisationalen Kontexten. In: Horváth P, Möller K (Hrsg) Intangibles in der Unternehmenssteuerung, 1. Aufl. Vahlen Verlag, München

Picot A, Neuburger R (2005) Controlling von Wissen. In: ZfCM – Zeitschrift für Controlling und Management, Sonderheft 3/2005: 76–84

Reinisch F (2011) Intellektuelles Kapital als Grundlage für Wertschöpfung. In Wissensmanagement. Das Magazin für Führungskräfte, Heft 3: 36–37

Renzl B, Matzler K, Huemer E, Rothenberger S (2006) Wissensbilanzierung an Universitäten. In: Matzler K, Hinterhuber H, Renzl B, Rothenberger S (Hrsg) Immaterielle Vermögenswerte. Handbuch der intangible Assets, 1. Aufl. Erich Schmidt Verlag, Berlin

Roos G, Pike St, Fernström L (2004) Intellectual Capital Management, Measurement and Disclosure. In: Horváth P, Möller K (Hrsg) Intangibles in der Unternehmenssteuerung, 1. Aufl. Vahlen Verlag, München

Ryden M, Bredahl A-Ch (2004) Implementing Strategic Planning with the Skandia Navigator. In: Horváth P., Möller K. (Hrsg) Intangibles in der Unternehmenssteuerung. 1. Auflage, Franz Vahlen Verlag, München

Schmidli M, Vassalli Ph (2006) Immaterielle Vermögenswerte. Bedeutung und kritische Faktoren der Bewertung. In: Der Schweizer Treuhänder, Heft 03/2006: 144–148

Scholz Ch, Stein V, Bechtel R (2005) Human Capital Management. Wege aus der Unverbindlichkeit. 2., unveränderte Aufl. Luchterhand Verlag, München

Schrappe M (2007) Wandel der Berufsbilder im Krankenhaus: neues Umfeld, neue Aufgaben. In: Klauber J, Robra B P, Schellschmidt H (Hrsg) Krankenhausreport 2006. Schwerpunkt: Krankenhausmarkt im Umbruch, Schattauer GmbH, Stuttgart

Steward T (1998) Der vierte Produktionsfaktor. Wachstum und Wettbewerbsvorteile durch Wissensmanagement, 1. Aufl. Carl Hanser Verlag, München

Stoi R (2002) Controlling von Intangibles. In: Weber J, Hirsch B (Hrsg) Controlling als akademische Disziplin. Eine Bestandsaufnahme, 1. Aufl. Deutscher Universitäts-Verlag GmbH, Wiesbaden

Stoi R (2003) Management und Controlling von Intangibles. Die unternehmerische Herausforderung des 21. Jahrhunderts. In: Horváth P, Möller K (Hrsg) Intangibles in der Unternehmenssteuerung, 1. Aufl. Vahlen Verlag, München

Stoi R (2004) Management und Controlling von Intangibles. In: Horváth P, Möller K (Hrsg) Intangibles in der Unternehmenssteuerung. 1. Auflage, Franz Vahlen Verlag, München, S. 187–201

Sveiby K E (1998) Wissenskapital das unentdeckte Vermögen. Immaterielle Unternehmenswerte aufspüren, messen und steigern, 1. Aufl. mi-Verlag, Landsberg/Lech

Sveiby K E (2010) Methods for Measuring Intangible Assets. In: http://www.sveiby.com/articles/IntangibleMethods.htm

Treml M K (2009) Controlling immaterieller Ressourcen im Krankenhaus. Handhabung und Konsequenz von Intangibles in Einrichtungen des stationären Gesundheitswesens, 1. Aufl. Gabler/GWV Fachverlage GmbH, Wiesbaden

Wagner M (2006) Finanzanalyse und immaterielle Werte, 1. Aufl. Vahlen Verlag, München

Weber J, Kaufmann L, Schneider Y (2006) Controlling von Intangibles. Nicht-monetäre Unternehmenswerte aktiv steuern, 1. Aufl. Wiley-VCH Verlag GmbH & Co. KGaA, Weinheim

Zapp W, Oswald J (2009) Controlling-Instrumente für Krankenhäuser, 1. Aufl. W. Kohlhammer GmbH, Stuttgart

Weiterführende Literatur

BMWi (Bundesministerium für Wirtschaft und Technologie) (2009): Forschungsbericht Nr. 579. Die volkswirtschaftliche Bedeutung geistigen Eigentums und dessen Schutzes im Fokus auf den Mittelstand – Endbericht – Studie im Auftrag des Bundesministeriums für Wirtschaft und Technologie. Berlin

Hackmeister D (2012) Immaterielle Werte. In: ZfCM – Zeitschrift für Controlling und Management, Sonderheft 1/2012: 30–39

Schmalenbach (o. J.): Arbeitskreis Immaterielle Werte im Rechnungswesen. In: http://www.schmalenbach.org/index.php/arbeitskreise/finanz-und-rechnungswesen--steuern/immaterielle-werte-im-rechnungswesen Letzter Zugriff am: 05.05.2012

Sveiby, K E (2010) Methods for Measuring Intangible Assets. In: http://www.sveiby.com/articles/IntangibleMethods.htm Letzter Zugriff am: 10.05.2012

Cashflow-Analyse im Krankenhaus

Ulla Berlit, Jochen Richter und Winfried Zapp

4.1 Einleitung

Die sich verschlechternde finanzielle Situation bei einem Großteil der Krankenhäuser, insbesondere bei Kliniken in öffentlicher Trägerschaft, stellt die existenzielle Bedeutung von Finanz- bzw. Zahlungsmitteln zunehmend in den Vordergrund des Krankenhausmanagements. Laut dem „Krankenhaus Rating Report 2013" befanden sich im Jahr 2011 bereits 13 % der Krankenhäuser in der Verlustzone mit erhöhter Insolvenzgefahr. Im Jahr 2010 waren es dagegen noch unter 10 % der Kliniken.[1] Das aktuelle Krankenhaus Barometer kam hingegen zu dem Ergebnis, dass fast 31 % der Kliniken im Jahr 2011 Verluste gemacht haben. Noch pessimistischer fallen die Zukunftserwartungen der Krankenhäuser für 2013 aus. Nur 22 % der deutschen Krankenhäuser erwarten eine Verbesserung, jedoch fast 40 % eine Verschlechterung ihrer Situation.[2]

Angesichts dieser Entwicklung hängen Fortbestand, Wachstum und Erfolg einer Klinik zunehmend von der Fähigkeit ab, finanzielle Mittel aus eigener Kraft erwirtschaften zu können.[3] Somit ist das Krankenhausmanagement dazu angehalten, sich mit einer cashfloworientierten Unternehmungsführung auseinanderzusetzen. Als ein finanzwirtschaftliches Instrument bietet dabei eine zahlungsorientierte Kapitalflussrechnung die Möglichkeit, einen verbesserten Einblick in die finanzielle Situation eines einzelnen Krankenhauses zu erhalten, indem es Informationen über getätigte Ein- und Auszah-

Ulla Berlit, M. A. ✉
PricewaterhouseCoopers AG, Hannover, Deutschland

Dipl.-Kfm. (FH), Dipl. Ges.-Wiss. Jochen Richter
CURACON GmbH Wirtschaftsprüfungsgesellschaft, Münster, Deutschland

Prof. Dr. rer. pol. Dipl.-Ökonom Winfried Zapp
Hochschule Osnabrück, Osnabrück, Deutschland

[1] Vgl. http://www.rwi-essen.de/presse/mitteilung/118/.
[2] Vgl. Blum et al. (2012, S. 95 ff.).
[3] Vgl. Meyer (2007, S. 1).

© Springer Fachmedien Wiesbaden 2015
W. Zapp (Hrsg.), *Werteorientierte Konzeptionen im Krankenhaus*,
Controlling im Krankenhaus, DOI 10.1007/978-3-658-07838-6_4

lungen innerhalb einer Periode und den Liquiditätsbestand bereitstellt.[4] Des Weiteren dienen Cashflow-Kennzahlen zur Beurteilung der in der Vergangenheit erbrachten oder in Zukunft zu erwartenden finanz- und erfolgswirtschaftlichen Leistungsfähigkeit.[5] Demzufolge besteht die Notwendigkeit einer cashfloworientierten Ausrichtung und Lenkung von Krankenhäusern, um liquiditätsorientierte Gefahren qualifiziert und mit ausreichendem zeitlichen Vorlauf begegnen zu können.

4.2 Theoretische Grundlagen

4.2.1 Spannweite der Cashflow-Ansätze

4.2.1.1 Entwicklung

Kapitalflussrechnung als Ausgangsbasis
Unter Beachtung der Grundsätze ordnungsmäßiger Buchführung und der Zielsetzung, ein den tatsächlichen Verhältnissen entsprechendes Bild der Ertrags-, Vermögens-, sowie Finanzlage zu vermitteln (§ 264 Abs. 2 S. 1 HGB) wird der Jahresabschluss seit 1998 deutschlandweit um eine Kapitalflussrechnung ergänzt.[6] Die Kapitalflussrechnung umfasst Informationen, die nicht unmittelbar aus der Bilanz, Gewinn- und Verlustrechnung (GuV) und dem Anhang entnommen werden können.[7] Sie stellt demzufolge einen notwendigen Bestandteil eines Konzernabschlusses nach dem HGB und International Financial Reporting Standards (IFRS) sowie eines Jahresabschlusses nach IFRS dar. (§ 297 Abs. 1 S. 1 HGB, § 264d HGB) Des Weiteren ist sie je nach Sachverhalt ein auf notwendiger oder freiwilliger Basis zusätzlich zu erstellender Bestandteil eines Jahresabschlusses nach HGB.[8] Dabei wird die Begrifflichkeit „Kapitalflussrechnung" in der betriebswirtschaftlichen Literatur als auch in der Praxis unterschiedlich verstanden. Aus betriebswirtschaftlicher Sicht gilt er als Oberbegriff für unterschiedliche Formen der Finanzierungsrechnung.[9] Außerdem handelt es sich bei der Kapitalflussrechnung, um eine zahlungsstromorientierte Rechnung, die durch die Aufführung der laufenden Geschäfts-, Investitions- und Finanzierungsvorgänge – in Form von Ein- und Auszahlungen – einen Einblick in die Finanzlage einer Unternehmung ermöglicht.[10] Nach dem DRS 2 werden Zahlungsströme innerhalb der Kapitalflussrechnung nach dem Cashflow aus laufender Geschäftstätigkeit, Investitions- und der Finanzierungstätigkeit differenziert. (DRS 2.6)

---

[4] Vgl. Wöhe und Bilstein (2002, S. 28).
[5] Vgl. Perridon und Steiner (2004, S. 572 f.).
[6] Vgl. Coenenberg et al. (2012, S. 785).
[7] Vgl. Auer und Schmidt (2012, S. 411).
[8] Vgl. Auer und Schmidt (2012, S. 411).
[9] Vgl. Küting und Weber (2012, S. 177).
[10] Vgl. Meyer (2007, S. 21, DRS 2.6).

Die mit den Ein- und Auszahlungen verbundenen Auswirkungen nehmen außerdem Einfluss auf die im Finanzmittelfonds gebundene Liquidität.[11] Ein Fonds stellt dabei im Allgemeinen eine Zusammenfassung differenter Bilanzpositionen zu einer Einheit dar, wobei er sich grundsätzlich aus sämtlichen Zahlungsmitteln sowie Zahlungsmitteläquivalenten zusammensetzt. (DRS 2.5) Darüber hinaus bestehen noch weitere Definitionen und Abgrenzungen verschiedener Fondstypen.[12] Außerdem trägt die Bildung eines Fonds zu einer Aufspaltung der Kapitalflussrechnung in zwei Teilrechnungen bei. Die erste Teilrechnung wird als Ursachenrechnung bezeichnet, da in ihr die zugrunde liegenden Ursachen für eine Fondsveränderung anhand der Finanzmittelflüsse dargelegt werden. Die zweite Teilrechnung stellt das Maß der Fondveränderung während der Berichtsperiode dar (Fondveränderungsrechnung).[13] Eine Fondveränderung gilt dabei auch als Indikator für die Liquiditätsentwicklung.[14] Darüber hinaus basiert die zahlungsorientierte Kapitalflussrechnung auf Daten des externen Rechnungswesens, wobei bei der Ermittlung der Kapitalflussrechnung zwischen einer originären[15] (internen Ermittlung) und derivativen[16] Methode (externe Ermittlung) zu unterscheiden ist. Außerdem lassen sich verschiedenartige Stromgrößen in Bezug auf den Cashflow aus laufender Geschäftstätigkeit mithilfe der Kapitalflussrechnung darstellen. Zu unterscheiden ist zwischen einer direkten, bei der jegliche operative Zahlungsvorgänge ausgewiesen werden, und indirekten Darstellungsmethode. Bei der indirekten Methode wird mithilfe einer Überleitungsrechnung und deren Überleitungsposten der operative Cashflow bestimmt.[17] Die Darstellungsmethoden werden unter dem Abschn. 4.2.2.1 aufgegriffen und näher erläutert. In Abb. 4.1 wird zum allgemeinen Verständnis die Trennung der Ermittlungs- und Darstellungsmethode abgebildet.

Deutlich wird, dass bei einer originären Ermittlung der Kapitalflussrechnung eine Darstellung ausschließlich nach der direkten Methode erfolgen kann. Hingegen besteht bei einer derivativen Ermittlung der Kapitalflussrechnung die Option, eine Darstellung nach der direkten oder indirekten Methode vorzunehmen.

Cashflow als Stromgröße
Der Cashflow gilt als Stromgröße, die anhand der Kapitalflussrechnung abgebildet werden kann.[18] Der Begriff Cashflow ist in den 1950er-Jahren in der amerikanischen Wirt-

---

[11] Vgl. Perridon und Steiner (2004, S. 612).
[12] Vgl. Scheffler (2007, S. 2046, DRS 2.16 ff.).
[13] Vgl. Coenenberg et al. (2012, S. 801).
[14] Vgl. Sonnabend und Raab (2008, S. 43, zitiert nach Schoppen 1982, S. 71).
[15] Bei der Ermittlung der Kapitalflussrechnung nach der originären Methode werden künftige Zahlungsströme unter anderem aus betriebswirtschaftlichen Teilplänen (z. B. Absatz-, Produktions- und Investitionsplan) abgeleitet Vgl. Lachnit und Müller (2012, S. 185).
[16] Hingegen werden bei der Ermittlung der Kapitalflussrechnung nach der derivativen Methode Zahlungsströme aus dem bereits erstellten Jahresabschluss entnommen Vgl. Lachnit und Müller (2012, S. 184). Vgl. auch Meyer (2007, S. 69).
[17] Vgl. Meyer (2007, S. 59).
[18] Vgl. Meyer (2007, S. 59).

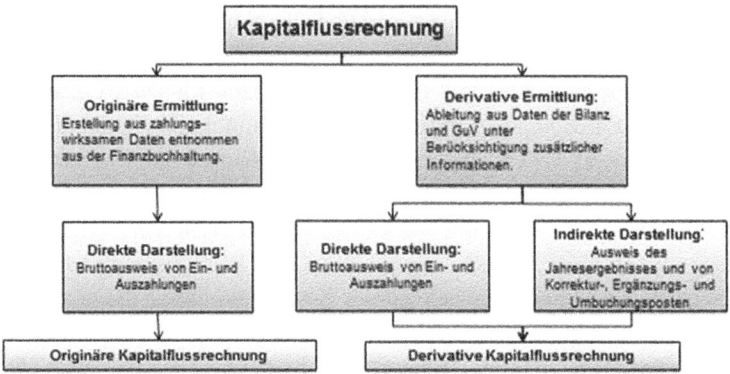

Abb. 4.1 Zusammenhang zwischen Ermittlungs- und Darstellungsmethode (nach Meyer 2007, S. 70)

schaftspraxis erschienen und fand in Europa in den 1960er-Jahren Einzug.[19] In den USA wurden die ersten Cashflow-Rechnungen von Finanzanalytikern als Instrument zur Beurteilung und Identifizierung von erfolgsversprechenden Aktien verwendet. Seit Beginn der 1960er-Jahre konzentriert sich die Cashflow-Rechnung nun ausschließlich auf die Bilanz-Analyse.[20]

Das Motiv zur Berechnung des Cashflows besteht einerseits in der Darstellung der finanziellen Stärke einer Unternehmung sowie einer näheren Betrachtung der finanzwirtschaftlichen Gesichtspunkte. Andererseits dient der Cashflow dazu, Manipulationen des Jahresabschlusses durch entsprechende Gestaltungsmöglichkeiten aufzuheben.[21] Auf diese Weise soll der Forderung nach Beseitigung der bilanzpolitischen Eingriffe aus dem Jahresabschluss nachgekommen, und damit die Unterschiede in der Bilanzpolitik ausgeglichen werden.[22] Zudem sind einige Unternehmungen dazu übergegangen, den Cashflow nicht nur im Rahmen der rechtlichen Anforderungen im Sinne der Kapitalflussrechnung auszuweisen, sondern diese Kennzahl neben den klassischen Gewinngrößen als Steuerungsgröße zu integrieren.[23] Dabei richtet sich die Cashflow-Rechnung an einen internen (insbesondere die Geschäftsleitung) sowie externen Adressatenkreis (z. B. Kapitalgeber, Anteilseignern, Zulieferer).[24]

---

[19] Vgl. Siegwart (1989, S. 13).
[20] Vgl. Siegwart (1989, S. 13 f.).
[21] Vgl. Siener (1991, S. 39).
[22] Vgl. Siener (1991, S. 41, zitiert nach: Schiecke 1965, S. 77).
[23] Vgl. Heil (2011, S. 2).
[24] Vgl. Küting und Weber (2012, S. 157).

Im Wesentlichen werden dem Cashflow drei unterschiedliche, allerdings nicht völlig voneinander unabhängige Aufgaben zugewiesen:

1) Cashflow als Indikator der Finanzkraft:
   Die Zielsetzung zur Berechnung des Cashflows als finanzwirtschaftliche Kennzahl besteht darin, das Finanzierungspotenzial zu ermitteln, das aus dem Leistungsprozess der Unternehmung resultiert und für Investitionen, Schuldentilgung und Gewinnausschüttung zur Verfügung steht.[25]

2) Cashflow als Indikator der Ertragskraft:
   Als erfolgswirtschaftliche Analysekennzahl wird der Cashflow herangezogen, um als relative bewertungsunabhängige Größe Aussagen über die vergangene Entwicklung der tatsächlichen Ertragslage zu treffen.[26]

3) Cashflow als Indikator des Unternehmenswertes:
   Als wertorientierte Kennzahl wird der Cashflow in Form eines frei verfügbaren Einzahlungsüberschusses nach Investitionen (Freier Cashflow) für die Zukunft prognostiziert, um daraus den Wert der Unternehmung zu ermitteln. Dabei wird die Berechnung des Unternehmenswertes durch Diskontierung künftiger bewertungsrelevanter Cashflow-Größen unter Einsatz zahlungsgestützter Verfahren vorgenommen.[27] Im Weiteren wird auf den Freien Cashflow als Indikator zur Unternehmensbewertung nicht näher eingegangen.

4.2.1.2 Arten von Cashflows

Cashflow aus laufender Geschäftstätigkeit
Der Cashflow aus laufender Geschäftstätigkeit umfasst eine Vielzahl von Bedeutungen, sodass keine einheitliche Definition sowie Zielsetzung der Kennzahl vorliegt.[28] Beispiele sind liquiditätswirksamer Jahresüberschuss, Zahlungsüberschuss aus dem laufenden Betriebsprozess, Kapitalrückfluss aus dem Unternehmungszweck. Eine Auswahl der in der Literatur vorzufindenden Definitionen des Cashflows aus laufender Geschäftstätigkeit wird in Tab. 4.1 dargestellt.[29]

Aus den untersuchten Begriffsbestimmungen wurde die nachstehend aufgeführte Definition abgeleitet, die auch im weiteren Verlauf genutzt wird.

▶ Der Cashflow aus laufender Geschäftstätigkeit zeigt den in einer definierten Zeiteinheit erwirtschafteten Zahlungsmittelüberschuss einer Unternehmung

---

[25] Vgl. Küting und Weber (2012, S. 167, zitiert nach: Lachnit 1973, S. 72).
[26] Vgl. Meyer (2007, S. 87).
[27] Vgl. Meyer (2007, S. 87).
[28] Vgl. Siegwart (1989, S. 47).
[29] Die Kennzahl „Cashflow aus laufender Geschäftstätigkeit" wird in diesem Beitrag synonym zu dem Begriff „Cashflow" verwendet.

aus der operativen Tätigkeit an und ist gleichzeitig Ausdruck der Innenfinanzierungskraft. Dieser ergibt sich aus der Differenz der Ein- und Auszahlungen, die
nicht der Investitions- oder Finanzierungstätigkeit zuzuordnen sind.

Demzufolge wird der Ausgangspunkt des Cashflows aus laufender Geschäftstätigkeit
in der zur Erlöserzielung ausgerichteten Tätigkeit der Unternehmung gesehen, womit
sich das Ergebnis der Kennzahl durch Zahlungsströme aus Geschäftsvorfällen ergibt
(DRS 2.26 ff.) Darüber hinaus kann der operative Cashflow nach dem Deutschen Rechnungslegungsstandard DRS 2 erhaltene und gezahlte Zinsen sowie erhaltene Dividenden
und gezahlte Ertragssteuern enthalten (DRS 2.38) An dieser Stelle ist festzuhalten, dass
eine eindeutige Zuordnung unter den Cashflow-Größen nicht besteht und je nach Rechnungslegungsstandard variiert. Schließlich zeigt ein positiver operativer Cashflow an, in
welchem Umfang die Unternehmung Zahlungsmittel durch die eigene Geschäftstätigkeit
generiert hat. Vor diesem Hintergrund wird der Cashflow aus laufender Geschäftstätigkeit

Tab. 4.1 Übersicht beispielhafter Definitionen des Cashflows aus laufender Geschäftstätigkeit (eigene Darstellung)

Deutscher Rechnungs-legungs Standard Nr. 2	Der Cashflow aus laufender Geschäftstätigkeit stammt aus der auf Er-löserzielung ausgerichteten Tätigkeit des Unternehmens, soweit er nicht dem Cashflow aus Investitions- oder Finanzierungstätigkeit zuge-ordnet wird. (DRS 2.25)
S. Behringer	Der Cashflow bildet den in einer Periode erwirtschafteten Zahlungs-mittelüberschuss eines Unternehmens oder einer Berichtseinheit ab und stellt im Wesentlichen eine Kennzahl zur Beurteilung der Finanz- und Liquiditätslage dar, die darüber hinaus das von dem Unternehmen generierte Innenfinanzierungsvolumen angibt. Der Cashflow betrach-tet alle liquiditätswirksamen Vorgänge in einer Berichtseinheit. Damit ist die Cashflow-Rechnung gleichartig wie eine Bewegungsbilanz, bei der nicht das Eigenkapital die Residualgröße ist, sondern die liquiden Mittel. (Behringer 2007, S. 52.)
G. Wöhe	Unter dem Begriff Cash-Flow sind die Ertragseinzahlungen abzüg-lich den Aufwandsauszahlungen – verändert um den Saldo einiger bestimmter Bilanzposten – eines Geschäftsjahres zu verstehen. (Wöhe 1987, S. 329 f.)
J. Wolf	Finanzieller Überschuss aus dem laufenden Operationen eines Unter-nehmens innerhalb einer Bilanzperiode. (Siener 1991, S. 34)
A. Zbinden	Jener Teil der Zunahme des Reinumlaufvermögens, der auf die Leis-tungserstellung und den Leistungsabsatz zurückzuführen ist. (Siener 1991)
M. Ertl	Der Cashflow (auch als Umsatz- oder Finanzüberschuss tituliert) be-zeichnet den Zugang an flüssigen Mitteln einer Unternehmung aus dem Umsatzprozess und anderen Quellen innerhalb einer Abrechnungsperi-ode. (Ertl 2004, S. 85 f.)

auch als Maßgröße für die Innenfinanzierungskraft der Unternehmung bezeichnet.[30] Aus bilanzanalytischer Sicht sollte diese Kennzahl generell positiv sein bzw. sich langfristig positiv entwickeln.[31] Eine Berechnung des Cashflows aus laufender Geschäftstätigkeit kann dabei nach einer direkten sowie indirekten Methode erfolgen, auf die im Weiteren noch näher eingegangen wird.

Cashflow aus Investitionstätigkeit
Der Cashflow aus Investitionstätigkeit enthält Zahlungsströme, die mit dem Erwerb und Verkauf von Vermögensgegenständen verbunden sind. Dabei handelt es sich um Vermögensgegenstände, die einer Unternehmung langfristig – mindestens ein Jahr oder länger – zur Verfügung stehen und zu einer Erwirtschaftung von Gewinnen und Einzahlungsüberschüssen beitragen (DRS 2.3.2) Investitionszahlungen lassen sich in Finanz-, Sach- und immaterielle Investitionen gliedern, wobei bei Sachinvestitionen noch eine weitere Differenzierung nach dem Investitionsanlass möglich ist. Danach können Neu-, Ersatz-, Erweiterungs- und Rationalisierungsinvestitionen unterschieden werden.[32] Für Krankenhäuser sind insbesondere Sachinvestitionen relevant, indem in Grundstücke, Gebäude, medizinische Großgeräte und in regelmäßigen Abständen in das Anlagevermögen des einzelnen Krankenhauses investiert wird, um die Unternehmungssubstanz zu erhalten und dem zunehmenden Wettbewerb und Effizienzdruck standzuhalten.[33] Generell lässt eine hohe Investitionstätigkeit, die sich in einem niedrigen oder negativen Cashflow aus Investitionstätigkeit widerspiegelt, darauf schließen, dass die Unternehmung bemüht ist, auch in Zukunft positive Cashflows aus der laufenden Geschäftstätigkeit zu sichern.[34] Voraussetzung dafür ist jedoch, dass das eingesetzte Kapital eine entsprechende Rendite erwirtschaftet. Dabei können rentable Investitionen mithilfe von Renditekennzahlen, wie beispielsweise unter Einsatz der Kennziffer „Return on Investment" (ROI) gemessen und sichergestellt werden. Positiv ist das Ergebnis des Cashflows aus Investitionstätigkeit hingegen bei umfangreichen Veräußerungen von Investitionsgütern.[35] Eine grundsätzliche Senkung von Investitionsauszahlungen, beispielsweise im Falle von Liquiditätsengpässen, führt neben einer Beeinflussung des Cashflows aus Investitionstätigkeit ebenfalls zu einer Senkung des Freien Cashflows.[36] Eine Berechnung dieser Cashflow-Größe erfolgt nach der direkten Methode (DRS 2.3.1)

Cashflow aus Finanzierungstätigkeit
Der Cashflow aus Finanzierungstätigkeit umfasst Zahlungsströme, die die Gestaltung und Zusammensetzung der Kapitalstruktur betreffen.[37] Der DRS 2 umschreibt die Finan-

---

[30] Vgl. Auer und Schmidt (2012, S. 413).
[31] Vgl. Rehkugler und Poddig (1998, S. 129).
[32] Vgl. Jung (2007, S. 105).
[33] Vgl. Augurzky et al. (2012, S. 151).
[34] Vgl. Auer und Schmidt (2012, S. 413).
[35] Vgl. Grünberger (2002, S. 279).
[36] Vgl. Meyer (2007, S. 424 f.).
[37] Vgl. Auer und Schmidt (2012, S. 413).

zierungstätigkeiten, indem er dem Finanzierungsbereich Zahlungsströme zuordnet, die aus Geschäftsvorgängen mit Unternehmungseignern wie auch Minderheitsgesellschaftern konsolidierter Tochterunternehmen oder aus der Aufnahme oder Rückzahlung von Finanzschulden resultieren (DRS 2.3.6) Dabei ergeben sich Einzahlungen in das Eigenkapital beispielsweise durch Kapitalerhöhungen und Auszahlungen etwa durch Dividendenzahlungen. Zudem führt die Aufnahme von Bankkrediten, die als ein klassisches alternatives Finanzierungsinstrument für Krankenhäuser bezeichnet werden,[38] zu Einzahlungen, deren Tilgung wiederum Auszahlungen aus der Finanzierungstätigkeit darstellen. Ein negatives Ergebnis des Cashflows aus Finanzierungstätigkeit bedeutet demgemäß, dass ein Mittelabfluss etwa durch Kredittilgungen oder Gewinnausschüttungen stattgefunden hat. Dabei setzt eine Reduktion von Eigen- und Fremdkapital einen Zahlungsüberschuss aus der laufenden Geschäfts- sowie Investitionstätigkeit voraus. Bei einem positiven Ergebnis dieser Cashflow-Größe ist dagegen anzunehmen, dass ein Mittelzufluss angesichts eines möglichen Einzahlungsdefizits erfolgt ist.[39] Ein Mittelzufluss kann im Krankenhauswesen beispielsweise auch in Form einer Zuweisung von Fördermitteln eintreten. Der Cashflow aus Finanzierungstätigkeit wird ebenfalls direkt ermittelt.[40]

Freier Cashflow

Der Freie Cashflow stellt ein Einzahlungsüberschuss oder -defizit aus dem operativen Bereich der Unternehmung nach Durchführung von Investitionen in das Anlage- und Umlaufvermögen und vor Berücksichtigung von Finanzierungsaktivitäten der Unternehmung dar. Er spiegelt demzufolge die operative Ertragskraft nach Investitionstätigkeit wider und ermöglicht es gleichzeitig, die finanzielle Stärke einer Einrichtung zu beurteilen.[41] Somit stellt ein positiver Freier Cashflow jenen Teil dar, der etwa zur Ausschüttung sowie Kredittilgung zur Verfügung steht. Ein negativer Freier Cashflow kann daraus resultieren, dass hohe Investitionen getätigt wurden, die wiederum den Cashflow aus laufender Geschäftstätigkeit stärken können. Demzufolge muss ein negatives Ergebnis nicht immer ein schlechtes Zeichen sein. Gleichzeitig gilt diese Art des Cashflows auch als Basisgröße zur Unternehmungsbewertung im Rahmen des Discounted-Cashflow-Verfahrens, wobei dieses Bewertungsverfahren im Speziellen die Anforderungen an eine Bewertung von Krankenhäusern, die sich aus den Auflagen und Bedingungen von Krankenhausprivatisierungen ergeben, erfüllt.[42] Hervorzuheben ist weiter, dass der Freie Cashflow nicht direkt aus der Kapitalflussrechnung entnommen werden kann. Vereinfacht ausgedrückt ergibt er sich aus dem Cashflow aus laufender Geschäftstätigkeit sowie aus dem aus Investitionstätigkeit.[43]

---

[38] Vgl. Patzak (2009, S. 72).
[39] Vgl Meyer (2007, S. 498).
[40] Vgl. Scheffler (2007, S. 7).
[41] Vgl. Preißler (2008, S. 73).
[42] Vgl. Ruh (2006, S 190).
[43] Vgl. Röver und Partner (2007, S. 106).

4.2.2 Konzeptionen des Cashflows aus laufender Geschäftstätigkeit

4.2.2.1 Berechnungsmethoden

Direkte – Indirekte Methode

Die Darstellung des operativen Cashflows im Kontext der Kapitalflussrechnung[44] kann nach der direkten oder indirekten Methode erfolgen. Dabei richtet sich das Mindestmaß der Untergliederung nach nationalen sowie internationalen Rechnungslegungsstandards, wobei sich im Rahmen dieser Arbeit ausschließlich auf die Mindestgliederung nach DRS 2 konzentriert wird.

Liegt eine publizierte Kapitalflussrechnung nicht vor oder wird die Definition des Cashflows unabhängig von der Kapitalflussrechnung gesehen, so kann der Cashflow auch auf Grundlage einer nur rudimentären Datenbasis ausgehend von der GuV berechnet werden. Die Berechnung erfolgt in diesem Zusammenhang ebenfalls nach einer direkten oder indirekten Methode, die sich generell mit den kommenden Darstellungsmethoden des operativen Cashflows im Kontext der Kapitalflussrechnung decken.[45] Eine Ausnahme besteht jedoch in Bezug auf den Umfang der zu berücksichtigenden Einzelposten.[46]

Zur Veranschaulichung werden die Mindestgliederungsschemata der Darstellungsmethoden für den Cashflow aus laufender Geschäftstätigkeit nach dem Deutschen Rechnungslegungsstandard in Tab. 4.2 aufgeführt. Nach der direkten Methode errechnet sich der Cashflow als Differenz der einzahlungswirksamen Erträge und auszahlungswirksamen Aufwendungen (DRS 2.28).

Nach der indirekten Methode wird hingegen das Ergebnis des Cashflows mithilfe einer Überleitungsrechnung und deren Überleitungsposten[47] bestimmt. Ausgangsbasis ist der ausgewiesene Jahresüberschuss bzw. Jahresfehlbetrag. Anhand von Überleitungsposten wird das Jahresergebnis um den Einfluss von zahlungslosen Aufwendungen und Erträgen bzw. neutralen Zahlungsgrößen bereinigt (siehe Tab. 4.3).[48] Die Datenbasis für die

---

[44] Neben der aufgeführten Darstellungsmethode nach dem Deutschen Rechnungslegungsstandard Nr. 2 (DRS 2) „Kapitalflussrechnung", der eine auf dem HGB basierende Cashflow-Konzeption darstellt, bestehen noch weitere Konzeptionen, deren Aufbau von den differenten Rechnungslegungsnormen abhängig ist. Demzufolge unterscheiden sie sich je nachdem, ob der Jahresabschluss nach dem HGB, dem IFRS, den US Generally Accepted Accounting Principles (US-GAAP) erstellt wurde. Ebenfalls nimmt die Art der Geschäftstätigkeit Einfluss auf die zu wählende Cashflow-Konzeption. Vgl. Behringer (2007, S. 73).

[45] Vgl. Küting und Weber (2001, S. 128).

[46] Vgl. Meyer (2007, S. 89).

[47] Überleitungsposten umfassen Korrektur-, Ergänzungs- und Umbuchungsposten. Dabei bereinigen Korrekturposten das Jahresergebnis um den Einfluss von zahlungslosen Aufwendungen und Erträgen. Ergänzungsposten enthalten hingegen erfolgsneutrale Zahlungsvorgänge im Zusammenhang mit Investitionen und Desinvestitionen im operativen Netto-Umlaufvermögen (z. B. Barkauf von Vorräten). Mit den Umbuchungsposten werden Vorgänge, die aufgrund ihrer Eigenart einem anderen Bereich zuzuordnen sind, übertragen. Etwa der Gewinn oder Verlust aus Anlagenabgängen. Vgl. Meyer (2007, S. 61 f.).

[48] Vgl. Küting und Weber (2012, S. 190); Meyer (2007, S. 61).

Tab. 4.2 Gliederungsschema zur Darstellung des operativen Cashflows nach der direkten Methode (eigene Darstellung nach DRS 2.28)

	Einzahlungen von Kunden für den Verkauf von Dienstleistungen, Erzeugnissen und Waren
−	Auszahlungen an Lieferanten und Beschäftigte
+	Sonstige Einzahlungen, die nicht der Investitions- oder Finanzierungstätigkeit zuzuordnen sind
−	Sonstige Auszahlungen, die nicht der Investitions- oder Finanzierungstätigkeit zuzuordnen sind
+/−	Ein- und Auszahlungen aus außerordentlichen Posten
=	Cashflow aus laufender Geschäftstätigkeit

Tab. 4.3 Gliederungsschema zur Darstellung des operativen Cashflows nach der indirekten Methode (nach DRS 2.299)

	Periodenergebnis vor außerordentlichen Posten
+/−	Abschreibungen/Zuschreibungen auf Gegenstände des Anlagevermögens
+/−	Zunahme/Abnahme der Rückstellungen
+/−	Sonstige zahlungsunwirksame Aufwendungen/Erträge
+/−	Gewinn/Verlust aus dem Abgang von Gegenständen des Anlagevermögens
+/−	Zunahme/Abnahme der Vorräte, der Forderungen aus L. u. L. sowie anderer Aktiva
+/−	Zunahme/Abnahme der Verbindlichkeiten aus L. u. L sowie anderer Passiva
+/−	Ein- und Auszahlungen aus außerordentlichen Posten
=	Cashflow aus der laufenden Geschäftstätigkeit

Überleitungsposten sind grundsätzlich der Veränderungsbilanz, GuV, dem Anlagenspiegel sowie dem Anhang zu entnehmen.[49]

Diskussion

Diskussionen, nach welcher der aufgeführten Darstellungsmethode der operative Cashflow im Kontext der Kapitalflussrechnung aufgestellt werden soll, sind vielfach in der Literatur vorzufinden. Folgende Argumente stellen einen Ausschnitt der Debatte dar, und sprechen zunächst für eine Darstellung nach der direkten Methode (die auch Nachteile der indirekten Methode darstellen können):

● Verständlichkeit:
  Für nicht fachkundige Betrachter sind die zahlungswirksamen Ein- und Auszahlungen als Rechengröße allgemein verständlicher als der Ausweis von diversen Überleitungsposten, wie es bei der indirekten Methode der Fall ist.[50]

---

[49] Vgl. Kammer der Wirtschaftstreuhändler (2008, S. 7.).
[50] Vgl. Jones und Widjaja (1998, S. 214).

- Transparenz des Geldumlaufs:
  Aufgrund der Darstellung aller Ein- und Auszahlungen wird der Geldumlauf einer Unternehmung vollständig abgebildet und sichtbar.[51]
- Unternehmungsbewertung und Prognose zukünftiger Cashflows:
  Die Grundlage des Discounted-Cashflow-Verfahrens stellen zukünftige Zahlungsgrößen dar, die sich aus der Prognose operativer Ein- und Auszahlungen ableiten lassen.[52]

Nachfolgende Argumente sprechen für eine Darstellung nach der indirekten Methode und stellen gleichzeitig Nachteile der direkten Erhebungsmethode dar:

- Veranschaulichung des Zusammenhangs zwischen Jahresergebnis und operativem Cashflow:
  Durch die Überleitungsrechnung wird der Einfluss bestimmter Erfolgsgrößen, die häufig Gegenstand bilanzpolitischer Maßnahmen sind, auf das Jahresergebnis angezeigt.[53]
- Offenlegung der Veränderung des operativen Netto-Umlaufvermögens.[54]
  Anhand der indirekten Darstellungsform werden ebenfalls Maßnahmen deutlich, die Unternehmungen einsetzen, um den operativen Cashflow kurzfristig positiv zu beeinflussen.[55]

In der Literatur wird Unternehmungen die Berechnung des Cashflows aus laufender Geschäftstätigkeit nach der direkten Methode empfohlen. Gleichzeitig wird jedoch angegeben, dass in der Praxis die indirekte Ermittlungstechnik am weitesten verbreitet ist.[56] Letztendlich ist jedoch die Entscheidung über die Wahl der Darstellungsmethode von dem Cashflow Management in Rücksprache mit der Unternehmungsleitung zu treffen. (Grünberger 2002, S. 280) Die gewählte Methode ist daraufhin stetig anzuwenden.[57] Im Allgemeinen können die unterschiedlichen Darstellungsmethoden jedoch dazu führen, dass Unternehmungsvergleiche erschwert werden. Eine Vereinheitlichung der verschiedenen Berechnungsmethoden soll mithilfe von Standards erfolgen, etwa anhand des DRS 2 oder IFRS.[58]

---

[51] Vgl. Krishnan und Largay (2000, S. 218).

[52] Vgl. Krishnan und Largay (2000, S. 218 ff.).

[53] Vgl. Scheffler (2007, S. 5).

[54] Das für den Cashflow aus laufender Geschäftstätigkeit entscheidende operative Netto-Umlaufvermögen umfasst die Summe aller Vorräte, operativen Forderungen sowie Verbindlichkeiten (insbesondere aus Lieferungen und Leistungen) sowie sonstiger Aktiva und Passiva, die weder der Investitions- oder Finanzierungstätigkeit zurechenbar noch im Finanzmittelfonds enthalten sind. Vgl. Meyer (2007, S. 183).

[55] Vgl. Rue und Kirk (1996, S. 18 f.).

[56] Vgl. Auer und Schmidt (2012, S. 411).

[57] Vgl. Siener (1991, S. 66).

[58] Vgl. Behringer (2007, S. 57).

4.2.2.2 Determinanten der Cashflow-Berechnung

Damit die Situation eines Krankenhauses in Bezug auf die Innenfinanzierungskraft richtig eingeschätzt werden kann, ist es erforderlich, die Bedeutung der wesentlichen Determinanten zur Berechnung des operativen Cashflows im Krankenhauswesen zu kennen. Innerhalb dieses Gliederungspunktes wird sich nun ausschließlich auf die wegweisenden Größen der indirekten Darstellungsmethode bezogen, damit der Einfluss dieser im Rahmen der Überleitungsrechnung deutlich wird.

Das Jahresergebnis, welches sich aus den Erträgen und Aufwendungen des Geschäftsjahres ergibt, stellt in der Regel den Ausgangspunkt der indirekten Cashflow-Berechnung dar. Ebenfalls kann das bereinigte Periodenergebnis als Grundlage der Berechnung dienen, welches sich aus dem Jahresergebnis um außerordentliche bzw. aperiodische Bestandteile bereinigt, berechnet.[59] Die Erträge aus Krankenhausleistungen, die einen erheblichen Einfluss auf das Jahresergebnis nehmen, ergeben sich insbesondere aus den folgenden vier verschiedenen Ertragspositionen:

- Erträge für die Hauptleistung (ärztliche Behandlung, Pflege, Unterkunft, Verpflegung) eines Krankenhauses, jedoch kann auf diese Erlösposition aufgrund des vereinbarten Krankenhausbudgets nur eingeschränkt Einfluss genommen werden,
- Erlöse aus Wahlleistungen,
- Erlöse aus ambulanten Leistungen und
- Nutzungsentgelte der Ärzte (Anlage 2 KHBV).

Zudem wird das Jahresergebnis durch Aufwendungen, vor allem durch Personal- und Sachaufwendungen bestimmt, die sich im Krankenhauswesen in einem Verhältnis von 60 zu 40 % befinden.[60] Zu einem der wesentlichsten zahlungsunwirksamen Vorgänge im Rahmen der indirekten Darstellungsmethode gehören Abschreibungen. Diese werden nach geltendem Recht in folgende Unterkategorien aufgeteilt:

1. Abschreibungen auf immaterielle Vermögensgegenstände des Anlagevermögens und Sachanlagen sowie auf aktivierte Aufwendungen für die Ingangsetzung und Erweiterung des Geschäftsbetriebs (KUGr. 760, 761) und
2. Abschreibungen auf Vermögensgegenstände des Umlaufvermögens, soweit diese die im Krankenhaus üblichen Abschreibungen überschreiten (KUGr. 765).

Dabei tritt die letztgenannte Unterkategorie nur in Ausnahmefällen auf.[61] Durchweg führen Abschreibungen in der Höhe des Werteverzehrs der aktivierten Anschaffungs- und Herstellungskosten zu einer Senkung des Bilanzwertes, stellen jedoch keine Ausgabe dar. Dieser Aufwand hat somit keinen Liquiditätsabfluss zur Folge, ist zahlungsunwirksam und wird somit im Rahmen der indirekten Darstellungsmethode durch Addition zum

---

[59] Vgl. Siener (1991, S. 141).

[60] Vgl. https://statistik/daten/studie/153482/umfrage/verteilung-der-krankenhauskosten/.

[61] Vgl. Burkhart et al. (2010, S. 84).

Jahresergebnis gerechnet. [62] Auf diese Weise können Manipulationsspielräume bei der Berechnung des Cashflows, etwa durch die Wahl der Abschreibungsmethode, Bemessung der Nutzungsdauer abnutzbarer Vermögensgegenstände des Anlagevermögens etc. umgangen werden, die mit der Bilanzpolitik einhergehen.[63] Das Gegenstück zur Abschreibung ist die Zuschreibung, die im Falle einer Wertaufholung auftritt. Eine Wertaufholung wird jedoch nur dann ermittelt, wenn externe oder interne Anhaltspunkte, wie beispielsweise signifikante Marktwertsteigerungen oder bedeutsam günstigere Nutzbarkeiten von Vermögen in der Unternehmung, für einen höheren erzielbaren Betrag bestehen.[64] Somit stellen Zuschreibungen zahlungsunwirksame Erträge dar, die im Rahmen der indirekten Methode zur Berechnung des Cashflows aus laufender Geschäftstätigkeit, durch Subtraktion vom Jahresergebnis gerechnet werden müssen.

Weitere wichtige zahlungsunwirksame Vorgänge innerhalb der indirekten Ermittlungsmethode sind die Bildung und Auflösung von Rückstellungen. Gemäß dem Bilanzierungsschema nach § 266 HGB sind Rückstellungen in folgende Gruppen zu kategorisieren: Pensions-, Steuer- und sonstige Rückstellung.

Rückstellungen, die insbesondere im Krankenhauswesen aufgrund von Risiken aus Prüfungen des Medizinischen Dienstes der Krankenversicherung (MDK) auftreten können, sind sogenannte Verbindlichkeitsrückstellungen. Dabei sind die aus den MDK-Prüfungen resultierenden Rückforderungen zu schätzen und entsprechend als Rückstellung zu passivieren, damit ein periodengerechter Jahresabschluss erfolgen kann. Des Weiteren können Gewährleistungsrückstellungen (Haftpflicht) als Verbindlichkeitsrückstellungen für Verpflichtungen gegenüber Vertragspartnern (Patienten) gebildet werden. Diese Verpflichtungen werden durch Behandlungsfehler ausgelöst oder durch Folgeschäden aufgrund von mangelnder Hygiene.[65]

Die aufgeführten Besonderheiten stellen lediglich Beispiele dar und beruhen nicht auf Vollständigkeit. Die Bildung der Rückstellung führt nicht unbedingt zu einem Liquiditätsabfluss und ist ebenfalls zahlungsunwirksam. Folglich muss eine Zunahme von Rückstellungen durch Addition zum Jahresergebnis Berücksichtigung finden.[66] Bei Erträgen aus der Auflösung von Rückstellungen handelt es sich dagegen um reine Buchgewinne. Das bedeutet, dass diese bei der Berechnung des Cashflows durch Subtraktion vom Jahresergebnis korrigiert werden, da es sich bei diesen um keine liquiditätswirksamen Einzahlungen handelt.[67]

Vorräte in Form von Roh-, Hilfs- und Betriebsstoffen stellen ebenso eine zahlungsunwirksame Größe im Rahmen der Ermittlung des Cashflows dar. Im Krankenhaus fallen unter diese Position etwa Vorräte des medizinischen Bedarfs, Betriebsstoffe, Vorräte des

---

[62] Vgl. Wolke (2010, S. 89).
[63] Vgl. Wolke (2010, S. 89).
[64] Vgl. Grünberger (2002, S. 76).
[65] Vgl. Burkhart et al. (2010, S. 65).
[66] Vgl. Wolke (2010, S. 89).
[67] Vgl. Siener (1991, S. 93).

Wirtschaftsbedarfs und Lebensmittel, die der Leistungserstellung dienen.[68] Bei der Bewertung von Vorräten gilt das strenge Niederstwertprinzip nach § 253 Abs. 4 HGB. Das hat zur Folge, dass die Bestände auf zum Stichtag gesunkene Wiederbeschaffungspreise zu prüfen sind.[69] Ebenfalls werden zu den Vorräten unfertige Leistungen hinzugezählt. Es handelt sich dabei unter anderem um Dienstleistungen, die bis zum Abschlussstichtag noch nicht abgeschlossen sind, und unter der Position „unfertige Leistungen" ausgewiesen werden. Im Krankenhaus handelt es sich dabei um sogenannte „Überlieger". Damit sind alle stationären Patienten inbegriffen, deren Behandlung am Bilanzstichtag noch nicht abgeschlossen ist.[70] Innerhalb der indirekten Methode wird eine Zunahme der Vorräte durch Subtraktion vom Jahresergebnis berücksichtigt, da ein Anstieg dieser keinen Liquiditätszufluss verursacht. Bei einer Abnahme des Vorratsbestandes ist das gegensätzliche Vorgehen durchzuführen.

Unter der Bilanzposition Forderungen aus Lieferungen und Leistungen werden Ansprüche aus bereits erfüllten Umsatzgeschäften verstanden. Folglich stellen diese einen einzahlungslosen Ertrag dar.[71]

Eine Besonderheit der Krankenhausbilanz stellt der Posten „Forderungen nach dem Krankenhausfinanzierungsrecht" dar. Dieser beinhaltet Forderungen aus gewährten und noch nicht ausgezahlten Fördermitteln sowie Forderungen aus Ausgleichsbeträgen nach dem KHEntgG bzw. BPflV.[72] Bei der Berechnung des Cashflows aus laufender Geschäftstätigkeit löst diese Position eine Korrektur dahingehend aus, dass bei einer Zunahme des Forderungsbestandes eine Subtraktion vom Jahresergebnis vorzunehmen ist. Grund dafür ist eine verzögerte Geldbewegung, die noch keine liquiditätswirksame Einzahlung darstellt. Bei der Abnahme des Forderungsbestandes ist entsprechend entgegengesetzt vorzugehen, da diese Veränderung mit einem Liquiditätszufluss verbunden ist.[73] In diesem Zusammenhang ist die Aussage von Flick aufzugreifen, der sagte: „There was no Cash flow until customers paid their accounts. Some paid promptly, some delayed, and in a few rare cases did not pay at all."[74] Verbindlichkeiten aus L. u. L. stellen das Gegenstück zu den Forderungen aus L. u. L. dar. Es handelt sich bei dieser Position um Käufe auf Ziel bzw. auszahlungslose Aufwendungen, die innerhalb des Berechnungsschemas entsprechend zu korrigieren sind. Eine Besonderheit der Krankenhausbilanz stellen die Verbindlichkeiten nach dem Krankenhausfinanzierungsrecht dar. Diese Position umfasst sowohl Verbindlichkeiten aus gewährten, aber noch nicht zweckentsprechend verwendeten Fördermitteln, als auch Verbindlichkeiten aus Ausgleichsposten nach dem KHEntgG bzw. der BPflV.[75] Diese Bilanzpositionen lösen im Rahmen der Cashflow-Berechnung

---

[68] Vgl. Burkhart et al. (2010, S. 36).
[69] Vgl. Burkhart et al. (2010, S. 37).
[70] Vgl. Burkhart et al. (2010, S. 38).
[71] Vgl. Siener (1991, S. 121).
[72] Vgl. Burkhart et al. (2010, S. 46).
[73] Vgl. Burkhart et al. (2010, S. 42).
[74] Vgl. Flick (1961, S. 35).
[75] Vgl. Burkhart et al. (2010, S. 70).

eine Korrektur dahingehend aus, dass Erhöhungen als Additionsposten, Verminderungen als Abzugsposten in das Berechnungsschema aufzunehmen sind.[76]

4.2.2.3 Krankenhausspezifika aus der Investitionsförderung

Für Krankenhäuser, deren Investitionskosten im Wege öffentlicher Förderung übernommen werden, gilt die Krankenhausbuchführungsverordnung (KHBV) und die damit einhergehenden bilanziellen Grundsätze (§ 1 KHBV). Diese besagen, dass die Abbildung von Investitionsmitteln stets erfolgsneutral mithilfe von Sonder- oder Ausgleichsposten zu erfolgen hat.[77] Demzufolge besteht der wesentliche Zweck der Sonder- oder Ausgleichsposten in der erfolgsneutralen Verbuchung der Finanzierungsgelder sowie der Abbildung von Abschreibungen, die mit dem Einsatz der Mittel verbunden sind.[78] Die sich aus den Sonder- und Ausgleichsposten ergebenden Besonderheiten in Bezug auf die Berechnung von Cashflow-Größen werden innerhalb dieses Gliederungspunktes aufgegriffen und erläutert.

Bei der Darstellung des Cashflows aus laufender Geschäftstätigkeit nach der indirekten Methode fallen unter den Korrekturposten „Sonstige zahlungsunwirksame Aufwendungen und Erträge" folgende zahlungsunwirksame bzw. auszahlungslose Aufwendungen:

- Auflösung von Forderungen nach dem Krankenhausfinanzierungsrecht, davon nach dem KHEntgG/der BPflV,
- Verbindlichkeiten nach dem Krankenhausfinanzierungsrecht und
- Sonderposten aus Zuwendungen zur Finanzierung des Sachanlagevermögens.

Einen Unterpunkt des letztgenannten Gliederungspunktes stellt die Position „Sonderposten aus Fördermitteln nach dem KHG" dar.[79]

Bei der Darstellung des Cashflows aus Investitionstätigkeit im Krankenhauswesen sollen die sich aus der Investitionsförderung ergebenden Zahlungsströme und deren Verwendung abgebildet werden.[80]

Eine stichprobenartige Analyse von Prüfungsberichten ergab, dass bei der Berechnung des Cashflows aus Investitionstätigkeit im Krankenhaus lediglich eine Korrektur um den Posten „Erwerb von geförderten Anlagevermögen" bzw. „Auszahlung für geförderte Investitionen" vorgenommen wird. Inhalt dieses Korrekturpostens sind Liquiditätsabflüsse bzw. Zahlungsströme für Kosten der Errichtung von Krankenhäusern und der Anschaffung der zum Krankenhaus gehörenden Wirtschaftsgüter sowie die Kosten der Wiederbeschaf-

---

[76] Vgl. Siener (1991, S. 123).
[77] Vgl. Fleßa und Nickel (2008, S. 100).
[78] Vgl. Fries (2003, S. 56).
[79] Der Sonderposten „Fördermittel nach dem KHG" weist Investitionen in aktivierte Vermögensgegenstände des Anlagevermögens aus. Diese wurden aus Fördermittel finanziert und um den Betrag, der bis zum jeweiligen Bilanzstichtag angefallenen Abschreibungen vermindert. (§ 5 Abs. 3 KHBV).
[80] Vgl. Lorke und Müller (2008, S. 125).

Tab. 4.4 Zahlungsmittelflüsse des Cashflows aus Investitionstätigkeit (nach Lorke und Müller 2008, S. 125)

+	Einzahlungen aus der Auszahlung bewilligter Fördermittel inkl. sonstiger Erträge
	Einzahlungen aus geförderten Anlageabgängen
−	Auszahlungen für geförderte Investitionen
−	Rückzahlungen von Fördermitteln
+/−	Umfinanzierung

fung von Gütern des Anlagevermögens mit einer Nutzungsdauer von über drei Jahren. (§ 2 Abs. 2 KHG)

Der Cashflow aus Finanzierungstätigkeit umfasst wie bereits erläutert Zahlungsströme, die die Gestaltung und Zusammensetzung der Kapitalstruktur betreffen. So sind nach der Analyse der Prüfungsberichte in der Krankenhauspraxis teils die in der Tab. 4.4 aufgeführten Zahlungsströme auch unter dem Korrekturposten „Einzahlungen von Zuschüssen für Investitionen in das Anlagevermögen" aufzufinden.

4.3 Cashflow Management im Krankenhaus

4.3.1 Theoretische Fundierung des Cashflow Managements

Bevor eine Erklärung zu dem Thema Cashflow Management vorgenommen wird, werden vorab die in diesem Kontext häufig verwendeten Begrifflichkeiten Cash Management sowie Liquiditätsmanagement vorgestellt (siehe Tab. 4.5 und 4.6), um anschließend das Cashflow Management von diesen abzugrenzen. Das Cash Management gilt als Teilbereich des Finanzmanagements und wird regelhaft im Bereich Treasury[81] angesiedelt.[82]

Das Liquiditätsmanagement ist ebenso Bestandteil des Finanzmanagements und wird wie das Cash Management auch regelhaft in dem Treasury angesiedelt.[83]

Eller und Kollegen setzten beispielsweise eine kurzfristige Liquiditätsplanung dem Cash Management gleich, wobei sie unter dem Begriff eine Disposition aller Kontobestände inklusive Fremdwährungen verstehen. Ziel dabei ist es, alle Zahlungsmittel am Ort der Verwendung rechtzeitig zur Verfügung zu stellen, nicht benötigte Zahlungsmittel zu bündeln sowie ertragreich anzulegen.[84] Des Weiteren formulieren Kuhn und Strecker folgende Aufgabenfelder des Liquiditätsmanagements:

- Administration der Zahlungsströme und Zahlungsbestände,
- Investition der Liquiditätsüberschüsse,

---

[81] In der Literatur wird Treasury teilweise als Überbegriff verwendet oder als organisatorisch hauptverantwortliche Stelle über das Cash Management gestellt. Vgl. Werdenich (2008, S. 11).

[82] Vgl. Heesen (2011, S. 27).

[83] Vgl. Mensch (2008, S. 392).

[84] Vgl. Eller et al. (2010, S. 102).

Tab. 4.5 Definitionen Cash Management

Autoren	Definition
Nitsch, R. und Niebel, F.	Cash Management umfasst die zeitnahe Transparenz über Konto- und Finanzinformationen sowie über die Entwicklung der Unternehmensliquidität, damit Geldbeträge ertragsoptimiert, risikoadäquat, zeitpunkt- und kontogenau sowie in der richtigen Währung gesteuert werden können. Es handelt sich dabei um einen tagesbezogenen bis kurzfristigen Zeithorizont (Nitsch und Niebel 1997, S. 22).
Heesen, B.	Das Cash Management enthält alle Maßnahmen der kurzfristigen Finanzdisposition in einer Unternehmung, die zur Sicherung der Liquidität und zur Erreichung höchster Effizienz im Zahlungsverkehr durchgeführt werden. Vgl. Heesen (2011, S. 27).

Tab. 4.6 Definitionen Liquiditätsmanagement

Autoren	Definitionen
Nitsch, R. und Niebel, F.	Das Liquiditätsmanagement umfasst im Gegensatz zum Cash Management auch die Planung, das heißt die zielgerichtete Steuerung der Liquidität sowie die Kontrolle (Nitsch und Niebel 1997, S. 22).
Bächstädt, K.-H.	Ein modernes Liquiditätsmanagement ist nach kurz-, mittel- und langfristigen Betrachtungszeiträumen zu differenzieren. Die kurzfristige Betrachtung bezieht sich dabei auf die täglich anfallenden Informationen betreffs der Zahlungsströme. Die mittel- bis langfristige Betrachtung berücksichtigt hingegen Sachverhalte aus der Finanzbuchhaltung, der Businessplanung und deren Abgleich mit den Ist-Daten (Bächstädt 2008, S. 151).

- Finanzierung der Liquiditätsdefizite und
- Management der Währungs- und Zinsrisiken.[85]

Das Cashflow Management und die damit verbundenen Ziele und Aufgaben werden im Rahmen dieses Beitrags wie in Tab. 4.7 definiert.

Folglich unterscheidet sich das Cashflow Management nicht wesentlich von den bisher vorgestellten Managementansätzen. Ausgenommen von der Tatsache, dass der Fokus dieses Managementansatzes auf Zahlungsströme und somit auf eine Zeitraumbetrachtung ausgerichtet ist.

Der Transfer des Cashflow Managements auf das Krankenhaus setzt voraus, sich auf die Spezifika des Krankenhauswesens einzulassen, die nachstehend beispielhaft aufgeführt sind:

---

[85] Vgl. Kuhn und Strecker (2008, S. 87).

Tab. 4.7 Begriffsbestimmung Cashflow Management (eigene Darstellung)

Definition	Cashflow Management als die Gesamtheit aller Maßnahmen zur zielgerichteten Beeinflussung von Cashflow-Größen. (http://deposit.fernuni-hagen.de/166/1/db317.pdf)
Ziele	Sicherung der Liquidität
	Erhöhung der Flexibilität
	Steigerung der Kreditwürdigkeit
	Erhöhung der Rentabilität (Ertl 2004, S. 50)
	Einhaltung von Fremdkapitalrichtlinien
	Erfüllung von Erwartungen der Investoren (Haerle et al. 2012, S. 86)
Aufgaben	Planung von Cashflow-Kennzahlen
	Gestaltung und Lenkung von Prozessen der Planrealisation sowie Entscheidungsprozessen über Cashflow-Kennzahlen
	Schaffung von Transparenz über Zahlungsströme sowie Liquidität
	Dokumentation der finanziellen Gesichtspunkte und Bereitstellung von Informationen[86] insbesondere gegenüber der Unternehmungsführung
Zeit und Bedeutung	Strategische sowie operative zeitliche Ausrichtung und Bedeutsamkeit.

a) Krankenhausfinanzierung:[87] sowie -planung:[88]

Von zentraler Bedeutung im Hinblick auf das Cashflow Management ist die sich zunehmend verschlechternde finanzielle Situation von vielen deutschen Krankenhäusern, die ebenfalls durch eine von dem Deutschen Krankenhaus Institut (DKI) durchgeführten Befragung bestätigt wurde (siehe Abschn. 4.1). Neben ordnungspolitischen Maßnahmen (z. B. Sicherstellungszuschlägen), auf die an dieser Stelle nicht näher eingegangen werden soll, bedarf es einer Steigerung der Innenfinanzierungskraft, die unter anderem durch die Einführung eines Cashflow Managements gekräftigt werden kann. Durch die Etablierung eines Cashflow Managements kann eine explizite Gestaltung sowie Lenkung des Gesamtsystems mit den damit verbundenen Zielen und Maßnahmen erreicht werden, die zu einer Verbesserung der Cashflow-Kennzahlen bzw. zu einer Steigerung des Zahlungsüberschusses führen.

---

[86] Informationen werden im Rahmen der Kosten-, Leistungs-, Erlös- und Ergebnisrechnung in Abhängigkeit der definierten Ziele sowie nach dem Informationsbedarf von Führungskräften und Entscheidungsträgern innerhalb des Gesamtsystems bereitgestellt (Zapp und Oswald 2009, S. 31).

[87] Die Finanzierung der Krankenhäuser erfolgt einerseits durch die öffentliche Hand, die die Investitionskosten trägt und andererseits durch die Krankenkassen, die die laufenden Betriebs- und Behandlungskosten erstatten. Diese Form der Finanzierung wird daher auch als „duale Finanzierung" bezeichnet. (§ 4 KHG) Laut Zapp und Oswald kann auch von einer trialen Finanzierung gesprochen werden, da der Patient regelhaft an der Finanzierung der Krankenhausleistung beteiligt ist. Vgl. Zapp und Oswald (2009, S. 26).

[88] Die Bundesländer stellen unter anderem zur Verwirklichung einer bedarfsgerechten Versorgung der Bevölkerung durch ein flächendeckendes gegliedertes System Krankenhauspläne und Investitionsprogramme auf. Mithilfe dieser Pläne soll das Angebot an Krankenhäusern dem Bedarf planerisch angepasst werden. (§ 6 KHG).

Der auf diese Weise erwirtschaftete Zahlungsüberschuss kann ein vorhandenes Finanzierungsdefizit füllen.

b) Zielsystem:[89]

Mit der Etablierung eines Cashflow Managements kann ebenfalls die ökonomische Zielsetzung mit Blick auf die Existenzsicherung Vorrang vor der bedarfswirtschaftlichen Zielsetzung erhalten. Beispielhaft würden demnach Investitionsentscheidungen vorrangig aus dem Ergebnis des Cashflows aus laufender Geschäftstätigkeit abgeleitet.

c) Aufbau- und Ablauforganisation:[90]

Auch setzt das Cashflow Management eine stärkere Interaktion der Ökonomie, Medizin und Pflege innerhalb der Aufbau- und Ablauforganisation voraus, um die Ertrags- und Finanzkraft der einzelnen Fachabteilungen zu steigern. Das Cashflow Management ist im Krankenhaus als ein Teil des Finanzmanagements anzusehen, da dessen Aufgabe unter anderem die Gestaltung von Zahlungsströmen ist.[91] Außerdem sind diesem Bereich die Aufgaben des Liquiditäts- sowie Cash-Managements zugeordnet,[92] wodurch ebenfalls die Entscheidung hinsichtlich der Anordnung des Cashflow Management in diese Abteilung gefestigt wird. Dem Controlling kommt dabei eine unterstützende Funktion (Navigationsfunktion) des Cashflow Managements zu.[93] Diese funktionale Aufgabe beinhaltet nach Zapp und Oswald die Weiterleitung von Informationen (von der Sammlung bis zur Darstellung), Beratung, Service, Kreativität und Innovation.[94] Weiterhin ist die Zusammenarbeit mit dem Medizincontrolling, Einkauf und Bestandsmanagements erforderlich, da das Finanzmanagement nur eingeschränkt Einfluss auf die operativen Prozesse nehmen kann.

4.3.1.1 Cashflow-Planung

Ausgangspunkt einer Cashflow-Planung, die Bestandteil einer Finanzplanung ist,[95] ist die Zielsetzung einer Unternehmungsführung und die damit verbundene strategische Ausrichtung.[96] Daher bezieht sich die Planung von Cashflow-Größen nicht ausschließlich auf

---

[89] Das Zielsystem im Krankenhauswesen besteht aus einem Sach- und Formalziel. Das Sachziel ist dabei auf eine bedarfsadäquate Versorgung der Bevölkerung mit Krankenhausleistungen ausgerichtet. Das Formalziel forciert dagegen eine Existenzsicherung sowie das Wachstum und den Ausbau der Marktposition des einzelnen Krankenhauses. Vgl. Eichhorn (2008, S. 81 ff.).

[90] Die Aufbauorganisation im Krankenhaus ist historisch gewachsen und überwiegend durch berufsständische und trägerbezogene Grundwerte und Gestaltungselemente geprägt. Dagegen wird die Ablauforganisation in erster Linie durch das Sach- sowie Formalziel sowie durch weitere Organisationsziele unter Einbindung der Situationsbedingungen bestimmt. Vgl. Engelke (2008, S. 196 ff.).

[91] Vgl. Mensch (2008, S. 16 f.); Bea und Haas (2004, S. 531).

[92] Vgl. Heesen (2011, S. 27); Werdenich (2008, S. 12); Bitz und Terstege (2002, S. 1).

[93] Vgl. Horváth (2011, S. 608); Zapp und Oswald (2009, S. 89).

[94] Vgl. Zapp und Oswald (2009, S. 89).

[95] Vgl. Bösch (2011, S. 392); Mensch (2008, S. 121).

[96] Vgl. Mensch (2008, S. 60).

Finanzaktivitäten, sondern wird auch durch leistungswirtschaftliche Tätigkeiten[97] beeinflusst.[98] Eine Systematisierung der Vorgehensweise kann nach dem Planungshorizont[99] und der Planperiode[100] vorgenommen werden.[101] Eine Differenzierung des Planungshorizontes findet im Rahmen dieses Beitrags nach einer kurz- und langfristigen Reichweite statt.

4.3.1.2 Kurzfristige Finanzplanung

Eine kurzfristige Finanz- bzw. Liquiditätsplanung[102] umfasst einen Planungshorizont von bis zu einem Jahr.[103] Da der Handlungsspielraum kurzfristig relativ begrenzt ist, hat dieser Planungsansatz einen eher anpassenden Charakter.[104] Neben der Aufrechterhaltung einer jederzeitigen Zahlungsfähigkeit und Steuerung der Liquidität besteht eine weitere Aufgabe darin, den kurzfristigen Finanzmittelbedarf bzw. -überschuss einer Unternehmung zu ermitteln[105] und beispielsweise durch die Aufstellung eines Kredit- bzw. Anlageplans zu beseitigen.[106] Grundlage für die kurzfristige Finanzplanung ist die Aufstellung eines Finanzplans, der künftige Ein- und Auszahlungen möglichst tagesgenau abbildet.[107] Die Gegenüberstellung der Ein- und Auszahlungen innerhalb des Finanzplans kann, nach Meinung von Küting und Weber, mit einer zahlungsstromorientierten Kapitalflussrechnung verglichen werden.[108] Deutlich wird diese Aussage anhand der Gliederung des Finanzplans (Abb. 4.2). Dieser kann vertikal nach den Tätigkeitsbereichen laufende Geschäftstätigkeit, Investitionstätigkeit sowie Finanzierungstätigkeit (Gliederung der Zahlungen) und horizontal nach den künftigen Perioden mit den aufgestellten Plan-Werten (Zeitachse) angeordnet werden.[109]

---

[97] In der Praxis wird die untrennbare Verbindung von dem Finanz- und Leistungsbereich ebenfalls anhand des „Cash Conversion Cycle" deutlich. Vgl. Horváth (2011, S. 18).

[98] Vgl. Mensch (2008, S. 24).

[99] Der Planungshorizont stellt einen Zeitpunkt in der Zukunft dar, bis zu diesem die Finanzplanung stattfinden soll. Vgl. Wolke (2010, S. 99).

[100] Bei der Planperiode handelt es sich um die Zeiteinheit, innerhalb des Planungshorizontes, auf dem die Planung basiert (z. B. Tag, Monat, Jahr). Vgl. Wolke (2010, S. 99).

[101] Vgl. Wolke (2010, S. 98 f.).

[102] Die kurzfristige Finanzplanung kann auch als Liquiditätsplanung bezeichnet werden. (Prätsch et al. 2012, S. 251 f.; Werdenich 2008, S. 23; Küting und Weber 2012, S. 176).

[103] Vgl. Behringer (2007, S. 131).

[104] Vgl. Mensch (2008, S. 33).

[105] Vgl. Perridon und Steiner (2007, S. 603); Wöhe und Bilstein (2002, S. 400).

[106] Vgl. Wöhe und Bilstein (2002, S. 404).

[107] Vgl. Matschke et al. (2002, S. 144).

[108] Vgl. Küting und Weber (2012, S. 176); Meyer (2007, S. 36).

[109] Vgl. Mensch (2008, S. 62 ff.).

Kennzahlen in Tsd. €	Januar Plan	Februar Plan	März Plan	April Plan	Mai Plan	Juni Plan	Juli Plan	August Plan	Septembe Plan	Oktober Plan	November Plan	Dezember Plan	Jahr 2013 gesamt Plan
Jahresergebnis	-1.400	100	500	600	400	-50	1.000	500	600	1.000	700	-700	3.250
+/- Ab-/ Zuschreibungen	800	800	900	900	800	900	800	800	800	800	900	800	10.000
+/- Zunahme/ Abnahme Rückstellungen	400	400	400	400	400	400	400	400	400	400	400	400	4.800
+/- Verlust/ Gewinn aus Abgängen AV	0	50	0	0	50	0	0	0	0	0	0	0	100
+ Veränderungen Working Capital	900	900	900	900	800	900	-1.200	500	500	500	-4.000	500	2.100
Cashflow aus laufender Geschäftstätigkeit	700	2.250	2.700	2.800	2.450	2.150	1.000	2.200	2.300	2.700	-2.000	1.000	20.250
- Auszahlungen für Investitionen	-400	-400	-400	-600	-600	-600	-1.000	-1.000	-1.000	-600	-600	-600	-7.800
- Sonstige Auszahlungen für Investitionen	-100	-100	-100	0	0	0	0	0	0	0	0	0	-300
+ Zufluss Fördermittel	0	0	0	0	0	0	100	100	100	200	200	200	900
+ Einzahlungen aus Veräußerungen AV	0	0	0	0	500	0	0	0	200	0	0	0	700
Cashflow aus Investitionstätigkeit	-500	-500	-500	-600	-100	-600	-900	-900	-700	-400	-400	-400	-6.500
+ Einzahlungen aus Fremdfinanzierung	200	200	200	0	0	0	1.000	1.000	1.000	700	700	700	5.700
- Auszahlungen für Tilgungen	-100	-100	-2.000	-100	-100	-2.000	-100	-2.000	-2.000	-100	-100	-2.000	-10.700
- Zinsen und ähnliche Erträge	10	10	10	10	10	10	10	10	10	10	10	10	120
+ Zinsen und ähnliche Aufwendungen	50	50	50	50	50	50	50	50	50	50	50	50	600
- Ausschüttungen an Gesellschafter	0	-500	0	0	-500	0	0	0	-500	0	0	-500	-2.000
Cashflow aus Finanzierungstätigkeit	160	-340	-1.740	-40	-540	-1.940	960	-1.440	-940	660	160	-1.240	-6.280

Abb. 4.2 Beispiel Liquiditätsplanung nach der indirekten Methode 1. Quartal 2013

Demnach stellt der Finanzplan ein Instrument zur Überprüfung und Sicherung der Liquidität dar,[110] dessen Inhalt aus anderen betrieblichen Teilplänen[111] und Zahlungskonten abgeleitet wird.[112]

4.3.1.3 Langfristige Finanzplanung als Bestandteil einer integrierten Planungsrechnung

Im Zuge einer integrierten Finanzplanung wird auch eine langfristige Planung von Cashflow-Größen vorgenommen, weshalb der integrierte Planungsansatz nachfolgend vorgestellt wird. Da in der Literatur und Praxis keine einheitliche Darstellungs- und Vorgehensweise der integrierten Finanzplanung besteht, stellt der folgend aufgeführte Ansatz der integrierten Finanzplanung demzufolge ein mögliches Beispiel dar.

Nach Crone und Werner umfasst eine integrierte Finanzplanung eine in die Zukunft gerichtete Planung der Ertrags-, Liquiditäts- und Vermögenslage einer Unternehmung.[113] Dieser Planungsansatz stellt ein ganzheitliches Planungs- und Kontrollsystem dar,[114] zeigt die Entwicklung der drei aufgeführten Planungsbereiche auf[115] und verbessert somit die Qualität im Planungsprozess. Zudem schafft ein integrierter Planungsansatz Transparenz in Bezug auf die Wechselwirkungen von Planungsparametern sowie Effizienz im Planungsvorgang. Auf diese Weise trägt eine integrierte Planung zu einer Verbesserung der Entscheidungsqualität der Verantwortlichen bei.[116] Bestandteile der integrierten Finanzplanung sind:[117]

---

[110] Vgl. Röhrenbacher (2008, S. 180).
[111] Vgl. Matschke et al. (2002, S. 126).
[112] Vgl. Mensch (2008, S. 35).
[113] Vgl. Lachnit und Müller (2012, S. 219).
[114] Vgl. Lachnit und Müller (2012, S. 219).
[115] Vgl. Crone und Werner (2012, S. 69).
[116] Vgl. Richter und Dieckmann (2008, S. 18).
[117] Vgl. Crone und Werner (2012, S. 191); Lachnit und Müller (2012, S. 216).

a) Die Erfolgsplanung gibt Auskunft über die Entwicklung der Ertragslage eines Kran-
    kenhauses. Dabei werden Aufwendungen und Erträge der Periode zugerechnet, in der
    sie auch verursacht werden, auch wenn korrespondierende Zahlungsvorgänge (Ein-
    und Auszahlungen) in früheren oder späteren Perioden liegen.[118] Ausgangspunkt der
    Erfolgsplanung im Krankenhauswesen stellt eine Leistungs- und Erlösplanung und
    eine damit verbundene Planung des Personal- und Materialbedarfs dar. Wichtig ist,
    dass die Erfolgsplanung mit einer entsprechenden Sorgfalt aufgestellt wird, da diese
    die Ausgangsbasis für die Bilanzplanung und Finanzplanung bildet.[119]

b) Die Bilanzplanung gibt hingegen Aufschluss über die Entwicklung der Vermögensla-
    ge eines Krankenhauses.[120] Dabei stellt die Plan-Bilanz im integrierten System eine
    Zweisaldenrechnung dar. Sie wird aufgestellt, indem das geplante Liquiditätsergeb-
    nis des Finanzplans an die Planbilanz abgegeben, und durch den geplanten Erfolg
    bzw. Verlust aus der Planerfolgsrechnung vervollständigt wird.[121]

c) Die Finanzplanung stellt den Inbegriff für alle systematischen Schätzungen, Berech-
    nungen und Steuerungen der Ein- und Auszahlungen, die in einem gegebenen Zeit-
    raum durch die Betriebsprozesse – hier im Krankenhauswesen – ausgelöst werden,
    dar.[122] Somit ist die Finanzplanung die Grundlage für die Existenzsicherung einer
    Klinik, da eine Aufrechterhaltung einer jederzeitigen Zahlungsfähigkeit bedingungs-
    los zu gewährleisten ist.[123] Während die kurzfristige Finanzplanung eine rein zah-
    lungsorientierte Betrachtung darstellt, ist die langfristige Planung auf die dauerhaften
    finanziellen Ziele, eine Identifizierung des langfristigen Finanzierungsbedarfs einer
    Unternehmung sowie auf die Deckung eines möglichen Defizits in Höhe und Art der
    bereitzustellenden Mittel ausgerichtet.[124] Grundlage der langfristigen Planung stel-
    len Jahresabschlussgrößen und die Plan-GuV sowie Plan-Bilanz dar,[125] weshalb die
    langfristige Finanzplanung Bestandteil eines integrierten Planungsansatzes ist. Fi-
    nanzielle Ziele im Rahmen dieses Planungsansatzes werden beispielsweise mittels
    Cashflow-Größen bestimmt, wobei die Kapitalflussrechnung als ein viel beachtetes
    Instrument der Finanzplanung zum Einsatz kommt.[126] Eine strategische Planung um-
    fasst in diesem Kontext eine Planungsreichweite zwischen einem und fünf Jahren.
    Diesbezüglich ist anzumerken, dass je länger ein Planungshorizont definiert wird,
    es umso schwieriger ist, eine valide Prognose zu erlangen.[127] Die langfristige Fi-
    nanzplanung wird daher auch als Grobplanung bezeichnet.[128] Zu berücksichtigen ist

---

[118] Vgl. Crone und Werner (2012, S. 192).
[119] Vgl. Penter und Siefert (2010, S. 466).
[120] Vgl. Crone und Werner (2012, S. 198).
[121] Vgl. Chmielewicz (1972, S. 475).
[122] Vgl. Perridon und Steiner (2007, S. 603).
[123] Vgl. Penter und Siefert (2010, S. 475).
[124] Vgl. Mensch (2008, S. 31).
[125] Vgl. Mensch (2008, S. 58).
[126] Vgl. Penter et al. (2010, S. 475).
[127] Vgl. Perridon und Steiner (2007, S. 603); Wöhe und Bilstein (2002, S. 400).
[128] Vgl. Mensch (2008, S. 30).

an dieser Stelle, dass in Krankenhausunternehmungen häufig eine langfristige Planung nicht durchgeführt wird,[129] weshalb der Planungshorizont mehrfach lediglich ein Jahr beträgt. Ursache dafür ist u. a., dass noch nicht verhandelte sowie möglicherweise noch ausstehende Budgets vergangener Jahre eine Planung im Krankenhaus erschweren.[130] Es wird jedoch auch hier eine mehrjährige Planung empfohlen, um die Unternehmungsentwicklung transparent darstellen zu können.[131]

4.3.1.4 Plananpassungsmaßnahmen

Plananpassungsmaßnahmen sind vorzunehmen, wenn die verfügbaren finanziellen Mittel zur Deckung des ermittelten Kapitalbedarfs nicht ausreichen oder eine Überdeckung in der Planungsperiode vorliegt. Dabei können Anpassungsmaßnahmen Auswirkungen auf die Plan-GuV sowie Plan-Bilanz haben, da im Rahmen der integrierten Finanzplanung Interdependenzen zwischen der Ertrags-, Liquiditäts- und Vermögenslage bestehen. Bei dem Vorliegen einer Unterdeckung im Rahmen der Finanzplanung führt beispielsweise die Vornahme einer Kapitalzuführung zum Ausgleich der Finanzierungslücke. Die Durchführung der Maßnahme hat ebenfalls eine Veränderung der Kapitalstruktur sowie eine Belastung der GuV durch die sich mit der Kapitalaufnahme ergebenden Kapitalkosten zur Folge. Somit sind bei der Auswahl von Plananpassungsmaßnahmen, neben dem primären Aspekt des Finanzplanausgleichs, ebenfalls die sich ergebenden Sekundäreffekte zu berücksichtigen. Neben einem zu geringen Liquiditätssaldo können Anpassungsmaßnahmen innerhalb der integrierten Finanzplanung auch durch einen nicht den Planvorstellungen entsprechenden Erfolgssaldo ausgelöst werden. Folglich werden Maßnahmen zur Anpassung sowohl durch die finanz- wie auch güterwirtschaftliche Seite hervorgerufen. Zusammenfassend wird in Abb. 4.3 ein grober Überblick über die Wechselwirkungen innerhalb der integrierten Finanzplanung gegeben.

Neben der Durchführung von Plananpassungsmaßnahmen bedarf es einer stetigen Kontrolle der Finanzplanung, die anhand eines Reportings erfolgen kann (Abschn. 4.3.3). Aufgabe der Finanzkontrolle ist die Prüfung der Übereinstimmungen der im Rahmen des Plans angegebenen Planwerte mit den tatsächlich aufgetretenen Zahlungsströmen (Istwerten) in ihrer Höhe sowie in Bezug auf die Fälligkeit. Bei dem Auftreten von Abweichungen zwischen Plan- und Istwerten ist eine Korrektur der laufenden Finanzplanung vorzunehmen, um Fehleinschätzungen in der Zukunft zu vermeiden.[132] Dabei ist im Krankenhauswesen zu berücksichtigen, dass die Situation der deutschen Krankenhäuser stärker als in anderen Branchen von gesetzlichen Änderungen abhängig ist und diese im Rahmen des Planungsprozesses zu Korrekturmaßnahmen führen können.

Letztlich ist darauf hinzuweisen, dass in den gesamten Planungsprozess alle von der integrierten Finanzplanung betroffenen Stellen des Krankenhauses einbezogen sowie Verantwortung auf diese übertragen werden sollte. Etwa können Chefärzte und der ärztliche

---

[129] Vgl. Penter et al. (2010, S. 464).
[130] Vgl. Penter et al. (2010, S. 464).
[131] Vgl. Richter und Dieckmann (2008, S. 20).
[132] Vgl. Perridon und Steiner (2007, S. 644).

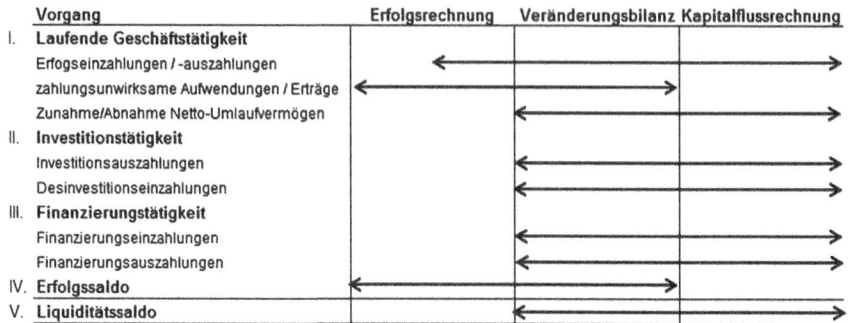

Abb. 4.3 Wechselwirkungen zwischen der Ertrags-, Vermögens- und Liquiditätslage (nach Lachnit und Müller 2012, S. 189)

Direktor eines Krankenhauses für die Leistungsplanung und die damit einhergehende Inanspruchnahme von Personal und den medizinischen Sachbedarf verantwortlich gemacht werden.[133] Ebenfalls bedarf es einer Rückkopplung an die zu planende Stelle, sobald eine Abweichung zwischen Plan- und Ist-Werten in Fehlplanungen begründet ist. Dies gewährleistet langfristig einen zuverlässigen Planungsprozess und vermeidet künftige Fehlplanungen.[134]

4.3.2 Cashflow-Lenkung

Bei der Auswahl der Handlungsfelder im Rahmen der Cashflow-Lenkung wurde sich an den einzelnen Cashflow-Kennzahlen im Kontext der Kapitalflussrechnung orientiert. Dabei eröffnet die befürwortete Sichtweise die Möglichkeit, das gesamte Lenkungsfeld des Cashflow Management in systematischer Weise darzulegen. Eine lenkende Einflussnahme des Managements auf die Ergebnisse der einzelnen Cashflow-Größen ist mittels der in Abb. 4.4 beispielhaft aufgeführten Instrumente möglich, die nach bilanzpolitischen Gesichtspunkten ausgesucht worden sind.

4.3.2.1 Operativorientiertes Handlungsfeld

Working Capital Management als Überbau

Zu den Instrumenten, die eine positive Auswirkung auf das Ergebnis des operativen Cashflows haben, gehören Maßnahmen zur Erhöhung des Finanzmittelflusses bzw. Senkung des Finanzmittelabflusses in Bezug auf das Working Capital.[135] Die Bedeutung eines

---

[133] Vgl. Penter et al. (2010, S. 464).
[134] Vgl. Klockhaus (1996, S. 54).
[135] Working Capital = Liquide Mittel + kurzfristige Forderungen + Vorräte − Verbindlichkeiten aus L. u. L. − kurzfristige Rückstellungen − sonstige kurzfristige Verbindlichkeiten. Vgl. Küting und Weber (2012, S. 67).

Abb. 4.4 Mögliche Handlungsfelder des Cashflow Managements im Krankenhaus (eigene Darstellung)

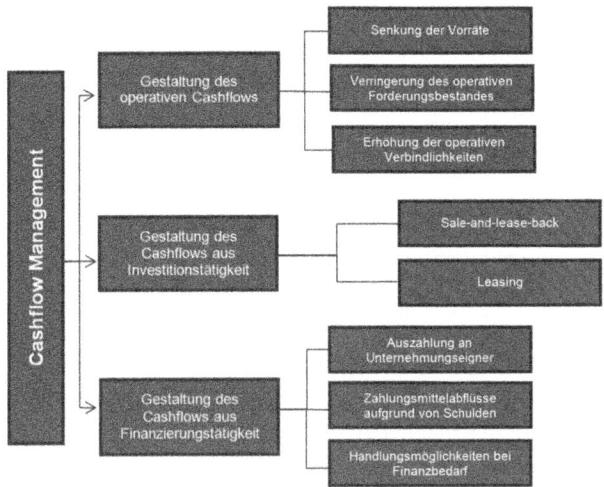

positiven Working Capitals[136] ist, dass ein Teil des Umlaufvermögens mit langfristig zur Verfügung stehendem Kapital finanziert werden kann. Ein positives Working Capital zieht jedoch auch, insbesondere ein zu hoher Forderungsbestand, eine hohe Kapitalbindung nach sich.[137] Hingegen drückt ein negatives Working Capital aus, dass das Umlaufvermögen nicht ausreicht, um die gesamten kurzfristigen Verbindlichkeiten zu decken. Folglich liegt ein Verstoß gegen die goldene Bilanzregel[138] vor.[139] Nach einer Erhebung des Management-Reports des deutschen Krankenhaus-Instituts (DKI) fällt bei 90 % aller Krankenhäuser das Working Capital positiv aus und umfasst in den meisten deutschen Häusern einen Anteil von mehr als 25 % der Bilanzsumme.[140] Das Working Capital Management (WCM) wird von Eilenberger wie folgt beschrieben: „Gegenstand des Working Capital-Management ist [...] insbesondere [...] eine Verbesserung und Gewährleistung der situativen Liquidität durch koordiniertes Debitoren- und Kreditorenmanagement sowie Management der Vorratshaltung."[141] Vor diesem Hintergrund umfasst das Working Capital Management sämtliche Planungs-, Steuerungs- und Kontrollaktivitäten, welche darauf ausgerichtet sind, dass Umlaufvermögen im Hinblick auf die Liquidität zu verbessern und die Innenfinanzierungskraft zu stärken.[142]

---

[136] Vom Working Capital abzugrenzen ist die Kennzahl des Net Working Capitals, auch Netto-Umlaufvermögen genannt. Diese unterscheidet sich dahingehend, dass liquide Mittel vom Working Capital abgezogen werden, um Verzerrungen etwa durch hohe Kontoguthaben zu vermeiden. Demzufolge ermöglicht diese Kennzahl eine zusätzliche differente Betrachtung und Aussage. Vgl. Bliefert (2013, S. 89).

[137] Vgl. Krämer et al. (2011, o. S.).

[138] Die goldene Bilanzregel besagt, dass langfristiges Vermögen auch langfristig und kurzfristiges Vermögen kurzfristig finanziert werden soll. Vgl. Wöhe und Bilstein (2002, S. 408).

[139] Vgl. Meyer (2007, S. 26).

[140] Vgl. Hanneken und Perner (2009, S. 540 ff.).

[141] Eilenberger et al. (2013, S. 351).

[142] Vgl. www.kpmg.de/WasWirTun/7305.htm.

Primäre Ziele des Working Capital Management im Krankenhaus sind in einer Freisetzung des gebundenen Kapitals und einer damit verbundenen Verbesserung der Liquidität sowie einer Erweiterung der Finanzierungsspielräume zu sehen. Erreicht werden können diese anhand einer systematischen Identifizierung der strukturellen Treiber und Ursachen eines hohen Working Capitals. Generell werden diese in:

- Prozessen und Strukturen einer Unternehmung,
- Unternehmungsstrategie und -kultur und
- Monitoring- und Controllingsystemen gesehen.[143]

Die sekundären Ziele betreffen die Verwendung der freigesetzten Mittel. Ebenfalls führt eine mit dem Zielsystem verbundene Stärkung der Innenfinanzierungskraft zu einer Reduktion der Finanzierungskosten und gleichzeitig zu einer Verbesserung der Kapitalstruktur einer Unternehmung, womit eine Steigerung der Eigenkapitalquote verbunden sein kann.[144] Ferner führt ein optimiertes Working Capital Management im Krankenhaus zu einer Beschleunigung des Kapitalflusses sowie einer Verlangsamung des Kapitalabflusses, womit ebenfalls eine Verbesserung der operativen Cashflow-Größe mit positiver Auswirkung auf den Freien Cashflow verbunden ist.[145]

Letztlich unterstützt das Working Capital Management das Cashflow Management dahingehend, dass eine Optimierung der Cashflow-Größen durch eine Einflussnahme auf das Umlaufvermögen erfolgt. Es wird jedoch angenommen, dass sich nur wenige Krankenhäuser eine Gliederung in ein Working Capital und Cashflow Management leisten können, sodass im Krankenhauswesen das Cashflow Management weiter gefasst wird und ebenfalls Aufgaben des Working Capital Management übernimmt.

Senkung der Vorräte
Eine Steigerung des operativen Cashflows mit positiver Auswirkung auf den Freien Cashflow kann durch eine Senkung des Vorratsvermögens hervorgerufen werden. Vorräte, die eine wesentliche Bilanzposition im Umlaufvermögen darstellen, machen im Krankenhaus jedoch laut DKI lediglich einen Anteil von 3,2 % an der Bilanzsumme aus.[146] Davon fällt ein Großteil auf unfertige Leistungen. Diese umfassen Patienten, die in der Belegungs- bzw. Mitternachtsstatistik zum Jahreswechsel stationär im Krankenhaus untergebracht sind (sogenannte Überlieger).[147] Ein Abbau der Vorratsbestände im Rahmen eines aktiven Bestandsmanagements ist im Krankenhaus folglich nicht zweckmäßig. Vor diesem Hintergrund wird die Analyse des Vorratsvermögens an dieser Stelle vernachlässigt.

---

[143] Vgl. http://www.pwc.com/de_AT/at/sicher-durch-die-krise/working-capital-management.pdf.
[144] Vgl. Krämer et al. (2011, o. S.).
[145] Vgl. Hanneken und Perner (2009, S. 540).
[146] Vgl. Hanneken und Perner (2009, S. 542).
[147] Vgl. Krämer et al. (2011, S. 54).

Verringerung des operativen Forderungsbestandes

Eine Steigerung des operativen Cashflows mit Wirkung auf den Freien Cashflow kann außerdem durch eine Reduktion des Forderungsbestandes erzielt werden. Laut des DKI-Management-Reports 2008 umfassen kurzfristige Forderungen[148] einen Anteil von etwa 19 % (13,3 % davon sind Forderungen aus Lieferungen und Leistungen) an der Bilanzsumme im Branchenvergleich und stellen folglich den größten Anteil am Optimierungspotenzial des Working Capitals dar.[149] So beträgt etwa die Zeitspanne zwischen Fakturierung und dem Zahlungseingang[150] im Krankenhauswesen durchschnittlich 50 Tage und spiegelt die hohe Liquiditätsbindung sowie das Kundenzahlungsverhalten wider.[151] Es wurde dabei noch nicht der Zeitraum zwischen Entlassung des Patienten und Fakturierung (Pre-Days Sales Outstanding) berücksichtigt.[152] Eine Ursache für die hohe Forderungslaufzeit ist bei fast 56 % der Krankenhäuser im Jahr 2011 auf eine nicht fristgerechte Zahlung[153] insbesondere aufgrund strittiger Forderungen gegenüber den gesetzlichen Kostenträgern[154] und sonstiger öffentlich-rechtlicher Leistungsträger zurückzuführen.[155] Das Forderungsmanagement hat vor diesem Hintergrund den Fokus auf die Optimierung der Zahlungsziele sowie der internen Organisation zu richten. Im Krankenhauswesen kommt jedoch erschwerend hinzu, dass verhältnismäßig wenige Kostenträger vorhanden sind. Infolgedessen hat die Zahlungsmoral dieser enorme Auswirkungen auf die Liquidität der Einrichtungen.[156] Das hat innerhalb einer Studie zum Thema „Forderungsmanagement der Krankenhäuser" u. a. die Frage aufgegriffen, welche Maßnahmen die Kliniken innerhalb der letzten drei Jahre eingeleitet haben, um den Zeitraum zwischen Rechnungsstellung und Zahlungseingang gering zu halten sowie zu optimieren.[157] Die genannten Maßnahmen werden nachfolgend aufgeführt und näher erläutert.

Der Zeitraum zwischen Rechnungsstellung und Zahlungseingang kann durch eine Verbesserung der Kodier- und Dokumentationsqualität optimiert werden, indem z. B. ein

---

[148] Zu berücksichtigen sind alle Forderungen und sonstigen Vermögensgegenstände mit einer Restlaufzeit bis zu einem Jahr sowie die Wertpapiere des Umlaufvermögens. Vgl. Hanneken und Perner (2009, S. 542).

[149] Vgl. Hanneken und Perner (2009, S. 541 f.).

[150] Kennzahl: Days Sales Outstanding (DSO): Forderungen aus Lieferungen und Leistungen/Umsatz × 365. Vgl. Klepzig (2010, S. 50).

[151] Vgl. Drechsler (2011, S. 12).

[152] Vgl. Drechsler (2011, S. 12).

[153] Das Zahlungsziel beträgt in der Regel 14 Tage und ergibt sich entweder aus den sogenannten zweiseitigen Verträgen und Rahmenempfehlungen auf Landesebene (§ 112 SGB V) oder aus den auf Ortsebene zwischen den Krankenhäusern und den gesetzlichen Krankenkassen festgelegten Pflegesatzvereinbarungen. Vgl. Blum et al. (2012, S. 6).

[154] Vgl. Blum et al. (2012, S. 6).

[155] Vgl. Blum und Offermanns (2010, S. 297).

[156] Vgl.   http://www.curacon.de/fileadmin/user_upload/pdf/themen_und_trends/themen/0311_Optimierung_der_Kapitalstruktur.pdf.

[157] Vgl. Blum und Offermanns (2010, S. 303).

klinisches Case Management, eine „Just-in-time"-Kodierung[158] eingeführt wird und eine stetige Qualifizierung des Kodierpersonals durch Schulungen dazu beiträgt, dass Bearbeitungsrückstände vermieden werden sowie die Qualität von Abrechnungsdaten erhöht wird. Des Weiteren bedarf es zur Verbesserung der Kodier- und Dokumentationsqualität einer stärkeren Kontrolle der Fallfreigabe durch die verantwortlichen Ärzte. Das hat zur Folge, dass langfristige Zahlungsverzögerungen aufgrund von Prüfungen durch den MDK umgangen werden können.[159]

Eine Standardisierung der Prozessabläufe für die MDK-Prüfung trägt ebenfalls dazu bei, unstrukturierte krankenhausinterne Vorgehensweisen in Bezug auf die Prüfung zu verhindern, die zu weiteren Verzögerungen beitragen könnten. Dabei ist zu empfehlen, mit dem MDK sowie den Kostenträgern Modalitäten für sogenannte Begehungen festzulegen. Beispielsweise kann den Krankenhäusern im Voraus, spätestens zwei Wochen vor dem Prüfungstermin, eine Auflistung mit dem zu begutachtenden Fällen zugestellt werden, sodass die Fälle in definierten Abständen diskutiert und zum Abschluss gebracht werden können. Primäres Ziel dieser Vorgehensweise ist der Fallabschluss im Konsens, um die Forderungsreichweite entsprechend zu verringern.[160] Ferner kann durch das explizite Abstellen geschulter Mitarbeiter, möglichst mit pflegerischem oder medizinischem Hintergrund, eine gezielte und qualifizierte Bearbeitung der MDK-Prüfungen ermöglicht werden.[161]

Auch kann die Einführung eines Mahnwesens dazu beitragen, dass Zahlungsverzögerungen[162] wie auch Zahlungsverweigerungen[163] vermieden werden. Eine Kurzstudie (zehn Befragungsteilnehmer) der BHB Gesundheitsconsulting GmbH zum Thema „Entlassungs- und Forderungsmanagement in Krankenhäusern" aus dem Jahr 2009 kam zu dem Ergebnis, dass die Organisation eines Mahnwesens und somit die Effizienz des Forderungsmanagements abhängig ist von der Größe des jeweiligen Krankenhauses. So verfügen etwa mittlere bis große Häuser[164] über eine automatisierte Buchung offe-

---

[158] Unter „Just-in-Time-Kodierung" ist eine Kodierung zu verstehen, die zeitgleich mit der Behandlung des Patienten ab dem Tag der Aufnahme durch das klinische Case Management erfolgt. Parallel zur Behandlung findet eine Kontrolle der Dokumentation statt. Dieses Vorgehen ermöglicht eine Entkopplung der administrativen Aktenführung von dem medizinischen Behandlungsweg und würde dazu beitragen, dass sich die Gesamtbearbeitungszeit zwischen der Entlassung des Patienten und der Ermittlung der DRG stark verkürzt. Vgl. Toth et al. (2010, S. 637).

[159] Vgl. Krämer et al. (2011, S. 54 ff.).

[160] Vgl. Toth et al. (2010, S. 638 f.).

[161] Vgl. Blum und Offermanns (2010, S. 303).

[162] Zahlungsverzögerungen treten in der Regel auf, wenn eine Inanspruchnahme des MDKs in gesetzlich bestimmten Fällen für eine gutachterliche Stellungnahme nach § 275 SGB V erfolgt. Weitere Gründe stellen Probleme mit dem Datenaustausch nach § 301 SGB V, unvollständig eingereichte Unterlagen oder die Klärung der Mitgliedschaft von Patienten dar. (Bächstädt 2008, S. 161).

[163] Zahlungsverzögerungen treten in der Regel auf, wenn eine Inanspruchnahme des MDKs in gesetzlich bestimmten Fällen für eine gutachterliche Stellungnahme nach § 275 SGB V erfolgt. Weitere Gründe stellen Probleme mit dem Datenaustausch nach § 301 SGB V, unvollständig eingereichte Unterlagen oder die Klärung der Mitgliedschaft von Patienten dar. (Bächstädt 2008, S. 161).

[164] >= 180 Betten. Vgl. Böhme et al. (2009, S. 3).

ner Rechnungen sowie über automatisierte Mahnläufe mit standardisierten Texten und verschiedenen Mahnstufen. Eine Vergleichbarkeit mit Unternehmungen außerhalb des Gesundheitswesens besteht jedoch nicht, da diese im Hinblick auf den Organisationsgrad des Forderungsmanagements (Erhebung von Verzugszinsen, einer im Mahnwesen üblichen Mischung von telefonischer und schriftlicher Mahnung) deutlich professioneller aufgestellt sind. Auch sehen Krankenhäuser in der Regel von gerichtlicher Eintreibung der Forderungen ab und versuchen sich mit den Krankenkassen im Vergleichswege zu einigen.[165] Grund dafür ist die lange Verfahrensdauer, die kurzfristig nicht zu einer Verbesserung der Liquidität beiträgt.[166] Speziell in Krisenzeiten gehört das Mahnwesen zu einer der wichtigsten Unternehmungsfunktionen, wird jedoch aufgrund von personellen Unterkapazitäten oder psychologischen Hemmschwellen, insbesondere im Krankenhauswesen, häufig nicht wahrgenommen.[167]

Weitere strategische Handlungsoptionen des Mahnwesens sind in der Zusammenarbeit mit Spezialisten, etwa in der Beauftragung eines Rechtsanwaltes für gerichtliche Verfahren oder einer Inkassounternehmung für die Weiterverfolgung und Überwachung bereits titulierter Forderungen. Ebenso besteht die Möglichkeit, das gesamte Forderungsmanagement an Spezialisten auszulagern.[168] Kurzfristig wirkende Maßnahmen des Mahnwesens sind hingegen in einer Verkürzung von Zahlungszielen, in der Vereinbarung von Anzahlungen oder in dem Verkauf von Forderungen an eine spezialisierte Unternehmung (Factoring) zu sehen. Anzumerken ist, dass die kurzfristig wirkenden Maßnahmen im Krankenhaus kaum umsetzbar sind.

Effekte, die anhand der aufgeführten Maßnahmen kurz- oder langfristig erzielt werden, können auch eine positive Auswirkung auf das Ergebnis des Cashflows haben.[169] Generell ist jedoch anzuführen, dass die Aussichten der Krankenhäuser zur Verbesserung des Zahlungsverhaltens der Krankenkassen begrenzt sind bzw. aufgrund der geringen Zahl von Marktteilnehmern sowie den hoch reglementierten Marktstrukturen erschwert werden.[170]

Erhöhung der operativen Verbindlichkeiten
Eine Steigerung des operativen Cashflows mit Auswirkung auf den Freien Cashflow kann außerdem durch eine Erhöhung der Lieferantenverbindlichkeiten erzielt werden. Laut des DKI-Management-Reports 2008 umfassen kurzfristige Verbindlichkeiten[171] im Branchenvergleich durchschnittlich 9,6 % der Bilanzsumme (davon sind 2,2 % Verbindlichkeiten aus Lieferungen und Leistungen). Vor diesem Hintergrund hat das Kreditoren- bzw. Verbindlichkeitsmanagement den Fokus auf die Optimierung der Zahlungsziele zu

---

[165] Vgl. http://bhb-gesundheitsconsulting.de/index.php?zeigeText=15.
[166] Vgl. Bächstädt (2008, S. 164).
[167] Vgl. Crone (2012, S. 177).
[168] Vgl. Schneider (2010, S. 71 f.).
[169] Vgl. Crone (2012, S. 177 f.).
[170] Vgl. Bächstädt (2008, S. 164).
[171] Kurzfristige Verbindlichkeiten umfassen Verbindlichkeiten mit einer Laufzeit bis zu einem Jahr, sonstige Rückstellungen, passive Rechnungsabgrenzungsposten.

legen, wobei eine Vereinbarung oder Erhöhung von Skonti Berücksichtigung finden soll-te.[172] Gemessen wird der Zeitraum von Rechnungseingang bis zur Zahlungsausführung im Rahmen des Kreditorenmanagements mithilfe der Kennzahl Days Payable Outstanding (DPO) [[173]], die bei Krankenhäusern durchschnittlich bei 33,3 Tagen liegt. Zum Vergleich beträgt die Kennzahl im Jahr 2012 laut einer Erhebung von PricewaterhouseCoopers in der produzierenden Industrie in Deutschland, Schweiz und Österreich 34,7 Tage, womit ein geringfügiges Verbesserungspotenzial ersichtlich wird.[174] Handlungsoptionen, die langfristig zu einer Verbesserung der Zahlungsreichweite beitragen, sind in einer teil-weisen Standardisierung sowie Automatisierung von Prozessabläufen zu sehen. Auch die Optimierung der Lieferantenstruktur trägt zu einer Verbesserung des Beschaffungs-prozesses sowie der Kostenstruktur bei.[175] Unberücksichtigt bleiben sollten jedoch nicht die mit der Erhöhung der Verbindlichkeiten verbundene negative Sekundärwirkungen. Beispielhaft kommt diese durch die Belastung der Rentabilität zur Geltung, da Zinszah-lungen aufgrund der Inanspruchnahme der Fremdfinanzierung fällig bzw. Skontoabzüge nicht in Anspruch genommen werden können.[176] In der Literatur herrschen diesbezüglich differente Meinungen. Klepzig gibt etwa an, dass bei Verbindlichkeiten aus Lieferung und Leistungen im Rahmen von Working Capital Betrachtungen regelhaft davon ausgegangen wird, dass diese unverzinst zur Verfügung gestellt werden.[177] Zudem ist zu beachten, dass Zugänge bei operativen Verbindlichkeiten spätestens im Folgejahr getilgt werden müssen und bei Fälligkeit den Cashflow belasten.[178]

Ferner kann festgehalten werden, dass die Wirkungen der genannten Einflussgrößen positiv ausfallen und zu einer Steigerung des operativen Cashflows im Krankenhaus füh-ren können.

4.3.2.2 Investitionsorientiertes Handlungsfeld

Leasing
Eine positive Beeinflussung des Cashflows aus Investitionstätigkeit bzw. eine Steigerung des Freien Cashflows wird u. a. durch die Inanspruchnahme von Leasing ermöglicht, da damit eine Senkung der Investitionsauszahlung innerhalb einer Berichtsperiode verbunden ist. Dieses Finanzierungsinstrument gewinnt zunehmend auch im Krankenhauswesen an Bedeutung.[179] Unterstützend kommt hinzu, dass im Krankenhaus nahezu alle beweglichen

---

[172] Vgl. Hanneken und Perner (2009, S. 542).

[173] Days Payable Outstanding (DPO) = Verbindlichkeiten aus Lieferungen und Leistun-gen/Wareneinkauf oder Umsatzerlöse × 365 Tage.

[174] Vgl.   http://www.curacon.de/fileadmin/user_upload/pdf/themen_und_trends/themen/0311_ Optimierung_der_Kapitalstruktur.pdf.

[175] Vgl. PWC (2012)

[176] Vgl. Meyer (2007, S. 419).

[177] Vgl. Klepzig (2010, S. 152).

[178] Vgl. Meyer (2007, S. 419).

[179] Vgl. Maier und Sidki (2012, S. 62).

(z. B. IT-Systeme, medizinische Geräte etc.) sowie unbeweglichen Wirtschaftsgüter (z. B. Krankenhausimmobilien) leasingfähig sind.[180]

Die Definition des Begriffes Leasing ist abhängig von der Ausprägungsform des Finanzierungsinstrumentes. Ein mögliches Differenzierungskriterium stellt der Verpflichtungscharakter des Leasings dar, welcher in dieser Arbeit herangezogen wird, sodass zwischen einem Operating-Leasing[181] und Finanzierungsleasing[182] unterschieden werden kann. Dabei hat der Leasingnehmer während der Laufzeit des Leasingvertrages für die Überlassung des Leasinggegenstandes eine entsprechende Leasingrate an den Leasinggeber zu entrichten. Die Leasingrate setzt sich aus einem Zins- und sonstigen etwaigen Kostenanteil sowie aus einem Tilgungsanteil zusammen. Folglich gilt für die Berechnung der Cashflow-Größen, dass die Finanzierungskosten – das heißt die Zins und sonstigen etwaigen Kosten – dem Zuordnungswahlrecht des DRS 2 unterliegen. Dabei sieht das Wahlrecht eine Zuordnung in den operativen oder Finanzbereich vor (DRS 2.36, DRS 2.39). Der Tilgungsanteil aus der laufenden Leasingrate ist dem Finanzierungsbereich zuzuordnen.[183] Beim Operating-Leasing wird der Leasinggegenstand beim Leasinggeber bilanziert, sodass die Leasingrate für den Leasingnehmer eine periodische Mietzahlung (Mietaufwand) darstellt.[184] Im Hinblick auf die Darstellung der gezahlten Raten innerhalb der Kapitalflussrechnung ergibt sich, dass diese in voller Höhe dem operativen Bereich zuzuordnen sind (DRS 2.38). Beim Finanzierungsleasing wird hingegen der Leasinggegenstand beim Leasingnehmer bilanziert, weshalb die Leasingraten generell dem Cashflow aus Finanzierungstätigkeit zuzurechnen sind, gegebenenfalls unter Abspaltung der darin enthaltenen Finanzierungskosten.[185] Der Einsatz der vorgestellten Leasingformen – als bilanzpolitische Mittel – führen zum Investitionszeitpunkt, ausgenommen einer unbedeutenden Vertragsabschlussgebühr, zu keinen weiteren Investitionsauszahlungen.[186] Dies hat zur Folge, dass der Cashflow aus laufender Geschäftstätigkeit, Cashflow aus Investitionstätigkeit so-

---

[180] Vgl. Maier und Sidki (2012, S. 59).

[181] Beim Operating-Leasing trägt der Leasinggeber als juristischer Eigentümer die mit dem Leasingobjekt bestehenden Chancen und Risiken. Ebenso wird der Leasinggegenstand beim Leasinggeber bilanziert. Daher handelt es sich bei der Anwendung des Operating-Leasings um ein Mietverhältnis im Sinne des BGB. Beide Vertragspartner können dieses ohne Vertragsstrafen kurzfristig kündigen. Aus der Sicht des Leasingnehmers stellt das Leasing eine Investitionsalternative dar. Vgl. Wöhe und Bilstein (2002, S. 281); Büschgen (1998, S. 19).

[182] Beim Finanzierungsleasing trägt hingegen der Leasingnehmer Chancen wie auch Risiken. Das wirtschaftliche Eigentum ist dem Leasingnehmer zuzurechnen, der infolgedessen das Leasingobjekt zu aktivieren und die Leasingverbindlichkeiten zu passivieren hat. Aus diesen Gründen stellt diese Form des Leasings für den Leasingnehmer keine Investitions- sondern eine Finanzierungsalternative dar. Finanzierungsleasing-Verträge sind für einen bestimmten Zeitraum unkündbar. Ziel dessen ist, dass die Leasingraten innerhalb der sogenannten Grundmietzeit jegliche Kosten sowie einen Gewinn-Zuschlag des Leasinggebers abdecken. Vgl. Wöhe und Bilstein (2002, S. 281 f.); Büschgen (1998, S. 18 f.).

[183] RS 2.34, vgl. Scheffler (2002, S. 302).

[184] Vgl. Scheffler (2002, S. 302).

[185] Vgl. Scheffler (2002, S. 302).

[186] Vgl. Meyer (2007, S. 429).

wie Freier Cashflow zu diesem Zeitpunkt keinerlei wesentliche Belastungen erfahren.[187] Im Laufe der Grundmietzeit ändert sich bei dem Einsatz des Operating-Leasings dieses vorteilhafte Bild durch den Anfall von Ratenzahlungen, die zu einer Belastung des Cashflows aus laufender Geschäftstätigkeit führen. Demzufolge führt diese Form des Leasings zu einem zeitversetzten Liquiditätsabfluss anstatt einer einmalig hohen Investitionsauszahlung bei einem Barerwerb. Das Finanzierungsleasing bietet hingegen, aufgrund des Zuordnungswahlrechts nach DRS 2, die Möglichkeit einer vollständigen Entlastung des Freien Cashflows und lediglich einer Belastung des Cashflows aus Finanzierungstätigkeit.[188] Neben einer bilanzpolitischen Vorteilhaftigkeit erhält das Krankenhaus auf diese Weise kurzfristig außerdem die Möglichkeit, die zum Zeitpunkt des Vertragsabschlusses (Leasingvertrag) nicht gebundenen finanziellen Mittel für die Tätigung weiterer Investitionen einzusetzen. Ebenso ermöglicht das Finanzierungsinstrument der einzelnen Klinik, vor dem Hintergrund immer kürzer werdender Innovationszyklen im Bereich der Medizintechnik, durch eine Vereinbarung von kurzen Vertragslaufzeiten, technisch auf dem aktuellen Stand zu bleiben.[189] Ein Nachteil des Leasings ist speziell bei wirtschaftlich gut aufgestellten Häusern darin zu sehen, dass Leasingkosten deutlich höher ausfallen können als die Finanzierungskosten bei der Nutzung anderer Finanzierungsinstrumente (z. B. Bankkredit). Ein weiterer Nachteil ist insbesondere beim Finanzierungsleasing in der Grundmietzeit zu sehen, die für das einzelne Krankenhaus etwa bei einer rückläufigen Auslastung des Leasingobjektes, zu einem relativ hohen Risiko beitragen kann.[190] Aus den aufgeführten Argumenten lässt sich folgern, dass eine Inanspruchnahme von Leasing nicht uneingeschränkt zu empfehlen ist. Diese Aussage kann zugleich durch die momentan vorherrschende Niedrigzinsphase gestützt werden.

Sale-and-lease-back

Gestaltungspotenziale im Hinblick auf das Ergebnis des Cashflows aus Investitionstätigkeit mit Wirkung auf die Freie Cashflow-Größe bestehen ebenfalls durch die Durchführung von Sale-and-lease-back-Transaktionen. Im Krankenhausbereich wird das Finanzierungsinstrument, unter Berücksichtigung der förderrechtlichen Möglichkeiten, zunehmend in Erwägung gezogen.[191] Sale-and-lease-back-Transaktionen stellen eine Spezialform des Leasings dar, in der der Käufer (künftiger Leasinggeber) auf der Grundlage eines Kaufvertrages einen Vermögensgegenstand bzw. ein zukünftiges Leasingobjekt erwirbt, das der Verkäufer (künftiger Leasingnehmer) auf Basis eines Leasingvertrages von dem Erwerber im direkten Gegenzug zurückleast.[192] Eine solche Transaktion basiert auf zwei zusammenhängenden Verträgen. Einerseits auf einem Vertrag über den Verkauf des Leasingobjektes und andererseits auf einem Leasingvertrag.[193] Verkäufer bzw.

---

[187] Vgl. Meyer (2007, S. 431).
[188] Vgl. Meyer (2007, S. 431 f.).
[189] Vgl. Patzak (2009, S. 103).
[190] Vgl. Patzak (2009, S. 103).
[191] Vgl. Wolke (2010, S. 161).
[192] Vgl. Perridon und Steiner (2007, S. 446); Büschgen (1998, S. 455 f.).
[193] Vgl. Rüdel (2009, S. 37).

Leasingnehmer wenden dieses Finanzierungsinstrument in erster Linie zur Freisetzung von gebundener Liquidität und somit zur kurzfristigen Verbesserung der Liquiditätslage an.[194] Mithilfe der frei gewordenen finanziellen Mittel können Krankenhäuser durch die einmalige Auszahlung des Verkaufspreises dringend notwendige Investitionen tätigen.[195] Ferner wird auf diese Weise der kapitalintensive Anlagenbestand reduziert, vorausgesetzt der Verkäufer bzw. Leasingnehmer muss den Transaktionsgegenstand nicht mehr bilanzieren.[196] Auch besteht die Möglichkeit aufgrund von Gestaltungsspielräumen bei der Preisfestlegung stille Reserven zu realisieren. Dabei gilt jedoch zu berücksichtigen, dass ein hoher Verkaufspreis in den Folgejahren hohe Leasingraten nach sich zieht und umgekehrt.[197]

Der Leasingvertrag im Rahmen einer Sale-and-lease-back-Transaktion kann wiederum in Form eines Operating-oder Finanzierungsleasings gestaltet werden. Daraus folgt in Bezug auf die Kapitalflussrechnung, dass die Behandlung der Leasingzahlungen aus Sale-and-lease-back-Transaktionen abhängig ist von der Form des Leasingverhältnisses, das mit einem solchen Geschäft verbunden ist.[198] Erfolgt etwa eine Anwendung des Operating-Leasings, führen die Leasingraten zu einer Belastung des Cashflows aus laufender Geschäftstätigkeit, wie es bereits im vorherigen Gliederungspunkt erläutert wurde. Wurde der Leasingvertrag hingegen in Form eines Finanzierungsleasings aufgebaut, so sind die Leasingraten unter Beachtung des Zuordnungswahlrechts nach dem Rechnungslegungsstandard DRS 2 erneut aufzuteilen. Das sogenannte „Verkaufsgeschäft" bedarf noch einer separaten Bewertung, die sich nach dem Lease-back-Verhältnis richtet. Wenn die Gestaltung des Lease-back-Verhältnisses etwa nach dem Operating-Leasing vorgenommen wurde, ist damit ebenfalls ein Veräußerungsvorgang verbunden, der isoliert vom Leasinggeschäft bilanziert werden muss.[199] In diesem Zusammenhang stellen die mit dem Veräußerungsvorgang erzielten zahlungswirksamen Erlöse eine Einzahlung aus Desinvestitionen dar, die nach dem DRS 2 dem Investitionsbereich zuzuordnen sind und somit eine positive Auswirkung auf den Cashflow aus Investitionstätigkeit mit positiver Wirkung auf den Freien Cashflow haben. Wird das Lease-back-Geschäft im Gegensatz dazu als Finanzierungsleasing gestaltet, liegt aus wirtschaftlicher Sicht kein Verkaufsgeschäft vor, sondern ein reines Finanzierungsgeschäft. Das hat zur Folge, dass der zahlungswirksame Verkaufserlös als Einzahlung im Finanzierungsbereich erfasst wird.[200] In dem zuletzt aufgeführten Szenario haben die zahlungswirksamen Vorgänge keinerlei Auswirkungen auf den Cashflow aus Investitionstätigkeit und somit auf den Freien Cashflow.

Langfristig ist die Durchführung einer Sale-and-lease-back-Transaktion nur zweckmäßig, wenn die Freisetzung des gebundenen Kapitals und eine damit möglicherweise

---

[194] Vgl. Eilenberger (2003, S. 325).
[195] Vgl. Penter und Arnold (2009, S. 15).
[196] Vgl. Meyer (2007, S. 433).
[197] Vgl. Bieg et al. (2012, S. 293).
[198] Vgl. Meyer (2007, S. 433).
[199] Vgl. Meyer (2007, S. 434).
[200] Vgl. Meyer (2007, S. 436.

verbundene Hebung stiller Reserven zu einem besseren wirtschaftlichen Ergebnis führen als die in der Regel teureren Leasingraten für die Rückmietung des Objektes.[201] Laut Penter ist diese Form der Transaktion in Krankenhäusern, aufgrund der Fördermittelfinanzierung von Anlagegegenständen, nur beschränkt anwendbar.[202]

4.3.2.3 Finanzierungsorientiertes Handlungsfeld

Auszahlungen an Unternehmenseigner
Unternehmungen in der Rechtsform einer Aktiengesellschaft haben im Finanzierungsbereich die Möglichkeit, eine Dividendenauszahlung oder Gewinnausschüttung zum Abbau von Einzahlungsüberschüssen (positiver Freier Cashflow) vorzunehmen. Nach dem Deutschen Rechnungslegungsstandard sind Dividenden als Auszahlungen im Finanzierungsbereich zu erfassen, da sie Kosten für das aufgenommene Eigenkapital darstellen. Auch führt die Ausschüttung von Gewinnen zu einer Belastung des Cashflows aus Finanzierungstätigkeit.

Für die Begebung einer Bardividende ist nach dem Gesetz einerseits eine Abstimmung der Hauptversammlung sowie andererseits eine Berücksichtigung der Satzungsbestimmungen erforderlich. (§ 58 AktG) Letztlich ist jedoch das Management der eigentliche Entscheidungsträger, denn ihm obliegen die Feststellung des Jahresabschlusses sowie der Vorschlag des zur Ausschüttung freigegebenen Bilanzgewinns. Die Dividendenhöhe wird demgemäß auf Vorschlag des Vorstands und Aufsichtsrats durch die Hauptversammlung beschlossen, wobei laut Literatur noch alternative Vorgehensweisen vorliegen.[203] Der Vorstand und der Aufsichtsrat können ebenfalls einen Teil des Bilanzgewinns, maximal die Hälfte, in andere Gewinnrücklagen einstellen.[204] Im Hinblick auf die Ausschüttungspolitik können unterschiedliche Zielsetzungen verfolgt werden, beispielsweise die einer Ausschüttungskontinuität. Diesbezüglich ist zu empfehlen, niedrige kontinuierliche Dividenden auszuschütten und zusätzlich z. B. eine Sonderausschüttung zu gewähren, wenn sich das Ergebnis besser entwickelt als angenommen.[205] Eine Sonderausschüttung kann aus Perspektive von Unternehmungen, laut einer Untersuchung der Kirchhoff Consult AG, nach folgenden Determinanten beschlossen werden:

- Konzernjahresüberschuss,
- Freier Cashflow,
- Unternehmenswachstum und
- operativer Cashflow und (Ziel-)Kapitalstruktur.[206]

---

[201] Wolke (2010, S. 161).
[202] Penter und Arnold (2009, S. 15).
[203] DRS 2.39., vgl. Perridon und Steiner (2007, S. 488).
[204] § 58 AktG, vgl. Baetge (1998, S. 466 f.); Perridon und Steiner (2007, S. 513).
[205] Vgl. http://dirk.org/wp-content/uploads/2012/03/a26.pdf).
[206] Vgl. http://dirk.org/wp-content/uploads/2012/03/a26.pdf).

So kann eine Sonderdividende, etwa aufgrund der Erzielung eines außerordentlich positiven Ergebnisses des Freien Cashflows, ausgeschüttet werden.[207] Das Management signalisiert mit der Ausschüttung dieser Dividende positive Zukunftsaussichten, ohne die Verpflichtung einzugehen, diese Zahlungen auch in den nachfolgenden Perioden aufrechtzuerhalten.[208]

Unternehmungen in der Rechtsform einer Gesellschaft mit beschränkter Haftung (GmbH) haben hingegen die Möglichkeit, anstelle einer Dividendenauszahlung eine Gewinnausschüttung vorzunehmen. Dabei bestimmen die Gesellschafter überwiegend selbst über die Höhe der Ausschüttung. Eine Schwierigkeit der Ausschüttungspolitik besteht jedoch dahin gehend, dass die Gesellschafterversammlung Höchstgrenzen für eine Entnahme bestimmen kann.[209]

Zahlungsmittelabflüsse aufgrund von Finanzschulden
Zahlungsmittelabflüsse im Bereich der Finanzierungstätigkeit resultieren einerseits aus der Tilgung sowie andererseits aus der Zinszahlung aufgrund von Finanzierungsschulden. Dabei können Zinszahlungen entsprechend dem Zuordnungswahlrecht nach DRS 2 sowohl dem Cashflow aus laufender Geschäftstätigkeit sowie aus Finanzierungstätigkeit zugeordnet werden (DRS 2.36 und DRS 2.39). Hinsichtlich einer Tilgungszahlung besteht regelhaft eine Wertgleichheit. Das bedeutet, dass der ursprüngliche Betrag der Fremdkapitalaufnahme dem der Tilgungshöhe entspricht, wonach eine Belastung des Cashflows aus Finanzierungstätigkeit in nominaler Höhe erfolgt.[210] Bei der Rückzahlung von langfristigen Schulden sind zwei weitere Besonderheiten zu beachten, die einen gestalterischen Spielraum innerhalb der Kapitalflussrechnung ermöglichen. Eine Besonderheit besteht dahingehend, dass der geflossene Betrag bei der Kapitalaufnahme niedriger ausfällt als der Rückzahlungsbetrag. Der Abschlag von dem Ausgangsbetrag ist dabei als Disagio[211] zu bezeichnen. Innerhalb der Kapitalflussrechnung besteht nunmehr die Möglichkeit, die erhaltenen Emissionserlöse und den höheren Rückzahlungsbetrag im Finanzierungsbereich darzustellen. Folglich tritt in diesem Bereich über die Laufzeit ein Finanzmittelabfluss in Höhe des Disagios auf, wohingegen der operative Bereich lediglich in Höhe der fälligen Nominalzinsen belastet wird. Alternativ besteht die Möglichkeit, den Rückzahlungsbetrag der Finanzschuld aufzuspalten, indem ausschließlich der Emissionserlös und Tilgungsbetrag im Finanzierungsbereich erfasst wird. Die effektiven Finanzierungskosten, das Disagio sowie die Zinszahlungen werden anschließend im operativen Bereich erfasst und

---

[207] Vgl. Seifert (2006, S. 89).
[208] Vgl. Pröbstl (2007, S. 77).
[209] Vgl. Franke und Hax (2004, S. 569).
[210] Vgl. Meyer (2007, S. 445).
[211] Das Disagio ist aus wirtschaftlicher Sicht ein vorweggenommener Zins. Der Unterschiedsbetrag zwischen dem tatsächlichen Auszahlungsbetrag und dem höherem Rückzahlungsbetrag einer Anleihe darf gemäß § 250 Abs. 3 HGB sofort als Aufwand verrechnet oder als aktivistischer Rechnungsabgrenzungsposten bilanziert und über die Laufzeit der Anleihe abgeschrieben werden. Vgl. Baetge (1998, S. 97).

würden folglich zu einer stärkeren Belastung des operativen Cashflows führen als dies im ersten Szenario der Fall gewesen wäre.[212]

Eine weitere Besonderheit hinsichtlich der Rückzahlung von langfristigen Schulden besteht bei dem Vorliegen eines Agios[213]. Dieses liegt vor, wenn der zugeflossene Betrag bei der Kapitalaufnahme den Rückzahlungsbetrag übersteigt.[214] Bezüglich der Darstellung des Agios innerhalb der Kapitalflussrechnung besteht generell ein analoges Vorgehen wie bei dem Bestehen eines Disagios. Ein Unterschied besteht dahin gehend, dass durch eine Erfassung des Agios im operativen Bereich eine Stärkung des Cashflows aus laufender Geschäftstätigkeit eintritt.

Eine weitere Besonderheit stellt der Zerobond dar, da bei diesem im Gegensatz zu festverzinslichen Anleihen keine kontinuierlichen Nominalzinszahlungen anfallen. Eine Rückzahlung der Finanzschuld findet erst am Ende der Laufzeit in einer Summe statt. Demnach können Zinszahlungen im operativen Bereich vollständig vermieden werden, sofern die Summe der Rückzahlung im Finanzbereich erfasst wird.[215]

Die beispielhaft aufgeführten Gestaltungsmöglichkeiten tragen zu einer Herabsetzung des Eigen- und/oder Fremdkapitals sowie des Einzahlungsüberschusses bei, der durch die laufende Geschäftstätigkeit sowie die Investitionstätigkeit erzielt wurde (= positiver Freier Cashflow). Auf welche Art und Weise die aufgeführten Maßnahmen innerhalb der Kapitalflussrechnung abgebildet werden, richtet sich nach differenten quantitativen sowie qualitativen Faktoren. Angenommen wird, dass aus Sicht des Cashflow Managements eine Entscheidung dahin gehend zu treffen ist, dass der Cashflow aus laufender Geschäftstätigkeit sowie der Freie Cashflow eine möglichst geringfügige Belastung erfahren, womit die Außendarstellung der einzelnen Unternehmung gestärkt würde.

Handlungsmöglichkeiten bei Finanzmittelbedarf

Eine bilanzpolitische Beeinflussung des Cashflows aus Finanzierungstätigkeit wird im Wesentlichen durch ein negatives Ergebnis des Freien Cashflows hervorgerufen, da dieser im Rahmen der Kapitalflussrechnung eine Zwischengröße vor der Finanzierungstätigkeit darstellt.[216]

Einem Finanzmittelbedarf kann etwa durch die Aufnahme von einem Bankkredit entgegnet werden, indem dieser zu einer Finanzierungseinzahlung führt und eine Steigerung des Cashflows aus Finanzierungstätigkeit zur Folge hat. Im Krankenhauswesen stellt der Bankkredit ein klassisches Finanzierungsinstrument dar.[217]

---

[212] Vgl. Meyer (2007, S. 446).
[213] Das Agio stellt eine einmalige Ausgleichsleistung für zukünftige, über dem Marktzins liegende Nominalzinszahlungen dar. Gemäß § 272 Abs. 2 Nr. 1 und 2 HGB ist das Agio in die Kapitalrücklage einzustellen. Vgl. Meyer (2007, S. 445).
[214] Vgl. Wöhe und Bilstein (2002, S. 44).
[215] Vgl. Nurnberg (1993, S. 67).
[216] Vgl. Meyer (2007, S. 439 f.).
[217] Vgl. Patzak (2009, S. 72.); Clausen et al. (2008, S. 609).

Zu unterscheiden ist bei der Bereitstellung von Bankkrediten durch Kreditinstitute die unterschiedliche Ausprägungsform der Kredite.[218] An dieser Stelle wird eine Differenzierung lediglich nach dem Verwendungszweck aufgegriffen, wobei eine Gliederung nach dem Investitions-, Betriebsmittel- und Zwischenkredit erfolgen kann. Dabei besteht der Zweck von Investitionskrediten in der Finanzierung des Anlagevermögens und ist häufig an ein Investitionsobjekt gebunden. Außerdem weisen Investitionskredite in der Regel längere Laufzeiten auf. Betriebsmittelkredite hingegen werden zur Finanzierung des Umlaufvermögens herangezogen und verfügen grundsätzlich über kurzfristige Laufzeiten. Ferner werden Zwischenkredite zur Überbrückung eines definierten Zeitraums zur Zwischenfinanzierung bereits fest zugesagter oder in Aussicht stehender langfristiger Darlehensmittel eingesetzt.[219] Da bei Krankenhäusern, wie in der Einleitung beschrieben, vor allem im Bereich der Investitionsfinanzierung ein Finanzierungsbedarf besteht, steht im Krankenhaus der Investitionskredit im Vordergrund.

Im Allgemeinen eignet sich der Bankkredit unter Berücksichtigung der derzeit noch geltenden Eigenkapitalvorschrift (Basel II) insbesondere für diejenigen Krankenhäuser, die die Voraussetzungen für ein positives Rating erfüllen und folglich Kredite zu tragbaren Konditionen erhalten. Dabei treten jedoch laut Patzak häufig im Zusammenhang mit dem bankeninternen Ratingprozess Probleme auf, da Krankenhäuser diesbezüglich über begrenzte Kenntnisse verfügen.[220] Des Weiteren wirkt sich die Kreditaufnahme negativ auf die Bilanz eines Krankenhauses aus und trägt gleichzeitig zu einer Erhöhung des Verschuldungsgrades bei. Die Aufnahme eines langfristigen Bankkredites (Investitionskredit) führt regelhaft zu einem vorab bestimmten oder unbestimmten Zeitpunkt zu einer Rückzahlung. Die Kredite lassen sich dabei amortisierend oder endfällig gestalten. Amortisierende Kredite werden mit regelmäßigen Zins- und Tilgungszahlungen bedient. Bei endfälligen Krediten setzt die Rückzahlung hingegen erst zu einem späteren Zeitpunkt ein, bei einem echten endfälligen Kredit sogar erst am Ende der Laufzeit.[221] Da eine Ausführung hinsichtlich der Zahlungsmittelabflüsse aufgrund von Finanzschulden bereits erfolgte, soll an dieser Stelle darauf verwiesen werden.

Die Anleihefinanzierung stellt ein weiteres Finanzierungsinstrument dar, welches bei einem vorliegenden Finanzierungsbedarf herangezogen werden kann, um einen Mittelzufluss im Finanzierungsbereich zu erzielen. Bei Anleihen handelt es sich um sogenannte Schuldverschreibungen, die sich nicht an einen speziellen Kreditgeber, sondern an den Kapitalmarkt im Allgemeinen richten.[222] Als Herausgeber von Anleihen treten private Unternehmungen wie auch Kreditinstitute und die öffentliche Hand auf. Bei privaten Unternehmungen bedarf es z. B. für die Emission von Anleihen einer Emissionsfähigkeit, wobei diese nicht an eine bestimmte Rechtsform gebunden ist. Der Emittent sollte

---

[218] Vgl. Tebroke und Laurer (2005, S. 66).
[219] Vgl. Perridon und Steiner (2007, S. 374).
[220] Vgl. Patzak (2009, S. 88 f.).
[221] Vgl. Zantow und Dinauer (2011, S. 193 ff.).
[222] Vgl. Perridon und Steiner (2007, S. 387).

jedoch etwa über einen Investment-Grade (obere Ratingklasse) verfügen[223] sowie die Anforderungen an eine marktübliche Mindestvolumina erfüllen.[224] Während der Laufzeit der Anleihe hat der Gläubiger einen Anspruch auf Zins- und Tilgungszahlungen, wobei dabei verschiedene Rückzahlungsmodalitäten berücksichtigt werden müssen, auf die jedoch an dieser Stelle nicht näher eingegangen werden soll. Letztlich ist darauf hinzuweisen, dass vielfältige Gestaltungsformen von Schuldverschreibungen vorhanden sind.[225]

Für eine Anleihefinanzierung anstatt der Aufnahme von Bankkrediten spricht, dass das einzelne Krankenhaus von Banken unabhängiger ist und generell höhere finanzielle Volumina beziehen kann. Jedoch steht diese Form der Finanzierung in der Regel nur großen Trägern mehrerer Krankenhäuser zur Verfügung. Dies liegt zum einen an den Bonitätsanforderungen und zum anderen an den Mindestbeträgen, die für die Emission einer Anleihe vorgeschrieben oder wirtschaftlich sind. Des Weiteren stellen die mit der Emission verbundenen Nebenkosten wie Gebühren für Prüfungen oder Vertragsaufsetzungen eine hohe Belastung für das einzelne Krankenhaus dar.[226] Sichtbar wird diese Einschätzung ebenso auf dem deutschen Krankenhausmarkt, da dort lediglich große private Klinikketten aufzufinden sind, die Anleihen emittiert haben. Zu nennen ist dabei z. B. die Asklepios Kliniken GmbH, die eine festverzinsliche Anleihe mit einem Volumen von 150 Mio. Euro erstmals im Jahr 2010 bei Investoren in Deutschland und im europäischen Ausland emittiert hat. Die Laufzeit der Anleihe beträgt sieben Jahre und wird mit einem Coupon von 4 % verzinst. Ziel der Anleiheemission ist die Ablösung von Finanzverbindlichkeiten und die Finanzierung in weitere Entwicklungen der Unternehmung.[227] Ebenfalls platzierte die Rhön-Klinikum AG ihre erste Anleihe mit einem Volumen von 400 Mio. Euro, einer Laufzeit von sechs Jahren und einem Coupon in Höhe von 3,875 % im Jahr 2010 auf dem Markt. Die damit einhergehenden Emissionserlöse werden laut Angabe des Klinikums für die Refinanzierung bestehender Verbindlichkeiten und allgemeiner Unternehmenszwecke verwendet.[228]

Letztlich führen die beispielhaft aufgeführten Instrumente der Außenfinanzierung zu einer Erhöhung der Finanzierungseinzahlungen und decken demnach einen nach Investitionstätigkeit bestehenden Finanzmittelbedarf (= negativen Freien Cashflow), um einen Rückgriff auf die im Finanzmittelfonds gebundene Liquidität zu vermeiden.[229] Neben der Fremdfinanzierung ist ebenfalls eine Eigenfinanzierung (Kapitalerhöhung, Verkauf eigener Anteile) möglich, die ebenfalls zu einer Ergebnissteigerung des Cashflows aus Finanzierungstätigkeit beitragen kann. Für welches Finanzierungsinstrument sich ein Krankenhaus entscheidet, kann sich etwa nach Art, Höhe und Struktur der mit dem Instrument verbundenen Finanzierungsströme richten sowie nach deren Auswirkung auf die Rentabilität und dem verbundenen finanzwirtschaftlichen Risiko.

---

[223] Vgl. Busse (2003, S. 511).
[224] Vgl. Pape (2011, S. 162).
[225] Vgl. Ziehe (2009, S. 86 f.); Perridon und Steiner (2007, S. 387 ff.).
[226] Vgl. Perridon und Steiner (2007, S. 387 ff.); Ziehe (2009, S. 243); Von Eiff et al. (2009, S. 74).
[227] Vgl. http://www.asklepios.com/Pressemitteilung_22092010.Asklepios.
[228] Vgl. http://www.rhoen-klinikum-ag.com/rka/cms/rka_2/deu/presse/80598.php.
[229] Vgl. Meyer (2007, S. 439 f.).

4.3.3 Cashflow-Reporting

Im Hinblick auf das Berichtswesen existieren zwar Angaben zu der internen Berichterstattung in Krankenhäusern, die sich an das obere Management, Mediziner und Pflegekräfte richtet, jedoch keine Angaben zu einem cashfloworientierten Berichtswesen. Eine Studie der Hochschule Osnabrück zur Anwendung von Kennzahlen im Krankenhaus hat allerdings ergeben, dass über 80 % der befragten Krankenhäuser auf Geschäftsführungsebene mit finanziellen Kennzahlen steuern.[230] Zudem ergab eine Umfrage der Managementberatung zeb/rolfes.schierenbeck.associates GmbH zum aktuellen Stand des Controllings in Krankenhäusern aus dem Jahr 2011, dass im Hinblick auf die Art des Berichtswesens der Fokus auf der GuV, dem Kostenbericht, der Deckungsbeitragsrechnung, dem Bericht zu den medizinischen Kennzahlen sowie dem Detailbericht Medizincontrolling[231] liegt.[232]

Wesentliche Ziele eines Cashflow-Reportings sind interne sowie externe Interessengruppen des einzelnen Krankenhauses über den aktuellen Liquiditätsbestand sowie über retrospektive Zahlungsströme innerhalb eines definierten Zeitraums zu informieren, insbesondere über die Innenfinanzierungskraft sowie über Investitions- und Finanzierungstätigkeiten. Mithilfe dieser Kenntnisse ist es dem Cashflow Management möglich, Gegenmaßnahmen zur Vermeidung von Liquiditätsengpässen rechtzeitig einzuleiten.[233] Eine Studie der Wirtschaftsprüfungsgesellschaft PwC zur aktuellen Bedeutung von Cashflow-Planung und -Reporting aus dem Jahr 2010 hat festgestellt, dass die Ziele für eine Auseinandersetzung mit dem Thema Cashflow-Reporting neben einer Verbesserung der Liquidität in einer Verbesserung der Finanz- und Liquiditätsplanung und Steigerung des Informationsbedarfs von Kapitalgebern[234] liegen.[235]

In Tab. 4.8 werden mögliche Merkmale einer Ausgestaltung des Cashflow-Reportings im Krankenhaus aufgeführt.

Im Mittelpunkt der Gestaltungsüberlegung steht der Zweck der Informationsübermittlung,[236] der soeben im Zusammenhang mit den Zielen des Cashflow-Reportings erläutert wurde. Aus dem Zweck der Informationsübermittlung folgen weitere konkrete Berichtszwecke, die aus der jeweiligen Informationsverwendung resultieren, wobei sich die voraussichtliche Verwendung nach dem Berichtsempfänger richtet.[237] Eng mit der Frage nach dem Zweck ist die Frage nach dem Empfänger des Berichtes verbunden. Im Krankenhauswesen ist in erster Linie das Management der Empfänger eines Cashflow-

---

[230] Vgl. Zapp (2010, S. 33).

[231] Zu berücksichtigen ist jedoch, dass die Anzahl der verwertbaren Ergebnisse lediglich auf einer Stichprobe von 96 Krankenhäusern basiert, womit der Aspekt der Repräsentativität zu hinterfragen ist.

[232] Vgl. zeb/rolfes GmbH (2011, S. 16).

[233] Vgl. Meyer (2007, S. 2).

[234] Zu beachten ist dabei, dass lediglich 12 % der Studienteilnehmer aus dem Bereich Pharma & Health Care stammen.

[235] Vgl. Weber und Wewer (2010, S. 11).

[236] Vgl. Jung (2007, S. 147); Mensch (2008, S. 312).

[237] Vgl. Mensch (2008, S. 312).

Tab. 4.8 Merkmale von Cashflow-Größen (eigene Darstellung)

Merkmale	Beispiele von Ausprägungen
Berichtszweck	Vermittlung von Informationen über den Liquiditätsbestand sowie Zahlungsströme innerhalb eines Betrachtungszeitraums, um die Liquidität sowie die Finanz- und Liquiditätsplanung zu verbessern sowie den Informationsbedarf von internen sowie externen Interessengruppen zu steigern.
Berichtsempfänger	Krankenhausmanagement, gegebenenfalls weitere interne Leistungsbereiche und externe Adressaten
Berichtsinhalt	Cashflow-Größen sowie weitere Liquiditätskennzahlen in Form von Zeit-, Betriebs- und Soll-Ist-Vergleichen
Berichtsform	Elektronisch, auf Papier, mündlich
Berichtsersteller	Finanzcontrolling in Zusammenarbeit mit dem Cashflow Management
Berichtszeiten	Monatlich oder vierteljährlich

Reportings. Neben dem Krankenhausmanagement können noch Chefärzte als Leiter der Fachabteilungen mit gegebenenfalls Budget- und Personalverantwortung sowie weitere interne Leistungsbereiche des Krankenhauses Empfänger des Reportings sein. Dabei ist zu berücksichtigen, dass begrenzte Möglichkeiten der Informationsaufnahme bei Mitarbeitern aus Medizin und Pflege in Bezug auf betriebswirtschaftliche Themengebiete im Krankenhausalltag bestehen.[238] Darüber hinaus können ebenso externe Adressaten als Empfänger eines Cashflow-Reportings in Frage kommen. Ein Cashflow-Reporting kann in diesem Zusammenhang als fundierte Entscheidungsgrundlage dienen, ob Kapitalgeber in das Krankenhaus investieren möchten. Auch wird angenommen, dass der Einsatz eines Cashflow-Reportings dabei zu einer Vertrauensgewinnung, Professionalisierung der Unterlagen sowie Erleichterung des Kreditvergabeprozesses beiträgt.

Aus dem Empfängerkreis und dessen Informationsbedarf lassen sich die Berichtsinhalte des Cashflow-Reportings definieren.[239] Diese umfassen ausgewählte Liquiditätskennziffern, etwa Cashflow-Kennzahlen sowie deren Berechnungsgrößen, Liquiditäts- und Deckungsgrade, Working-Capital-Kennzahlen sowie cashflowbasierende Rating-Kennziffern (Abb. 4.5).

Außerdem können die ausgewählten Kennzahlen in Form von Zeit-, Betriebs- und Soll-Ist-Vergleichen aufgeführt werden.[240] So werden Informationen vermittelt, die aufzeigen, in welchem Umfang die angestrebten Ziele in den einzelnen Leistungsbereichen erreicht wurden und wo zusätzliche Maßnahmen ergriffen werden müssen.[241] Darüber hinaus richtet sich die inhaltliche Gestaltung nach Aspekten wie Genauigkeit, Eindeutigkeit und dem Verdichtungsgrad der Daten. Zu empfehlen ist zudem, dass das Berichtswesen die Strukturen des Planungs- und Kontrollsystems widerspiegelt sowie die Aufbaustruktu-

---

[238] Vgl. Riehl (2011, S. 163).
[239] Vgl. Mensch (2008, S. 312).
[240] Vgl. Zapp und Oswald (2009, S. 281).
[241] Vgl. Zapp und Oswald (2009, S. 276 f.).

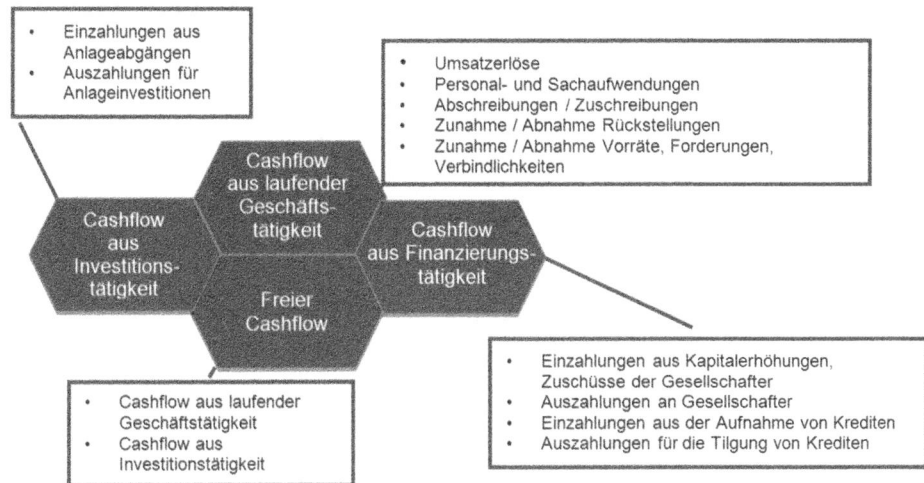

Abb. 4.5 Mögliche Inhalte eines Cashflow-Reportings

ren des Krankenhauses berücksichtigt.[242] Letztendlich bedarf es einer kontinuierlichen Abstimmung möglicher Inhalte mit dem Informationsbedarf der entsprechenden Zielgruppen unter Berücksichtigung der verfügbaren Instrumente der Informationserzeugung und -übermittlung sowie der Wirtschaftlichkeit als Bestimmungsgröße des Berichtswesens.[243] Das Cashflow-Reporting sollte ebenfalls, in Bezug auf die Kontrollfunktion, Informationen unabhängig von konkreten Entscheidungsanforderungen enthalten, denen im Krisenfall eine hohe Bedeutung zukommen kann.[244] Zudem stellt sich die Frage nach der Form bzw. Art der Darstellung und Übermittlung der Informationen, wobei diese mündlich, auf Papier sowie elektronisch übertragen werden können.[245] In diesem Kontext ist eine Orientierung an den Bedürfnissen des Empfängers ebenfalls zu empfehlen. Richtet sich ein Reporting beispielsweise an Chefärzte, die grundsätzlich nicht betriebswirtschaftlich ausgebildet sind, sollten Berichtsinhalte ausführlich erläutert werden. Auf diese Weise kann eine klare und unmissverständliche Informationsvermittlung verfolgt werden.[246] Bezüglich der Informations-Technologie ist festzuhalten, dass in den meisten IT-Reporting-Systemen nur selten vordefinierte Standards zur Abbildung eines Cashflow-Reportings vorliegen. Folglich greifen viele Unternehmungen bei der Erstellung eines Cashflow-Reportings auf Excel zurück. Eine Automatisierung des Reportings würde jedoch die Erstellungsgeschwindigkeit deutlich erhöhen.[247] Cashflow-Reportings werden

---

[242] Vgl. Zapp und Oswald (2009, S. 277).
[243] Vgl. Küpper et al. (2013, S. 230).
[244] Vgl. Burger et al. (2010, S. 331 ff.).
[245] Vgl. Mensch (2008, S. 313); Jung (2007, S. 152 f.); Küpper et al. (2013, S. 238).
[246] Vgl. Schanbacher und Ballarini (2013, S. 31).
[247] Vgl. Haerle et al. (2012, S. 89).

im Finanzcontrolling in Zusammenarbeit mit dem Cashflow Management (Finanzmanagement) erstellt. Ebenfalls bedarf es einer Festlegung der Berichtszeiten und -termine. So können z. B. Tagesberichte, Monatsberichte, Quartalsberichte oder Jahresberichte regelmäßig oder unregelmäßig erstellt werden.[248] Von Bedeutung ist im Allgemeinen, dass die Berichtserstattung in regelmäßigen Abständen erfolgt, da Nutzer so den Umgang mit den vorliegenden Daten erlernen, diese besser interpretieren und ihr Handeln daran ableiten können.[249]

4.4 Zusammenfassung und Ausblick

In diesem Beitrag sollte vor dem Hintergrund einer sich verschlechternden finanziellen Situation bei einem Großteil der Krankenhäuser und einer damit verbundenen steigenden existenziellen Bedeutung von Finanz- bzw. Zahlungsmitteln der Cashflow als Managementinstrument im Krankenhaus analysiert werden.

Folgende Thesen sind zu benennen:

1. Unterschiede bei der Berechnung von Cashflow-Kennzahlen im Vergleich zu der Berechnung dieser Größen innerhalb einer klassischen Wirtschaftsunternehmung bestehen einerseits dahingehend, dass die Interpretationsmöglichkeit einzelner Angaben des Jahresabschlusses variieren. Zum besseren Verständnis ist etwa die Bilanzposition „Abschreibungen" zu nennen, die aufgrund einer umfassenden Krankenhausinfrastruktur sehr hoch ausfallen kann. Auch Vorräte haben eine besondere Stellung, da sie sogenannte „Überlieger" beinhalten. Diese beispielhaft aufgeführten Krankenhausspezifika sind bei der Berechnung des Cashflows aus laufender Geschäftätigkeit nach der indirekten Methode sowie bei der Interpretation der Ergebnisse zu beachten. Andererseits bedarf es bei dem Inhalt der Berechnungs- bzw. Darstellungsmethoden einer Berücksichtigung von Sonder- und Ausgleichsposten, die aufgrund der Pflicht zur erfolgsneutralen Buchung der öffentlichen Investitionsförderung aufgestellt werden.
2. Das Cashflow Management wurde im Rahmen dieser Arbeit als „... Gesamtheit aller Maßnahmen zur zielgerichteten Beeinflussung von Cashflow-Größen" definiert. Dabei sind die Ziele des untersuchten Managementansatzes in der Sicherstellung einer fortwährenden Zahlungsfähigkeit sowie in der Wahrung der Flexibilität und Handlungsfähigkeit zu sehen. Instrumente, die innerhalb dieses Managementansatzes Anwendung finden, sind die Cashflow-Planung, die Cashflow-Lenkung anhand von ausgewählten Handlungsfeldern sowie ein noch zu gestaltendes Cashflow-Reporting. Der Planungshorizont umfasst dabei grundsätzlich ein Jahr. Darauf aufbauend versucht die Cashflow-Lenkung, im optimalen Falle angestrebte Zielwerte zu erreichen und Cashflow-Kennzahlen aktiv und erfolgreich zu steuern. Es wird angenommen, dass diesem Ideal in der Krankenhauspraxis kaum entsprochen wird.

---

[248] Vgl. Jung (2007, S. 150); Zapp und Oswald (2009, S. 282).
[249] Vgl. Schanbacher und Ballarini (2013, S. 31).

Es ist zu vermuten, dass derzeit lediglich eine geringe Anzahl von Krankenhäusern eine Steuerung über Cashflow-Kennzahlen vornehmen, indem sie strategische Entscheidungen in Abhängigkeit von diesen Größen treffen und teilweise Instrumente des Cashflow Managements im Krankenhausalltag anwenden. Der allgemeine Eindruck ist demzufolge, dass sich das „Denken in Cashflows" sowie die ökonomische Entscheidungsfindung anhand von Cashflow-Kennzahlen in Krankenhausunternehmungen noch nicht etabliert hat. Unerlässlich erscheint es jedoch vor dem Hintergrund der aufgezeigten Entwicklung des Untersuchungsobjektes, der steigenden Bedeutsamkeit der Baseler Eigenkapitalvereinbarungen (Basel II und III) sowie der Financial Covenants, dass sich das Krankenhausmanagement intensiv mit dem Thema auseinandersetzt sowie den Cashflow als Managementinstrument im Krankenhaus etabliert. Folglich wird der Cashflow als Lenkungsgröße zukünftig im Krankenhaus unumgänglich sein, weshalb die Tätigkeit insbesondere des Finanzmanagements bereits jetzt einen Schwerpunkt auf die Liquiditäts- bzw. Cashfloworientierung legen sollte. Abschließend bleibt allerdings festzuhalten, dass Cashflow-Kennzahlen zur Unternehmungslenkung nicht isoliert, sondern im Zusammenhang mit der Ermittlung weiterer Kennziffern sowie qualitativer Faktoren zu betrachten sind.

Da gegenwärtig überwiegend leistungswirtschaftliche Kennzahlen die Unternehmungsführung von Krankenhäusern dominieren,[250] bedarf es für die Etablierung eines Cashflow Managements einer verstärkten Orientierung an Liquiditätskennzahlen im Allgemeinen sowie im Besonderen an Cashflow-Größen. Gleichzeitig ist damit eine Ausrichtung der Management-Philosophie an einer cashfloworientierten Unternehmungsführung notwendig, wofür ein Veränderungsprozess einzuleiten ist. Die angespannte finanzielle Situation einzelner Kliniken verlangt dabei eine erhöhte Geschwindigkeit des Paradigmenwechsels im Krankenhausmanagement. Somit ist ein Veränderungsprozess zielgerichtet vorzubereiten und zu begleiten sowie aktiv gegenüber Mitarbeitern zu vertreten, um auf diese Weise eine Bereitschaft und Fähigkeit für die Neuausrichtung zu schaffen.[251] Erst mit der Akzeptanz einer cashfloworientierten Lenkung, die eine Ergänzung in der Unternehmungsführung darstellt, liegt eine ausreichende Grundlage für die Implementierung eines Cashflow Managements vor.

Literatur

Verwendete Literatur
Auer B, Schmidt P (2012) Buchführung und Bilanzierung: Eine Anwendungsorientierte Einführung. Wiesbaden. Gabler Verlag. Springer-Verlag GmbH

Augurzky B, Krolop S, Gülker R, Hentschker C, Schmidt C M (2012) Krankenhaus Rating Report 2012. Krankenhausversorgung am Wendepunkt? Heidelberg. medhochzwei Verlag GmbH

Bächstädt K-H (2008) Liquiditätsmanagement im Krankenhaus – Voraussetzung zur Kreditfinanzierung. In: Everling O, Kampe D M (Hrsg) Rating im Health-Care-Sektor. Schlüssel

---

[250] Vgl. Weber (2011, S. 216).
[251] Vgl. Krüger (2002, S. 19 ff.).

zur Finanzierung von Krankenhäusern, Kliniken, Reha-Einrichtungen. Wiesbaden. Betriebswirtschaftlicher Verlag Dr. Th. Gabler. 150–167

Baetge J (1998) Bilanzanalyse. Düsseldorf. IDW-Verlag GmbH

Bea F. X, Haas J (2004) Strategisches Management. 4., neu bearbeitete Auflage. Stuttgart. Lucius & Lucius Verlagsgesellschaft mbH

Behringer S (2007) Cash-flow und Unternehmensbeurteilung. Berechnungen und Anwendungsfelder für die Finanzanalyse. 9., neu überarbeitete Auflage. Berlin. Erich Schmidt Verlag GmbH & Co.

Bieg H, Kußmaul H, Waschbusch G(2012) Externes Rechnungswesen in Übungen. München. Oldenbourg Wissenschaftsverlag GmbH

Bitz M, Terstege U (2002) Grundlagen des Cash-Flow-Managements. Diskussionsbeitrag Nr. 317 des Fachbereichs Wirtschaftswissenschaft der Fernuniversität in Hagen. http://deposit.fernuni-hagen.de/166/1/db317.pdf (Zugegriffen: 02.06.2013)

Bliefert F (2013) Was sagt das Working Capital aus? Controller Magazin. Heft März/April 2013. 88–91

Blum K, Offermanns M, Perner P (2008) Krankenhausbarometer Umfrage 2008. Düsseldorf. Deutsches Krankenhausinstitut e.V. https://www.dki.de/sites/default/files/publikationen/bericht_kh_barometer_2008.pdf

Blum K, Offermanns M (2010) Forderungsmanagement der Krankenhäuser. Studienergebnisse aus der Krankenhauspraxis. Das Krankenhaus. Heft 4/2010. 297–303

Blum K, Löffert S, Offermanns M, Steffen P (2012) Krankenhaus Barometer. Umfrage 2012. Düsseldorf. Deutsches Krankenhausinstitut e. V. https://www.dki.de/sites/default/files/publikationen/krankenhaus-barometer-2012.pdf (Zugegriffen: 16.05.2013)

Böhme A, Huntemann E M, Bohm S (2009) Kurzstudie zum Entlassungs- und Forderungsmanagement in Krankenhäusern. http://bhb-gesundheitsconsulting.de/index.php?zeigeText=15 (Zugegriffen: 17.05.2013)

Bösch M (2011) Finanzwirtschaft: Investition, Finanzierung, Finanzmärkte und Steuerung. München. Verlag Franz Vahlen GmbH

Burger A, Ulbrich P, Ahlemeyer N (2010) Fallstudienbuch Beteiligungscontrolling. Mit vertiefenden Übungen und wertorientierter Perspektive. 2. Auflage. München. Oldenbourg Wissenschaftsverlag GmbH

Burkhart M, Friedl C, Schmidt, H (2010) Jahresabschlüsse der Krankenhäuser. 3. Auflage, Fachverlag Moderne Wirtschaft, Frankfurt am Main

Büschgen HE (1998) Praxishandbuch Leasing. München. Verlag C. H. Beck oHG

Busse F-J (2003) Grundlagen der betrieblichen Finanzwirtschaft. 5. Auflage. München. Oldenbourg Wissenschaftsverlag GmbH

Chmielewicz K (1972) Integrierte Finanz- und Erfolgsplanung. Versuch einer dynamischen Mehrperiodenplanung. Stuttgart. C. E. Poeschel Verlag

Clausen C, Bauer M, Saleh A, Picker O (2008) Finanzierungsproblematik von Investitionsgütern. Teil 1: Leasing als Ausweg? Der Anästhesist . Heft 6. 607–612

Coenenberg A, Haller A, Schultze W (2012):Jahresabschluss und Jahresabschlussanalyse. Betriebswirtschaftliche, handelsrechtliche, steuerrechtliche und internationale Grundlagen – HGB, IAS/IFRS, US-GAAP, DRS. 22., überarbeitete Auflage. Stuttgart. Schäffer-Poeschel Verlag für Wirtschaft – Steuern – Recht GmbH

Crone A (2012) Liquiditätsbeschaffung im Rahmen der Innenfinanzierung. In: Crone A, Werner H (Hrsg) Modernes Sanierungsmanagement. Insolvenzverfahren, Haftungsrisiken, Arbeitsrecht,

Sanierungskonzept und steuerliche Aspekte. 3. Auflage. München. Verlag Franz Vahlen GmbH. 170–182

Drechsler K (2011) Optimierung der Kapitalstruktur. Working Capital Management in der Gesundheits- und Sozialwirtschaft. http://www.curacon.de/fileadmin/user_upload/pdf/themen_ und_trends/themen/0311_Optimierung_der_Kapitalstruktur.pdf (Zugegriffen: 16.05.2013)

Eichhorn S (2008b) Krankenhauszielsystem. In: Schmidt-Rettig B, Eichhorn S (Hrsg) Krankenhaus-Managementlehre. Theorie und Praxis eines integrierten Konzepts. Stuttgart. W. Kohlhammer GmbH. 97–104

Eilenberger G (2003) Betriebliche Finanzwirtschaft. 7., überarbeitete Auflage. Oldenbourg Wissenschaftsverlag GmbH

Eilenberger G, Ernst D, Toebe M (2013) Betriebliche Finanzwirtschaft: Einführung in Investition und Finanzierung, Finanzpolitik und Finanzmanagement von Unternehmungen. 8., vollständig überarbeitete und erweiterte Auflage. München. Oldenbourg Wissenschaftsverlag GmbH

Eller R, Heinrich M, Perrot R, Reif M (2010) Kompaktwissen Risikomanagement: Nachschlagen, verstehen und erfolgreich umsetzen. Wiesbaden. Gabler Verlag

Engelke D-R (2008) Grundlagen der Aufbau- und Ablauforganisation. In: Schmidt-Rettig B, Eichhorn S (Hrsg) Krankenhaus-Managementlehre. Theorie und Praxis eines integrierten Konzepts. Stuttgart. W. Kohlhammer GmbH. 196–216

Ertl M (2004) Aktives Cashflow-Management. Liquiditätssicherung durch wertorientierte Unternehmensführung und effiziente Innenfinanzierung. München. Verlag Franz Vahlen GmbH

Fleßa S, Nickel S (2008) Grundzüge der Krankenhaussteuerung. München. Oldenbourg Wissenschaftsverlag GmbH

Flick C B (1961) The Fallacy of ‚Cash Flow' And ‚Funds Generated By Depreciation'. In: Financial Analyst Journal. Vol. 17, No. 6. 35–36

Franke G, Hax H (2004) Finanzwirtschaft des Unternehmens und Kapitalmarkt. 5., überarbeitete Auflage. Berlin. Springer-Verlag GmbH

Fries T (2003) Unternehmensbewertung von Krankenhäusern. Arbeitsberichte zum Management im Gesundheitswesen. Köln. Lehrstuhl für Allgemeine BWL und Management im Gesundheitswesen.

Grünberger D (2002) IFRS 2011. Ein systematischer Praxis-Leitfaden. 9., überarbeitete Auflage. Herne. NWB Verlag GmbH & Co.KG

Haerle T, Hellener S, Kaum S (2012) Cash Flow als Kerngröße in der Unternehmenssteuerung. Controller Magazin. Heft 6/2012. 86–90

Hanneken A, Perner P (2009) Working Capital Management – schlummerndes Kapital wecken. Das Krankenhaus. Heft 6/2009. 540–542

Heesen B (2011) Cash- und Liquiditätsmanagement. Wiesbaden. Springer Fachmedien Wiesbaden GmbH

Heil R (2011) Cashflow Planung, Reporting und Steuerung: Methoden zur erfolgreichen Umsetzung in der Praxis. Der Betrieb. Heft 26/27. 1457–1461

Horváth P (2011) Controlling. 12., vollständig überarbeitete Auflage. München. Verlag Franz Vahlen GmbH

Jones S, Widjaja L (1998) The Decision Relevance of Cash-Flow Information: A Note. In: Abacus. September 1998. 204–219

Jung H (2007) Controlling. 2., überarbeitete und aktualisierte Auflage. München. Oldenbourg Wissenschaftsverlag GmbH

Kammer der Wirtschaftstreuhändler (2008) Fachgutachten des Fachsenats für Betriebswirtschaft und Organisation des Instituts für Betriebswirtschaft, Steuerrecht und Organisation der Kammer der Wirtschaftstreuhändler über die Geldflussrechnung als Ergänzung des Jahresabschlusses und Bestandteil des Konzernabschlusses. Wien. (Fachgutachten)

Klepzig H-J (2010) Working-Capital und Cash Flow. Finanzströme durch Prozessmanagement optimieren. 2. Auflage. Wiesbaden. Springer-Verlag GmbH

Klockhaus H-E (1996) Finanz- und Erfolgsplanung im Krankenhaus. Die wichtigsten Planungs-Instrumente für Finanzen, Investitionen und Erfolg zur Optimierung der Wirtschaftlichkeit. München. Wissenschaftliche Verlagsgesellschaft

Krämer N, Niederberghaus D, Kischkel S (2011) Ein Weg zu mehr Liquidität. Wie Krankenhäuser ihr Working Capital nachhaltig verbessern können. KU Gesundheitsmanagement. Heft 04/2011. 54–57

Krishnan G V, Largay J A (2000) The Predictive Ability of Direct Method Cash Flow Information. In: Journal of Business Finance & Accounting. January/March 2000. 215–245

Krüger W (2002) Excellence in Change: Wege zur strategischen Erneuerung. 2., vollständig überarbeitete Auflage. Wiesbaden. Dr. Th. Gabler Verlag

Küpper H-U, Friedl G, Hofmann C, Hofmann, Y, Pedell B (2013) Controlling: Konzeption, Aufgaben, Instrumente. 6., überarbeitete Auflage. Stuttgart. Schäffer-Poeschel Verlag für Wirtschaft · Steuern · Recht GmbH

Küting K, Weber C-P (2001) Die Bilanzanalyse: Lehrbuch zur Beurteilung von Einzel- und Konzernabschlüssen. 6., erweiterte und aktualisierte Auflage. Stuttgart. Schäffer-Poeschel Verlag für Wirtschaft – Steuern – Recht GmbH

Küting K, Weber C-P (2012) Die Bilanzanalyse. Beurteilung von Abschlüssen nach HGB und IFRS. 10., aktualisierte und überarbeitete Auflage. Stuttgart. Schäffer-Poeschel Verlag für Wirtschaft – Steuern – Recht GmbH

Kuhn W, Strecker K A (2008) Liquiditätsmanagement im Mittelstand – Banken als Partner. Goeke M [Hrsg.] Praxishandbuch Mittelstandsfinanzierung: Mit Leasing, Factoring and Co. unternehmerische Potenziale ausschöpfen. Wiesbaden. GWV Fachverlage GmbH. 83–99

Lachnit L (1973) Wesen, Ermittlung und Aussage des Cash Flow. In: Zeitschrift für betriebswirtschaftliche Forschung, S. 59–77

Lachnit L, Müller S (2012) Unternehmenscontrolling: Managementunterstützung bei Erfolgs-, Finanz-, Risiko- und Erfolgspotenzialsteuerung. 2. Auflage. Wiesbaden. Springer-Verlag GmbH

Lorke B, Müller J (2008) Zukunftsorientiertes Krankenhausmanagement. Rechnungslegung nach IFRS. Düsseldorf. Deutsche Krankenhaus Verlagsgesellschaft mbH

Maier B, Sidki M (2012) Finanzmittelbeschaffung für Krankenhäuser. Alternative Methoden im Überblick. KU-Gesundheitsmanagement. Heft 11/2012. 59–62

Matschke M J, Hering J, Klingelhöfer H E (2002) Finanzanalyse und Finanzplanung. München. Oldenbourg Wissenschaftsverlag GmbH

Mensch Gm (2008) Finanz-Controlling. Finanzplanung und -kontrolle. Controlling zur finanziellen Unternehmensführung. 2., überarbeitete und erweiterte Auflage. München. Oldenbourg Wissenschaftsverlag GmbH

Meyer M A (2007) Cashflow-Reporting und Cashflow-Analyse. Konzeption, Normierung, Gestaltungspotenzial und Auswertung von Kapitalflussrechnungen im internationalen Vergleich. Düsseldorf. IDW Verlag GmbH

Nitsch R, Niebel F (1997) Praxis des Cash Managements. Mehr Rendite durch optimal gesteuerte Liquidität. Wiesbaden. Betriebswirtschaftlicher Verlag Dr. Th. Gabler GmbH

Nurnberg H (1993) Inconsistencies and Ambiguities in Cash Flow Statements Under FASB Statement No. 95. Accounting Horizons. June 1993. 60–75

Pape U (2011) Grundlagen der Finanzierung und Investition: Mit Fallbeispielen und Übungen. 2. Auflage. München. Oldenbourg Wissenschaftsverlag GmbH

Patzak M (2009) Alternative Finanzierungsinstrumente für Krankenhäuser. Dissertation. Schriften zur Gesundheitsökonomie

Penter V, Arnold C (2009) Vorsicht, Stau! Ohne Eigeninitiative der Leistungserbringer vergrößert sich der Investitionsrückstand. KU-Gesundheitsmanagement. Heft 6/2009. 14–16

Penter V, Friedrich S, Schidrich A, Nemmer T, Rüger T, Hohlfeld T, Holst S (2010) Ausgewählte rechnungslegungsnahe Themen. In: Penter V, Siefert B (Hrsg) Kompendium Krankenhaus-Rechnungswesen. Grundlagen, Beispiele, Aktuelles, Trends. Kulmbach. Mediengruppe Oberfranken – Buch-und Fachverlag GmbH & Co.KG. 418–477

Perridon L, Steiner M (2004) Finanzwirtschaft der Unternehmung. 13., überarbeitete und erweiterte Auflage. Verlag Franz Vahlen GmbH

Perridon L, Steiner M (2007) Finanzwirtschaft der Unternehmung. 14., überarbeitete und erweiterte Auflage. München. Verlag Franz Vahlen GmbH

Prätsch J, Schikorra U, Ludwig E (2012) Finanzmanagement: Lehr- und Praxisbuch für Investition, Finanzierung und Finanzcontrolling. 4. Auflage. Berlin. Springer-Verlag GmbH

Preißler P R (2008) Betriebswirtschaftliche Kennzahlen. Formeln. Aussagekraft. Sollwerte. Ermittlungsintervalle. München. Oldenbourg Wissenschaftsverlag GmbH

Pröbstl G (2007) Die besten Dividendenstrategien – simplified: Mit den richtigen Werten Geld verdienen. 2. Auflage. München. FinanzBuch Verlag

Rehkugler H, Poddig T (1998) Bilanzanalyse. 4., völlig überarbeitete und erweiterte Auflage. München. Schäffer-Poeschel Verlag für Wirtschaft – Steuern – Recht GmbH

PWC (2012) European Working Capital Annual Review 2012, Abrufbar: http://www.pwc.be/en/publications/2013/capital_market_survey_2013.pdf

Richter J, Dieckmann D (2008) Bilanz- und Finanzcontrolling noch ausbaufähig. Ganzheitlicher Planungsansatz mittels der Integrierten Planungsrechnung (IPR). KU Gesundheitsmanagement Special. Heft 50. April 2008. 18–21

Riehl A (2011) Controlling im Krankenhaus: Eine strukturationstheoretische Analyse der Schnittstelle Controller-Arzt dargestellt am Beispiel der inneren Medizin. Lohmar. JOSEF EUL VERLAG GmbH

Röhrenbacher H (2008) Finanzierung und Investition (mit Excel und HP). 3., überarbeitete Auflage. Wien. Linde Verlag Ges.m.b.H.

Röver und Partner (2007) IFRS-Leitfaden Mittelstand. Grundlagen, Einführung und Anwendung der Internationalen Rechnungslegung. Berlin. Erich Schmidt Verlag GmbH & Co. KG

Rue J C, Kirk F (1996) Settling the Cash Flow Statement Dispute. National Public Accountant, June 1996. 17–19

Rüdel M (2009) Sale-and-lease-back Transaktionen aus Sicht eines mittelständischen Unternehmens. Kredit & Rating Praxis Zeitschrift der Finanzspezialisten. Heft 6/2009. 37–38

Ruh H (2006) Unternehmensbewertung von Krankenhäusern. Grundlagen, Analysen und Bewertung von Krankenhäusern unter besonderer Berücksichtigung der materiellen Privatisierung. München. Herbert Utz Verlag GmbH

Schanbacher B, Ballarini N (2013) Berichtswesen auf dem Prüfstand. Entscheidungsrelevanz, Adressatenorientierung und Anreizwirkung als Erfolgsfaktoren für ein erfolgreiches Reporting. KU Gesundheitsmanagement. Heft 7/2013. 30–32

Scheffler E (2002) Kapitalflussrechnung – Stiefkind in der deutschen Rechnungslegung. Betriebs Berater. Heft 6/2002. 295–309

Scheffler E (2007) Was der DPR aufgefallen ist: Die vernachlässigte Kapitalflussrechnung. Der Betrieb. Heft 38. 2045–2048

Schneider K (2010) Professionelles Forderungsmanagement: Rechtliche Grundlagen und Praxis des Inkassogeschäfts. Stuttgart. Schäffer-Poeschel Verlag für Wirtschaft – Steuern – Recht GmbH

Schoppen W (1982) Darstellung der Finanzlage mit Hilfe der Kapitalflußrechnung. Düsseldorf, IdW-Verlag

Schiecke K (1965) Der Cash Flow. In: AG 1965, S. 77–81

Seifert U (2006) Aktienrückkäufe in Deutschland. Renditeeffekte und tatsächliche Volumina. Wiesbaden. Deutscher Universitäts-Verlag/GWV Fachverlage GmbH

Siegwart H (1989) Der Cash-flow als finanz- und ertragswirtschaftliche Lenkungsgröße. Stuttgart. Schäffer-Poeschel Verlag für Wirtschaft – Steuern – Recht GmbH

Siener F (1991) Grundsatzfragen zur Kennzahl Cashflow . In: Küting K, Wöhe G (Hrsg) Der Cash-Flow als Instrument der Bilanzanalyse: praktische Bedeutung für die Beurteilung von Einzel- und Konzernabschluss. Stuttgart. Schäffer-Poeschel Verlag für Wirtschaft – Steuern – Recht GmbH. 69–75

Sonnabend M, Raab H (2008) Kapitalflussrechnung nach IFRS. Anforderungen und Gestaltungsmöglichkeiten. München. Verlag Franz Vahlen GmbH

Tebroke H-J, Laurer T (2005) Betriebliches Finanzmanagement. W. Kohlhammer GmbH

Toth A. Jahn – Hofmann B, Bitsch A (2010) Klinisches Casemanagement – vom Modell zum Alltag. Das Krankenhaus. Heft 7/2010. 636–644

Von Eiff W, Klemann A, Niehues C (2009) Investition und Finanzierung im Krankenhaus. In: Ansorg J, Diemer M, Heberer J, Tsekos E, von Eiff W (Hrsg) OP-Management. 2., erweiterte und aktualisierte Auflage. Berlin. MWV Medizinisch Wissenschaftliche Verlagsgesellschaft. 59–80

Weber J (2011) Unternehmenssteuerung in deutschen Krankenhäusern: Bestandsaufnahme und Erfolgskriterien. Band 81. Weinheim. Wiley-VCH Verlag GmbH & Co. KGaA

Weber T, Wewer M (2010) Cashflow Excellence. Studie zu Cashflow-Planung und -Reporting als Grundlage einer cash-orientierten Unternehmenssteuerung. PricewaterhouseCoopers AG Wirtschaftsprüfungsgesellschaf, Düsseldorf. (Studie)

Werdenich M (2008) Modernes Cash-Management. Instrumente und Maßnahmen zur Sicherung und Optimierung der Liquidität. 2., aktualisierte Auflage. München. mi-Fachverlag, FinanzBuch Verlag GmbH

Wöhe G (1987) Bilanzierung und Bilanzpolitik. Betriebswirtschaftlich – Handelsrechtlich – Steuerrechtlich. 7. Auflage. München. Verlag Franz Vahlen GmbH

Wöhe G, Bilstein J (2002) Grundzüge der Unternehmensfinanzierung. 8., überarbeitete und erweiterte Auflage. München. Verlag Franz Vahlen GmbH

Wolke T (2010) Finanz- und Investitionsmanagement im Krankenhaus unter Mitarbeit von Jens Poll. Berlin. Medizinisch Wissenschaftliche Verlagsgesellschaft

Zantow R, Dinauer J (2011) Finanzwirtschaft der Unternehmung: Die Grundlagen des modernen Finanzmanagements. 3. Auflage. München. Pearson Deutschland GmbH

Zapp W, Oswald J (2009) Controlling-Instrumente für Krankenhäuser. Stuttgart. W. Kohlhammer GmbH

zeb/rolfes.schierenbeck.associates GmbH (2011) Krankenhauscontrolling-Studie 2011. www.deutscher-krankenhaustag.de/de/vortraege/odf/Heitmann_aktuell.pdf (Zugegriffen: 30.07.2013)

Zapp W, Oswld J, Karsten E Kennzahlen und Kennzahlensysteme im Krankenhaus – Empirische Erkenntnisse zum Status Quo der Kennzahlenpraxis in Niedersächsischen Krankenhäusern. In: Zapp W. Hrsg. (2010) Kennzahlen im Krankenhaus. Eul-Verlag, Lohmar

Ziehe M (2009) Innovative Finanzierungsinstrumente im Krankenhaus: Vergleich von Finanzierungsmöglichkeiten zur Umsetzung von Investitionsprojekten in kleinen und mittleren gemeinnützigen Krankenhäusern in Deutschland anhand eines Fallbeispiels. Frankfurt am Main. Peter Lang Internationaler Verlag der Wissenschaften

Weiterführende Literatur

Achterholt U, Debus C, Wendt F, Even C, Steitz M, Müller C, Döring O (2008) Working Capital Management im deutschen Maschinen- und Anlagenbau. www.kpmg.de/WasWirTun/7305.htm (Zugegriffen: 24.05.2013)

Arbeitsgruppen der Arbeitsgemeinschaft der Obersten Landesgesundheitsbehörden (2011) Höhe der Fördermittel durch das Krankenhausfinanzierungsgesetz (KHG) nach Bundesland in den Jahren 2009 bis 2011 (in Millionen Euro). http://de.statista.com/statistik/daten/studie/157191/umfrage/khg-foerdermittel-nach-bundesland/ (Zugegriffen: 04.06.2013)

Arnold A (2008) Marketing. In: Schmidt-Rettig B, Eichhorn S (Hrsg) Krankenhaus-Managementlehre: Theorie Und Praxis Eines Integrierten Konzepts. Stuttgart. W. Kohlhammer GmbH. 521–583

Augurzky, B., Krolop, S., Weiler, S. (2011a): Krankenhaus Rating Report 2011: Auf deutsche Krankenhäuser kommen magere Jahre zu. Pressemitteilung. http://www.rwi-essen.de/presse/mitteilung/61/ (Zugegriffen: 09.07.2013)

Augurzky B, Krolop S, Weiler S (2013) Krankenhaus Rating Report 2013: Der Trend zu großen Klinikverbünden setzt sich fort. Pressemitteilung. http://www.rwi-essen.de/presse/mitteilung/118/ (Zugegriffen: 10.07.2013)

Augurzky B, Krolop S, Liehr-Griem A, Schmidt C M, Terkatz S (2004) Das Krankenhaus, Basel II und der Investitionsstau. http://www.rwi-essen.de/media/content/pages/publikationen/rwi-materilien/M_13_Krankenhausfinanzierung.pdf (Zugegriffen: 04.07.2013)

Augurzky B, Gülker R, Krolop S, Schmidt C M, Schmidt H, Schmitz H, Terkatz S (2010) Krankenhaus Rating Report 2010. Licht und Schatten. Essen. Rheinisch-Westfälisches Institut für Wirtschaftsforschung

Augurzky B, Gülker R, Krolop S, Schmidt C M, Schmidt H, Schmitz H, Terkatz S (2011b) Krankenhaus Rating Report 2011. Die fetten Jahre sind vorbei. Executive

Summary. http://www.rwi-essen.de/media/content/pages/publikationen/rwi-materialien/M_67_KRR-2011_ExecSum.pdf (Zugegriffen: 16.06.2013)

Baetge J, Niemeyer K, Kümmel J, Schulz R (2009) Darstellung der Discounted Cashflow-Verfahren (DCF-Verfahren) mit Beispiel. In: Peemöller V H (Hrsg) Praxishandbuch der Unternehmensbewertung. 4., aktualisierte und erweiterte Auflage. Herne. Neue Wirtschafts-Briefe GmbH &Co KG. 339–478

Berger D (2010) Wissenschaftliches Arbeiten in den Wirtschafts- und Sozialwissenschaften. Hilfreiche Tipps und praktische Beispiele. Wiesbaden. Gabler Verlag

Bestmann U (2011) Betriebswirtschaftliche Formelsammlung. Kommentierte Kennzahlen. München. Oldenbourg Wissenschaftsverlag GmbH

Bischoff W (1972) Cash flow und Working capital. Schlüssel zur finanzwirtschaftlichen Unternehmensanalyse. Wiesbaden. Betriebswirtschaftlicher Verlag Dr. Th. Gabler

Blum K, Offermanns M, Perner P (2007) Krankenhaus Barometer Umfrage 2007. http://www.dkgev.de/pdf/2075.pdf (Zugegriffen: 27.05.2013)

Bortz J (2005) Statistik für Human-und Sozialwissenschaftler. 6., vollständig überarbeitete und aktualisierte Auflage. Heidelberg. Springer Medizin Verlag

Brake A (2009) Schriftliche Befragung. In: Kühl S, Strodtholz P, Taffertshofer A (Hrsg) Handbuch Methoden der Organisationsforschung. Quantitative und Qualitative Methoden. 392–412

Catasta C (o. J.) Working Capital Management. Bessere Unternehmensperformance und erhöhte Liquidität für ein schnelleres Unternehmenswachstum. http://www.pwc.com/de_AT/at/sicher-durch-die-krise/working-capital-management.pdf (Zugegriffen. 29.07.2013)

Deutsche Krankenhausgesellschaft (2013) Wir alle sind das Krankenhaus Deshalb appellieren wir an die Politik: Faire Krankenhausfinanzierung! http://www.dkgev.de/katalog/files/assets/common/downloads/publication.pdf (Zugegriffen: 16.06.2013)

Deutsches Rechnungslegungs Standards Committee e. V. (DRSC) (2009) Deutscher Rechnungslegungs Standard Nr. 2 (DRS 2) „Kapitalflussrechnung". Bonn.

Diekmann A (2010) Empirische Sozialforschung. Grundlagen. Methoden. Anwendungen. 4. Auflage. Reinbek bei Hamburg. Rowohlt Verlag GmbH

Dombrowski U, Wesemann S (2013) Paradigmenwechsel in deutschen Krankenhäusern. Ganzheitliches Krankenhaussystem als Lösungsansatz. Das Krankenhaus. Heft 4/2013. 380–385

DRSC (o.J.) Details – DRS 2 – Kapitalflussrechnung. http://www.drsc.de/service/drs/standards/?ixstds_do=show_details&entry_id=3 (Zugegriffen: 25.06.2013)

Eichhorn S (2008a) Grundlagen der Krankenhaus-Managementlehre. In: Schmidt-Rettig B, Eichhorn S (Hrsg) Krankenhaus-Managementlehre. Theorie und Praxis eines integrierten Konzepts. Stuttgart. W. Kohlhammer GmbH. 125–180

Eiselt A, Müller S (2008) IFRS: Kapitalflussrechnung. Darstellung und Analyse von Cashflows und Zahlungsmitteln. Berlin. Erich Schmidt Verlag GmbH & Co.

Everling O, Thrieu L M (2007) Rating von Krankenhäusern. In: Kampe, D. M. und Bächstädt, K. H. (Hrsg) Die Zukunft der Krankenhausfinanzierung. Wegscheid. WIKOM Verlag. 150–171

Fischer M, Nix P, Trost S (o. J.) Eine empirische Analyse. Determinanten der Ausschüttungspolitik aus der Perspektive von Unternehmen und Investment Professionals. http://dirk.org/wp-content/uploads/2012/03/a26.pdf (Zugegriffen: 28.05.2013)

Frodl A (2012) Controlling im Gesundheitsbetrieb. Betriebswirtschaft für das Gesundheitswesen. Wiesbaden. Gabler Verlag

Gienke H, Kämpf R.(2007) Handbuch Produktion. Innovatives Produktmanagement: Organisation, Konzepte und Controlling. München. Carl Hanser Verlag

Greiling M (2008) Prozesscontrolling im Krankenhaus – Steuerung von Abläufen mithilfe des Reportings. Kulmbach. Baumann Fachverlage GmbH & Co. KG

Haghani S, Voll S, Holzamer M, Warnig C (2009) Financial Covenants in der Unternehmensfinanzierung. Roland Berger Strategy Consultants (Studie)

Hamann E, Tramm B (2010) Die Rhön-Klinikum AG plant Anleiheemission. http://www.rhoen-klinikum-ag.com/rka/cms/rka_2/deu/presse/80598.php (Zugegriffen: 30.05.2013)

Haunerdinger M, Probst H-J (2006) Finanz- und Liquiditätsplanung in kleinen und mittleren Unternehmen. München. Rudolf Haufe Verlag GmbH & Co.KG

Hettich C, Mickel C, Kreide R, Crone A (2012) Finanzwirtschaftliche Sanierungsmaßnahmen. In: Crone A, Werner H (Hrsg) Modernes Sanierungsmanagement. Insolvenzverfahren, Haftungsrisiken, Arbeitsrecht, Sanierungskonzept und steuerliche Aspekte. 3. Auflage. München. Verlag Franz Vahlen GmbH. 125–162

Hofmann S (2008) Handbuch Anti-Fraud-Management: Bilanzbetrug erkennen – vorbeugen – bekämpfen. Berlin. Erich Schmidt Verlag GmbH

Hohenstein G (1990) Cash Flow. Cash Management. Herkunft, Funktion und Anwendung zur Unternehmensbeurteilung, zur Unternehmenssicherung. 2. Auflage. Wiesbaden. Betriebswirtschaftlicher Verlag Dr. Th. Gabler GmbH

Hornung K (2007) Cash-Flow-orientierte Unternehmenssteuerung. In: Seethaler P, Steitz M [Hrsg.]: Praxishandbuch Treasury-Management. Leitfaden für die Praxis des Finanzmanagements. Wiesbaden. Betriebswirtschaftlicher Verlag Dr. Th. Gabler. 13–26

Horváth P (2006) Controlling. 10., vollständig überarbeitete Auflage. München. Verlag Franz Vahlen GmbH

Hussy W, Schreier M, Echterhoff G (2010) Forschungsmethoden in Psychologie und Sozialwissenschaften für Bachelor. Berlin. Springer-Verlag GmbH

Institut der Wirtschaftsprüfer in Deutschland e. V. Düsseldorf (2007) 75 Jahre Wirtschaftsprüfer im IDW. Rückblicke. Düsseldorf IDW Verlag GmbH. http://www.idw.de/idw/portal/d626448 (Zugegriffen: 03.04.2013)

Jungblut F, Söhnle N (2010) Rechnungslegung. In: Schmidt O (Hrsg) Das Krankenhaus in der Beratung. Recht, Steuern, Unternehmensbewertung, Rechnungslegung. Heidelberg. Springer-Verlag GmbH. 221–239

Kampe D M, Everling O (2008) Rating im Health-Care-Sektor: Schlüssel zur Finanzierung von Krankenhäusern, Kliniken, Reha-Einrichtungen. Wiesbaden. Betriebswirtschaftlicher Verlag Dr. Th. Gabler

Klinger K G (2010) Asklepios platziert Debütanleihe über 150 Millionen Euro und öffnet sich den Zugang zum Kapitalmarkt. http://www.asklepios.com/Pressemitteilung_22092010.Asklepios (Zugegriffen: 30.05.2013)

Korts S (2009) Cash Pooling. 2. Auflage. Frankfurt am Main. Verlag Recht und Wirtschaft GmbH

Krämer N, Rödl H (2010) Strategien zur Mobilisierung von Liquiditätsreserven. Forderungsmanagement ist in Krankenhäusern oft nur rudimentär entwickelt. KU Gesundheitsmanagement. Heft 4/2010. 29–32

Krause H-U, Arora D (2010) Controlling-Kennzahlen – Key Performance Indicators. München. Oldenbourg Wissenschaftsverlag GmbH

Kromrey H (2009) Empirische Sozialforschung: Modelle und Methoden der standardisierten Datenerhebung und Datenausweitung. 12., neu bearbeitete Auflage. Stuttgart. Lucius & Lucius Verlagsgesellschaft mbH

Leber W, Pfeiffer P (2010) Krankenhausfinanzierung. Zentrale Fragestellungen und ihre Lösungen. Köln. Luchterhand Verlag. Verlagsgruppe Random House GmbH

Lechner K, Egger A, Schauer R (2004) Einführung in die allgemeine Betriebswirtschaftslehre. 21., überarbeitete Auflage. Wien. Linde

Lemke T (2011) Bedeutung von Liquidität im gesamten Wertschöpfungsprozess. In: PwC (2012): Annual Review 2012. Capital: never been better What the top performing companies are doing differently. http://www.pwc.co.uk/strategy/publications/european-working-capital-annual-review-2012.jhtml (Zugegriffen: 20.05.2013)

Mayer H O (2013) Interview und schriftliche Befragung. Grundlagen und Methoden empirischer Sozialforschung. 6., überarbeitete Auflage. München. Oldenbourg Wissenschaftsverlag GmbH

Meyer C A (2007) Working Capital und Unternehmenswert. Eine Analyse zum Management der Forderungen und Verbindlichkeiten aus Lieferungen und Leistungen. Wiesbaden. Deutscher-Universitäts-Verlag. GWV Fachverlage GmbH

Mohr A, Schöffski O (2011) Zahlengrab oder Entscheidungshilfe? Moderne Ausgestaltung des Berichtswesens im Krankenhaus. KU Gesundheitsmanagement. Heft 11/2011. 39–42

Mühr S, Burchartz C (2007) Kreditfinanzierung der Krankenhäuser durch Banken. In: Kampe, D. M. und Bächstädt K. H. (Hrsg) Die Zukunft der Krankenhausfinanzierung. Stuttgart. Georg Thieme Verlag KG . 174–96

Paier D (2010) Quantitative Sozialforschung. Eine Einführung. Wien. Facultas Verlags- und Buchhandels AG

Pielert M (2013) Internes Rating als Monitoringtool des Finanzwesens am Beispiel der B. Braun Melsungen AG. Dissertation. Universität Kassel

Pojda F (2013) Rating – Fakten und Hintergründe, die jeder Controller wissen sollte. Controller Magazin. Heft März/April 2013. 39–45

Raithel J (2006) Quantitative Forschung: Ein Praxiskurs. Wiesbaden. VS Verlag für Sozialwissenschaften

Rhön-Klinikum AG (o. J.) Dividende. https://www.rhoen-klinikum-g.com/rka/cms/rka_2/deu/32967.html (Zugegriffen: 28.05.2013)

Romeike-Fänger G, Fischer H (2007) Einkauf von Großgeräten. Was ist bei der Leasingfinanzierung zu beachten? Krankenhaus Umschau. Heft 7. 614–618

Rudolph B (2006) Unternehmensfinanzierung und Kapitalmarkt. Tübingen. Mohr Siebeck GmbH & Co. KG

Rüegg-Stürm J (2003) Das neue St. Galler Management-Modell. Bern. Haupt Verlag AG

Scholl A (2009) Die Befragung: Sozialwissenschaftliche Methode und kommunikationswissenschaftliche Anwendung. 2. , überarbeitete Auflage. Stuttgart. UTB GmbH

Schürenkramer U (2004) Finanzdienstleistung für Firmenkunden im Zeichen der Wertorientierung. In: Lange T, Schultze H (Hrsg) Wertmanagement in Banken. Wiesbaden. Gabler Verlag. 81–112

Schwaiger M, Meyer A (2011) Theorien und Methoden der Betriebswirtschaft. Handbuch für Wissenschaftler und Studierende. München. Verlag Franz Vahlen GmbH

Seipel C, Rieker P (2003) Integrative Sozialforschung. Konzepte und Methoden der qualitativen und quantitativen empirischen Forschung. Weinheim. Julius Beltz GmbH & Co. KG

SPECTARIS Fachverband Medizintechnik (2010) Investitionsstau in öffentlichen Kliniken verhindert zeitgemäße Patientenversorgung. http://www.spectaris.de/medizintechnik/presse/artikel/ seite/investitionsstau-in-oeffentlichen-kliniken-verhindert-zeitgemaesse-patientenversorgung. html (Zugegriffen: 15.05.2013)

Statistisches Bundesamt, DKG Geschäftsbericht (2011) S. 31. https://statistik/daten/studie/153482/ umfrage/verteilung-der-krankenhauskosten/ (Zugegriffen: 15.04.2013)

Steinkellner P (2005) Systemische Intervention in der Mitarbeiterführung. Heidelberg. Carl-Auer-Systeme Verlag und Verlagsbuchhandlung GmbH.

Stiefl J (2005) Finanzmanagement: unter besonderer Berücksichtigung von kleinen und mittelständischen Unternehmen. München. Oldenbourg Wissenschaftsverlag GmbH

Tuschen K H, Trefz U (2010) Krankenhausentgeltgesetz. Kommentar mit einer umfassenden Einführung in die Vergütung stationärer Krankenhausleistungen. 2., vollständig überarbeitete und erweiterte Auflage. Stuttgart. W. Kohlhammer GmbH

Ulrich H (2001) Systemorientiertes Management: das Werk von Hans Ulrich. Bern. Haupt Verlag AG

Wöltje J (2012) Finanzkennzahlen und Unternehmensbewertung. Freiburg. Haufe-Lexware GmbH & Co. KG

Zapp W (2002) Gestaltungsziel und Lenkungswille als Grundlage des Managements. In: Zapp W (Hrsg) Prozessgestaltung im Krankenhaus. 2., überarbeitete und erweiterte Auflage. Heidelberg. Economica. 429–439

Zapp W (2008) Kennzahlen im Klinikalltag. In: Everling,O, Kampe D M (Hrsg) Rating im Health Care-Sektor. Schlüssel zur Finanzierung von Krankenhäusern, Kliniken, Reha-Einrichtungen. Wiesbaden. Betriebswirtschaftlicher Verlag Dr. Th. Gabler. 55–70

Zapp, W (Hrsg) (2010) Kennzahlen im Krankenhaus. Eul-Verlag, Lohmar

Matthias Sudmann

Heutige Rezepte deutscher Kliniken zur Verbesserung ihrer wirtschaftlichen Lage stoßen vermehrt an ihre Grenzen. Eine weitere Arbeitsverdichtung ist mit hohen qualitativen und wirtschaftlichen Risiken verbunden.

Trotz aller bisherigen organisatorischen Umstellungen und Einsparprogrammen schlummern in den meisten Krankenhäusern noch große, ungenutzte Ressourcenpotenziale. Diese können für eine verbesserte Patientenversorgung und eine gesteigerte Wirtschaftlichkeit eingesetzt werden.

Es bedarf allerdings eines neuen Ansatzes, um diesen Ressourcenschatz zu heben. Denn er ist tief in den Klinikprozessen vergraben. Der Schlüssel dorthin liegt in einer engen Einbindung der Mitarbeiter bei der Optimierung der internen Arbeitsabläufe. Es gilt die Dinge aufzuspüren, welche Ärzten und Pflegern heute ihre Zeit am Patienten rauben.

5.1 Werte-Erschöpfung in deutschen Kliniken

5.1.1 Wirtschaftliche Schieflage vieler Gesundheitsversorger

Die Krankenhäuser in Deutschland stehen vor großen wirtschaftlichen Herausforderungen. Von Jahr zu Jahr wird es schwieriger, ein positives Jahresergebnis zu erzielen. Im Jahre 2012 hat mehr als jedes zweite Allgemeinkrankenhaus Verluste geschrieben. Bei 57 % der Kliniken ist das Jahresergebnis im Vergleich mit dem Vorjahr weiter gesunken. Die Zukunftserwartungen werden von den meisten Klinikmanagern als eher pessimistisch eingestuft.[1]

Dipl.-Kfm. (FH) Matthias Sudmann ✉
process&people, Lean Consulting Partner, Wiesbaden, Deutschland
[1] Vgl. Blum et al. (2013, S. 100 ff.).

© Springer Fachmedien Wiesbaden 2015
W. Zapp (Hrsg.), *Werteorientierte Konzeptionen im Krankenhaus*,
Controlling im Krankenhaus, DOI 10.1007/978-3-658-07838-6_5

Während schwer beeinflussbare Kostenpositionen immer weiter steigen, entwickeln sich die Landesbasisfallwerte, welche das Preisniveau für alle medizinischen Leistungen bestimmen, deutlich unterproportional. Verbesserte Erträge lassen sich lediglich über Mehr- oder Höherleistungen erzielen. Der Wettbewerb um „lukrative" Patienten ist insbesondere in Ballungsgebieten bereits stark ausgeprägt.

Die Kostenseite hingegen kann durch das Krankenhausmanagement unmittelbar beeinflusst werden. Eine starke Fokussierung aller Häuser auf das Thema „Kostensenkung" ist daher nachvollziehbar. Doch das traditionelle „Cost Cutting" hat weitgehend seine Grenzen erreicht.

5.1.2 Derzeitig etablierte Instrumente zur Steigerung der Leistungsfähigkeit kommen an ihre Grenzen

Den meisten Krankenhäusern wird seitens der Geschäftsführung eine strenge Diät verordnet. Zentralisierungen, Bildung von Klinikverbünden, Privatisierungen oder das Outsourcing von Leistungen haben in den letzten Jahren ihren Teil zur Ergebnisverbesserung und Effizienzsteigerung beigetragen. Die Potenziale dieser Kostenreduktionen sind aber vielerorts weitgehend aufgebraucht.

Knapp 60 % der heutigen Kostenpositionen im Krankenhaus beruhen auf den Personalkosten.[2] Eine weitere Reduzierung der Personalaufwendungen wäre zwar aus kaufmännischer Sicht wünschenswert, ist unter den heutigen Rahmenbedingungen allerdings ein Spiel mit dem Feuer.

Die zunehmende Arbeitsverdichtung in Krankenhäusern aufgrund von Personalreduzierungen und steigendem, administrativen Aufwand zeigt bereits deutliche Spuren. Dieser Trend kann wirtschaftlich schnell negative Folgen haben. Als Ergebnis des Prinzips „Cost Cutting" trifft die Organisation mit immer weniger verfügbaren Ressourcen auf immer wiederkehrende Probleme im Klinikalltag. Die Wirtschaftlichkeit verbessert sich kurzzeitig, aber die reale, operative Leistungsfähigkeit der Klinik wird auf diese Weise kontinuierlich verschlechtert. Dies führt in einen Teufelskreis.

Motivationsverlust
Das Gefühl eines immer größer werdenden Aufgabenvolumens führt zu einer steigenden Unzufriedenheit des Klinikpersonals.[3] Das Pflegepersonal und insbesondere die Ärzte haben einen ausgeprägten, moralischen und ethischen Anspruch an ihre Arbeit. Die großen wirtschaftlichen Zwänge führen dazu, dass die eigenen, hohen Ansprüche an die Arbeit zwanghaft unterdrückt werden müssen. Dadurch verlieren die Mitarbeiter stetig an Arbeitsmotivation.

---

[2] Vgl. Statistisches Bundesamt (2012).
[3] Vgl. Newman et al. (2001, S. 59).

Burnout

Studien belegen, dass mehr als 20 % der Mitarbeiter des ärztlichen Berufes unter Burnout Symptomen leiden – Tendenz weiter steigend.[4]

Abnehmende Versorgungsqualität

Die zunehmende Arbeitsverdichtung kann negative Auswirkungen auf die Qualität der Patientenversorgung haben. Die verfügbare Zeit pro Patient wird immer geringer, die notwendige Sorgfalt leidet (beispielsweise Einhaltung der Hygienestandards). Aufgrund der Überlastung des Personals steigt ferner auch das Risiko von (kostspieligen) Behandlungsfehlern.

Mitarbeiterfluktuation

Verdichtet das Klinikmanagement die Arbeit immer weiter, steht es zudem vor der zunehmenden Gefahr der Personalabwanderung. In der heutigen Zeit kann dies langwierige, kostenintensive Auswirkungen haben. Laut einer Studie des Deutschen Krankenhaus Instituts haben rund drei Viertel aller Kliniken Probleme, offene Ärztestellen zu besetzen. Bundesweit können pro Jahr mehrere tausend Stellen im ärztlichen Dienst nicht besetzt werden.[5]

Das Krankenhaussystem ist weitgehend „ausgequetscht". Die wirtschaftliche Leistungsfähigkeit der Kliniken lässt sich auf traditionelle Art und Weise zukünftig nicht mehr wesentlich verbessern.

5.1.3 Umdenken ist notwendig

Trotzdem gibt es in vielen Kliniken auch heute noch große qualitative und wirtschaftliche Verbesserungspotenziale. Statt einer ungesunden weiteren „Arbeitsverdichtung" sind positive, Produktivitäts- und Effizienzsteigerungen möglich. Um diese Potenziale zu identifizieren, muss man sich jedoch auf eine neue Betrachtungsebene begeben. Denn für die Potenzialerschließung bedarf es einer detaillierten Auseinandersetzung mit den eigenen, internen Arbeitsprozessen.

▶   Anstatt das System immer weiter auszuquetschen, gilt es zukünftig weniger Saft zu verschütten.

---

[4] Vgl. Grassi und Magnani (2000, S. 329 ff.).
[5] Vgl. Blum und Löffert (2010, S. 2).

5.2   Lean – Eine große Chance für die Steigerung der Leistungsfähigkeit

Der aktuellen wirtschaftlichen Grundproblematik deutscher Kliniken standen andere Branchen bereits viele Jahre zuvor gegenüber. Die Preise im Markt sanken. Es wurde immer schwieriger ausreichend Geld für wichtige anstehende Investitionen zu erwirtschaften. Es herrschte ein verbissener Wettbewerb. Der Kostendruck war sehr hoch. Was sollte man tun?

An der Qualität für die Kunden wollte man unter keinen Umständen sparen. Auch das eigene Personal mit all seiner Erfahrung war ein wichtiger Unternehmenswert und sollte nach Möglichkeit gehalten werden. Die Strategie vieler Unternehmen war es daher Ansätze zu entwickeln, um besser und effizienter zu werden als die anderen.

Dabei hat sich ein Management-Ansatz als besonders erfolgreich herausgestellt. Er nennt sich „Lean" und unterstützt heute auch US-Kliniken erfolgreich dabei ihre Leistungsfähigkeit nachhaltig zu verbessern.

5.2.1   Jahrzehnte langer Erfolg in der Industrie

Der Ursprung von Lean liegt in der Automobilindustrie. Der Manager Taiichi Ohno von der Toyota Motor Company[6] gilt als Urvater dieses Ansatzes.

Stark betroffen von den Folgen des zweiten Weltkriegs, wusste Ohno, dass Toyota zukünftig „deutlich mehr Leistung mit deutlich weniger verfügbaren Mitteln" erreichen musste, um eine wirtschaftliche Überlebenschance zu haben.

Seine Vision lag in der Gestaltung hocheffizienter Arbeitsabläufe im Autobau. Durch eine gleichmäßige, hohe Qualität und höchstmögliche Fehlerfreiheit, wollte er möglichst reibungslose Abläufe ohne unnötige Nacharbeiten in der Produktion sicherstellen.

Alle Unternehmensprozesse sollten darauf ausgerichtet werden …

- eine *exzellente Qualität* für die Kunden sicherzustellen
  → besser sein als die anderen

  … und parallel …

- einen möglichst *wertschöpfenden Einsatz* der limitierten Unternehmensressourcen zu erreichen
  → kostengünstiger sein als die anderen.

---

[6] Vgl. Ohno (2009).

Er wusste, dass das Management nicht alleine in der Lage war, die dafür notwendigen, neuen Unternehmensabläufe selbst zu entwickeln. Er involvierte daher seine gesamte Mitarbeiterschaft, die aufgrund ihrer täglichen Praxiserfahrung bestens über vorhandene Prozessprobleme Bescheid wussten.

Die Mitarbeiter erhielten fortan Zeit, um ihre Arbeitsabläufe nach und nach strukturiert zu untersuchen. Dabei wurden sie methodisch unterstützt. Nach einer systematischen und gründlichen Identifikation aller Handlungsfelder durften die Mitarbeiter ihre zukünftigen Prozesse selbst ausgestalten. Durch die Ideen aller entstanden deutlich bessere Prozesse und höchste Praxistauglichkeit. Das Toyota Management unterstützte seine Mitarbeiter wo immer möglich und informierte sich persönlich täglich vor Ort, welchen neuen Problemen entdeckt wurden und welche Verbesserungsideen die Mitarbeiter vorschlugen.

Diese von Ohno gestartete Initiative führte Toyota auf den Pfad der *kontinuierlichen Verbesserung*. Bis heute herrscht bei der gesamten Belegschaft der unstillbare Appetit danach, immer noch ein kleines bisschen besser zu werden. Und so optimiert sich das Unternehmen nun seit nahezu 60 Jahren „aus sich selbst heraus" stetig weiter.

▶ Toyota konnte seine Wertschöpfung und Qualität so stark verbessern, dass es zum erfolgreichsten Automobilunternehmen der Welt aufstieg. Aufgrund seiner exzellenten Prozesse, lässt Toyota bis heute alle anderen Massenhersteller hinsichtlich der erzielten Rendite je Auto abgeschlagen hinter sich zurück[7].

Aufgrund des großen Erfolges von Toyota wurden immer mehr Unternehmen auf Lean aufmerksam. Mittlerweile haben Marktführer der unterschiedlichsten Branchen diesen Ansatz für die kontinuierliche Verbesserung ihrer Leistungsfähigkeit erfolgreich etabliert. Die grundsätzlichen Prinzipien und Instrumente sind dabei branchenunabhängig umsetzbar und werden von Produktionsunternehmen und zunehmend auch von Dienstleistungsunternehmen erfolgreich angewendet.

5.2.2 Parallelen mit der Luftfahrt

Ich spreche dabei aus eigener, langjähriger Erfahrung. So trug ich über Jahre hinweg die Verantwortung für die Implementierung des Lean-Ansatzes bei der führenden Airline in Europa am Flughafendrehkreuz in Frankfurt/Main.

Die Ergebnisse der Lean Einführung waren immens:

- Die Durchlaufzeit[8] der untersuchten Prozesse konnte regelmäßig um 25–50 % reduziert werden.

---

[7] Vgl. Universität Duisburg-Essen (2013).
[8] „Durchlaufzeit" meint die Gesamtzeit, die für die Durchführung eines Arbeitsablaufes benötigt wird.

- Zuvor stark störanfällige Prozesse, die immer wieder zu Problemen führten, konnten deutlich stabilisiert werden. In der Folge verbesserte sich die Abflugpünktlichkeit für die Kunden signifikant.
- Die durchschnittliche Wartezeit der Passagiere am Flughafen wurde um ca. 30 % gesenkt.
- Das Personal wurde entlastet. Es blieb wieder mehr Zeit für die Dienstleistung am Passagier.
- Das Wachstum des Passagiervolumens konnte weitgehend ohne zusätzliche Einstellung bewerkstelligt werden. So konnte die Produktivität (Passagiere je Mitarbeiter) jährlich um mehrere Prozentpunkte gesteigert werden.

Airlines unterstehen dabei sehr ähnlichen Rahmenbedingungen wie Kliniken

Die zivile Luftfahrt verfolgt die gleichen hohen *Sicherheitsanforderungen* für die sich ihr anvertrauenden Menschen, wie sie in Kliniken gelten. Wenn etwas schief geht, dann kann dies gravierende Auswirkungen haben. Es geht unter Umständen um Leben und Tod bzw. schwerste Schäden am Menschen. Aufgrund ihres professionellen Risk Managements (CRM) sind Airlines für Kliniken zunehmend interessante Austauschpartner.

Zudem spielt der *„Faktor Mensch"* sowohl bei Kliniken wie auch bei Airlines eine entscheidende Rolle. Es geht nicht um eine Fließbandbearbeitung von „Werkstücken", sondern um die Interaktion mit Menschen. Die Individualität der Passagiere/Patienten sowie deren Unberechenbarkeit bei jeglicher Handlung muss in alle Prozessüberlegungen einbezogen werden. Anders als in normierbaren Produktionen sind Abweichungen vorprogrammiert. Es gibt immer wieder Ausreißer von geplanten Verläufen und gesetzten Standards.

Auch die *hohen logistischen Herausforderungen* beider Branchen sind vergleichbar. An der Leistungserbringung sind oftmals sehr viele Bereiche mit hunderten von Mitarbeitern beteiligt. Dadurch entstehen komplexe Prozessketten mit vielen Schnittstellen, die das System zusätzlich störanfällig machen.

Diese Parallelen erklären, warum US-Kliniken gerne auf die Erfahrung von Lean-Experten aus der Luftfahrt zurückgreifen, um ihre Leistungsfähigkeit nachhaltig zu verbessern. In dem Bestseller „Why hospitals should fly" geht der Autor John Nance auf beide Branchen ein und zeigt auf, was Kliniken von der Luftfahrt lernen können.[9]

---

[9] Vgl. Nance (2008).

5.2.3 Lean bringt US Kliniken zurück auf Kurs

Aufgrund der vielen Erfolgsmeldungen aus anderen Branchen haben US-Kliniken Lean vor einigen Jahren für sich entdeckt. Es gibt bereits eine Vielzahl von Beispielen, die aufzeigen, wie gut sich Lean auch in Kliniken implementieren lässt.

Virginia Mason Medical Center
Hervorzuheben ist hier insbesondere das Virginia Mason Medical Center aus Seattle, welches 2003 als erste Klinik weltweit den Lean Ansatz eingeführt hat. Dabei wurde die Klinik von John Black, einem ehemaligen Manager des Flugzeugherstellers Boeing beraten. Später haben weitere Boeing-Mitarbeiter bei der erfolgreichen Implementierung unterstützt.[10]

Die zuvor defizitäre Klinik hat nach der Einführung von Lean jedes Wirtschaftsjahr mit positivem Betriebsergebnis abgeschlossen, und das bei einem exzellenten Verhältnis von erreichter Versorgungsqualität zu den Fallkosten.[11] Aufgrund dieser herausragenden Leistung, gewann die Klinik im Jahr 2010 den Leapfrog[12] Award „Hospital of the decade".

ThedaCare
Auch der Klinikverbund ThedaCare aus Wisconsin hat durch die Einführung von Lean an weltweiter Reputation gewonnen und konnte seine Leistungsfähigkeit deutlich verbessern. Durch die Einführung von Lean hat ThedaCare bislang 27 Mio. Dollar eingespart. Ohne Qualitätsverluste konnte die Liegedauer der Patienten durch die Prozessoptimierungen signifikant reduziert werden.[13]

Viele andere erfolgreiche Beispiele, u. a. Pittsburgh Regional Health Initiative (PRHI), Mayo Clinic oder Everett Clinic könnten hier angeführt werden.

5.3 Verborgene Ressourcenschätze heben

5.3.1 Ein Fallbeispiel: Fehlende Spritzenpumpen auf der Notfallstation

Das folgende Praxisbeispiel aus einer amerikanischen Klinik zeigt, was möglich ist, wenn man mit Lean den internen Prozessproblemen strukturiert auf den Grund geht, um Ressourcenverschwendung zu beseitigen und parallel die Qualität der Patientenversorgung zu steigern.

---

[10] Vgl. Kenney (2010, S. 10 ff.).
[11] Vgl. Kenney (2010, S. xix ff.).
[12] Die LeapFrog Group ist ein amerikanisches Unternehmen, das auf die Qualitätsbewertung von US Kliniken spezialisiert ist (http://www.leapfroggroup.org).
[13] Vgl. Toussaint und Gerard (2010, S. 10).

Ein Lean-Praxisbeispiel

Ein Pfleger auf der Notfallstation der Martin-Health-Klinik, Stuart Florida, benötigte dringend eine Spritzenpumpe für die Versorgung eines ernsten Notfalls. Diese war aber vor Ort nicht auffindbar. So musste er sich zwangsläufig auf die Suche danach begeben. Die Suche dauerte unverhältnismäßig lange und es ging wichtige Zeit verloren, in welcher sich der Gesundheitszustand des Patienten zunehmend verschlechterte.

Dieser Zwischenfall führte dazu, dass die Prozesse des Pflegpersonals auf der Notfallstation genauer untersucht wurden.

Dabei stellte sich heraus, dass jeder Pfleger pro Schicht durchschnittlich 38 Minuten Zeit damit verbrachte, nicht vorhandene Apparaturen für die Patientenversorgung zu suchen. Wenn das benötigte Gerät auf der Station nicht auffindbar war, wurde weitere Zeit damit verbracht, zu warten bis das notwendige Gerät irgendwann zur Verfügung stand. Diese wertvolle Zeit fehlte jedem Pfleger in jeder Schicht für die Patientenversorgung. Behandlungen auf der Notfallstation verzögerten sich unnötig.

Das Pflegepersonal ging zunächst davon aus, dass einfach nicht genügend Spritzenpumpen in der Klinik verfügbar waren und man weitere Geräte beschaffen müsste. Daraufhin wurde analysiert, ob tatsächlich ein Engpass an Perfusoren bestand, und falls dies der Fall war, wie viele weitere Pumpen bestellt werden sollten.

Die Bestandsaufnahme ergab jedoch ein überraschendes Bild: Insgesamt waren 508 Perfusoren in der Klinik verfügbar, um damit 344 Betten zu versorgen. Es waren also sogar mehr Pumpen vorhanden als nötig.

Das Pflegepersonal untersuchte den Fall weiter. Bald stellte sich heraus, dass das eigentliche Problem daran lag, dass nicht geregelt war, wie die Pflegekräfte jederzeit schnell und einfach an benötigte Gerätschaften kommen. Das Fehlen eines solchen Prozesses hatte unter anderem dazu geführt, dass einzelne Pflegekräfte nicht benötigte Spritzpumpen unnötigerweise bunkerten, um im Fall der Fälle immer eine Pumpe für die eigenen Patienten zur Verfügung zu haben.

Diese neuen Erkenntnisse waren für die Mitarbeiter sehr überraschend. Sofort begannen sie zu überlegen, wie man die Verfügbarkeit der Gerätschaften zukünftig besser gestalten könnte.

Als Lösung schlugen die Mitarbeiter die Einrichtung kleiner Versorgungslager für alle wichtigen Gerätschaften vor. Es wurden Standards entwickelt, die sicherstellen, dass alle Apparaturen nach dem Gebrauch wieder zurück in das neu eingerichtete Versorgungslager gebracht werden. Für jede Gerätschaft wurde die optimale Anzahl sowie eine Mindestmenge festgelegt.

Die Regale im Versorgungslager wurden farbcodiert. Seitdem lässt sich der aktuelle Füllstand an verfügbaren Gerätschaften auf einen Blick ablesen. Liegen noch Geräte im grünen Regalbereich, ist alles in Ordnung. Erreichen die verfügbaren Gerätschaften den gelben Bereich wird signalisiert, dass es demnächst zu Engpässen kommen könnte. Nimmt ein Pfleger sich nun ein weiteres Gerät und der rote Regalbereich wird erreicht, so ist das für ihn die Aufforderung umgehend zu organisieren, dass das Lager mit weiteren Gerätschaften aufgefüllt wird. Alle Pflegekräfte tragen nun gemeinsam Verantwortung für die Materialverfügbarkeit der Station. Man sorgt als Team füreinander, im Sinne einer optimalen Patientenversorgung.

Der neue Prozess hat die Suchzeit pro Pfleger pro Schicht von 38 Min. auf unter 1 Min. reduziert. Denn im Normalfall ist nun immer die gewünschte Gerätschaft verfügbar. Aufgrund der nun sichergestellten, hohen Verfügbarkeit der Geräte, konnten insgesamt 100 Perfusoren abgeschafft werden, die nun nicht mehr benötigt werden. Dies führte zusätzlich zu Einsparungen von 300.000 Dollar.[14]

▶ Dieses Fallbeispiel zeigt eindrucksvoll, welche Potenziale in einer intensiven Auseinandersetzung mit den eigenen Prozessen liegen. Wäre die Klinik ihrem ersten Lösungsimpuls gefolgt, hätte sie zusätzliche Perfusoren angeschafft und dadurch neue Fixkosten produziert. Durch die detaillierte Prozessanalyse und kreative Beseitigung der tatsächlichen Problemursache konnte stattdessen die Produktivität der Pflegekräfte gesteigert werden. Ferner ist sichergestellt, dass alle Patienten unverzüglich mit einem Perfusor versorgt werden können. Daneben ließen sich Einsparungen von über 300.000 Dollar erzielen.

5.3.2 Was macht Lean so erfolgreich?

Das Beispiel zeigt – Prozessoptimierung mit Lean zahlt sich schnell aus. Es gibt wesentliche Erfolgsfaktoren, die Lean gegenüber anderen Prozessoptimierungsansätzen überlegen machen.

Mitarbeitereinbindung bringt Unmengen an Ideen und erhöht die Mitarbeiterzufriedenheit
Lean nutzt das Wissen der gesamten Klinikorganisation, um die Wertschöpfung zu verbessern. Die Mitarbeiter werden aktiv eingebunden, um ihre eigenen Arbeitsabläufe zu hinterfragen und Prozessprobleme zu beseitigen. Ärzte und Pfleger haben die Möglichkeit, Abläufe zu vereinfachen, unnötige Arbeitslast zu reduzieren und sich mehr Zeit für die Patientenversorgung zu verschaffen. Dabei erhalten Sie vermehrte Aufmerksamkeit und Anerkennung von den Führungskräften. Dies steigert die Zufriedenheit der Mitarbeiter und erhöht die Bindung an das Krankenhaus.

Durch höchste Prozesstransparenz wird an den Kern wiederkehrender Probleme vorgestoßen
Lean verschafft dem Management und den Mitarbeitern eine nie dagewesene Transparenz über die tatsächlichen Arbeitsabläufe. Die Mitarbeiter wechseln in die Rolle des Beobachters. Sie betrachten und dokumentieren ihre eigenen Arbeitsabläufe aus einer völlig neuen

---

[14] Vgl. Toussaint und Berry (2013, S. 79).

Perspektive. Die dabei benutzten Hilfsmittel[15] ermöglichen es, das Wesentliche vom Unwesentlichen zu trennen und Probleme an der Wurzel zu packen. Nicht-wertschöpfende Tätigkeiten und Ressourcenverschwendung werden identifiziert und quantifiziert. Das Bauchgefühl wird durch belastbare Zahlen, Daten, Fakten ersetzt.

Durch Patienten-Sicht wird das Verständnis über das Gesamtsystem Klinik gefördert

Bei der Prozessanalyse wird die Sicht des Patienten eingenommen. Dies verhindert, dass die Optimierungen unnötig an Abteilungsgrenzen Halt machen. Stattdessen werden die Zusammenhänge aller Beteiligten betrachtet. Die Bausteine der hochkomplexen Organisation werden nach und nach aufgedeckt. Fragen nach dem Wer?, Was?, Wie?, Warum? werden beantwortet. Schnittstellenprobleme und Informationsverluste, die bei der abteilungsübergreifenden Zusammenarbeit entstehen, werden offen gelegt und können gelöst werden.

Interdisziplinäre Zusammenarbeit stärkt das Wir-Gefühl

Lean fördert die interdisziplinäre Zusammenarbeit. Mitarbeiter unterschiedlicher Berufsgruppen und Abteilungen arbeiten eng im Team zusammen. Dadurch verbessert sich das gegenseitige Verständnis und es wird sichergestellt, dass entwickelte Lösungen auch die Bedürfnisse aller Beteiligten berücksichtigen.

5.3.3   Verschwendung in den Arbeitsabläufen identifizieren

Im Krankenhaus wird eine hochkomplexe Leistung erbracht. Viele kleine Stellschrauben müssen für jeden Patienten individuell zusammengeführt werden.

Abbildung 5.1 verdeutlicht diese Zusammenhänge in einer vereinfachten Sichtweise.

Ein Notfallpatient durchläuft während des Krankenhausaufenthalts gewöhnlich verschiedene Bereiche der Klinik. Für einen optimalen „Fluss" des Patienten, müssen dabei sowohl die abteilungsinternen Abläufe als auch die Schnittstellenprozesse, die im Übergang zwischen den beteiligten Bereichen bestehen, optimal ineinandergreifen. Wie gut dies funktioniert, hat einen erheblichen Einfluss auf die Versorgungsqualität, die Effizienz sowie auf die Liegezeit der Patienten.

Ein ganz normaler Arbeitstag des Klinikpersonals ist vielfach mit viel Stress und Frustration verbunden. Ärzte und Pfleger berichten, dass sie trotz harter Arbeit das Gefühl

---

[15] Zu den Lean Hilfsmitteln zählen bspw. die Schichtanalyse zur qualitativen und quantitativen Analyse der Tätigkeitsstruktur der Mitarbeiter, die Durchlaufzeitenanalyse zur Messung des Zeitbedarfs eines Prozesses aus Sicht der Patienten, die Wertstromanalyse zur Dokumentation und Bewertung sämtlicher Arbeitsschritte einer Prozesskette, die Informationsstrukturanalyse zur Schaffung von Transparenz über die Informationsströme im Krankenhaus, die OEE Analyse zur Messung des Auslastungsgrades der klinischen Infrastruktur sowie die strukturierte Problemlösung zur Unterstützung bei der Ursachenanalyse.

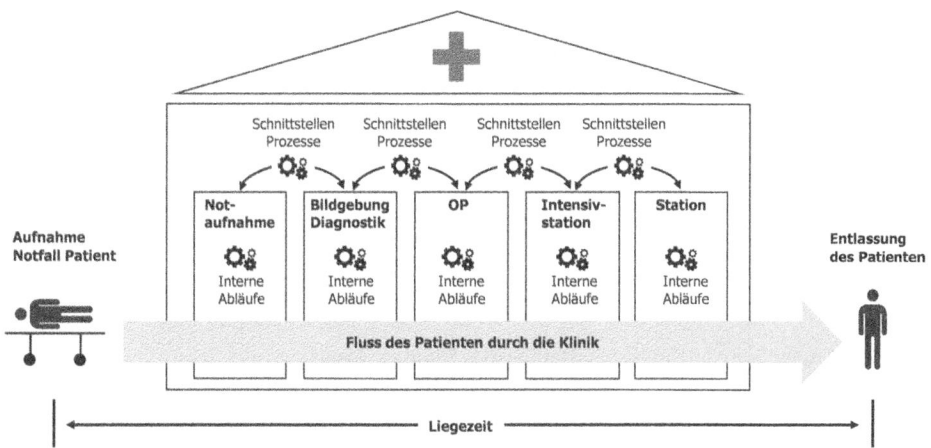

Abb. 5.1 Der Patientenfluss durch das System Krankenhaus

haben, gegen Windmühlen zu kämpfen. Ständig passiert etwas Unvorhergesehenes, Planungen müssen über Bord geworfen werden. Wichtige Informationen zur Weiterbehandlung fehlen, notwendige Arbeitsmaterialien sind nicht verfügbar oder Kollegen, die man gerade braucht, sind nicht erreichbar. Zusätzlich nimmt die Bindung durch administrative Aufgaben immer weiter zu.

▶   Dieses Bild spiegelt sich auch in aktuellen Untersuchungen wieder, die aufzeigen, dass das Klinikpersonal häufig nicht mehr 30–40 % der Arbeitszeit tatsächlich am Patienten verbringen kann.[16]

Der große Rest der wertvollen Arbeitszeit wird durch suboptimale Prozesse und Strukturen aufgezehrt. Viel Energie des Personals muss dafür aufgebracht werden, ungelöste Organisationsmängel auszugleichen. Vorhandene Prozessprobleme werden durch einen hohen persönlichen Einsatz oder die Schaffung individueller „Workarounds" kompensiert. Andernfalls führen unsaubere Arbeitsabläufe unweigerlich zu Verzögerungen bei der Patientenversorgung.

▶   Schlechte, ineffiziente Prozesse zeigen sich dadurch, dass nicht-wertschöpfende Tätigkeiten für das Personal entstehen. Diese Tätigkeiten binden das Personal unnötigerweise und werden im Lean Kontext auch als „Verschwendung" beschrieben.

Abbildung 5.2 zeigt Beispiele für patientenzentrierte, wertschöpfende Tätigkeiten sowie systembedingte, nicht-wertschöpfende Tätigkeiten, welche in vielen Kliniken einen hohen Arbeitsanteil einnehmen.

---

[16] Vgl. Grunden und Hagood (2012, S. 13) sowie Hadfield et al. (2012, S. XI).

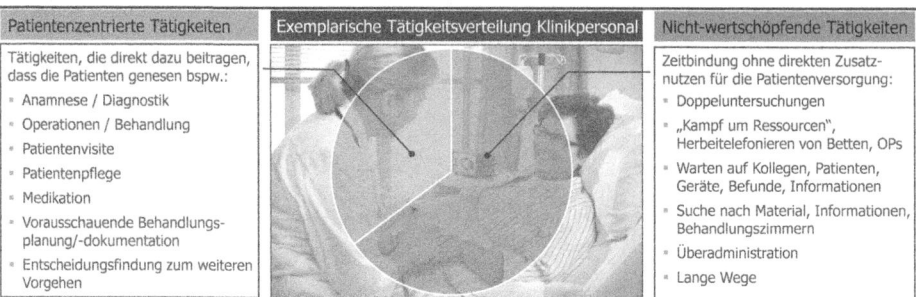

Abb. 5.2 Exemplarische Tätigkeitsverteilung des Klinikpersonals

Anbei einige Praxisbeispiele zur Konkretisierung der dargestellten nicht-wertschöpfenden Tätigkeiten:

Doppelarbeiten

Immer wieder kommt es in Klinken zu *Doppelanamnesen* – ein Resultat von suboptimaler Informationsweitergabe. Stelle B weiß nichts von den bereits durchgeführten Untersuchungen von Stelle A. Dies bindet unnötige Personalressourcen und ist nervenaufreibend für die Patienten. Aus dem gleichen Grund werden die Vitalfunktionen vieler Patienten unnötig häufig erfasst.

Warten

Eine unterbrechungsfreie Patientenversorgung ist für das Klinikpersonal häufig unmöglich. Man ist immer wieder gezwungen auf Kollegen, Patienten, Geräte, freie Räume, Befunde, Laborergebnisse oder wichtige Informationen zu *warten* – häufig als Resultat schlechter Prozesse.

Fehlende Transparenz – Organisationsbarrieren

Ein fortwährender *„Kampf um Ressourcen"* beschäftigt viele Klinikmitarbeiter. Pfleger in Notaufnahmen sind beispielsweise zum Teil ununterbrochen damit beschäftigt, freie Betten auf den Stationen in Erfahrung zu bringen, OP-Kapazitäten zu recherchieren oder notwendige Fachärzte zu beschaffen. In all dieser Zeit können Sie sich nicht um die Patienten kümmern. Es fehlt an ausreichender Transparenz und einer adäquaten, übergeordneten Steuerung.

Suchen

Das in Abschn. 5.3.1 beschriebene Fallbeispiel zeigt, viel Zeit wird auch durch *Suchen* unnötig gebunden. Behandlungsmaterialen sind vor Ort nicht immer ausreichend verfügbar und müssen vor der Weiterbehandlung umständlich beschafft werden. Informationen über die Patienten sind nicht immer konsolidiert greifbar und müssen teilweise kleinteilig zusammengesucht werden.

Übermäßige Administration

Ebenso haben die *Administrationsaufgaben* partiell überhandgenommen und binden wichtige medizinische Ressourcen, die für die Patientenversorgung benötigt werden. In einigen Kliniken gibt es beispielsweise sehr umständliche Antrags- und Genehmigungsprozesse.

▶   Die hier genannten, nicht wertschöpfenden Tätigkeiten sind für jede Klinik sehr kostenintensiv. Sie binden Unmengen an Zeit und Arbeitskraft des Personals. Diese Ressource wäre theoretisch für die Patientenversorgung verfügbar, faktisch ist sie heute allerdings unproduktiv gebunden.

5.4   Die Zukunftsperspektive

In der Anwendung von Lean liegen für deutsche Kliniken große Chancen. Krankenhäusern, denen es gelingt, die vorhandenen Prozessprobleme strukturiert aufzuspüren, und durch die Etablierung verbesserter Prozesse zu beseitigen, verschaffen sich große Wettbewerbsvorteile.

Ein großer Ressourcenschatz an derzeit unnötig gebundener Personalzeit kann durch die Ausgestaltung optimaler Prozesse gehoben werden.

Durch die enge Einbindung der Mitarbeiter in den Verbesserungsprozess entstehen maximal praxistaugliche Ergebnisse. Auch die Mitarbeitermotivation erhöht sich dadurch nachhaltig.

Kliniken reduzieren durch Lean die Arbeitslast des Personals, schaffen mehr Zeit für die Patienten und verbessern so ihre Versorgungsqualität.

Parallel verringern sie Aufwände, steigern dadurch ihre Effizienz und reduzieren somit ihre individuellen Fallkosten. Die betriebswirtschaftlichen Werte verbessern sich nachhaltig.

Durch Lean Healthcare kann die Patientenversorgung für ein Krankenhaus trotz Fallpauschalen wieder großflächig rentabel werden.

Literatur

Blum K, Löffert S (2010) Ärztemangel im Krankenhaus – Ausmaß, Ursachen, Gegenmaßnahmen. Deutsches Krankenhaus Institut. http://www.dki.de/sites/default/files/publikationen/langfassung_aerztemangel1.pdf. Zugegriffen am 06. Juli 2014

Blum K, Löffert S, Offermanns M, Steffen P (2013) Krankenhaus Barometer 2013. Deutsches Krankenhaus Institut. http://www.dki.de/sites/default/files/downloads/krankenhaus_barometer_2013.pdf. Zugegriffen am 05. August 2014

Grassi L, Magnani K (2000) Psychiatric Morbidity and Burnout in the Medical Profession. An Italian Study of General Practitioners and Hospital Physicians. Psychotherapy and Psychosomatics 69(6), 329–334.

Grunden N, Hagood C (2012) Lean-led hospital design: creating the efficient hospital of the future. CRC Press, Boca Raton FL

Hadfield D, Holmes S, Kozlowski S, Sperl T (2012) The new lean healthcare pocket guide. MCS Media, Chelsea MI

Kenney C (2010) Transforming Health Care: Virginia Mason Medical Center's pursuit of the perfect patient experience. Productivity Press, New York NY

Nance JJ (2008) Why hospitals should fly: the ultimate flight plan to patient safety and quality care. Second River Healthcare Press, Bozeman MT

Newman K, Maylor U, Chansarkar B (2001) The nurse retention, quality of care and patient satisfaction chain. International Journal of Health Care Quality Assurance Bd. 14/2, S. 57–68

Ohno T (2009) Das Toyota-Produktionssystem, 2. Auflage. Campus Verlag, Frankfurt/Main

Statistisches Bundesamt (Hrsg.) (2012) Kostennachweis der Krankenhäuser 2011. Fachserie 12: Gesundheitswesen, Reihe 6.3, Wiesbaden

Toussaint JS, Berry LL (2013) The promise of lean in health care. Mayo Clinic Proceedings, January 2013;88(1), S. 74–82. doi:10.1016/j.mayocp.2012.07.025

Toussaint JS, Gerard RA (2010) On the Mend – Revolutionizing Healthcare to save lives and transform the industry. Lean Enterprise Institute, Cambridge MA

Universität Duisburg-Essen (Hrsg.) (2013) So viel verdienen Porsche, Renault und Co pro Auto. CAR-Center Automotive Research. https://www.uni-due.de/~hk0378/publikationen/2013/20130808_20Minuten.pdf. Zugegriffen am 12. August 2014

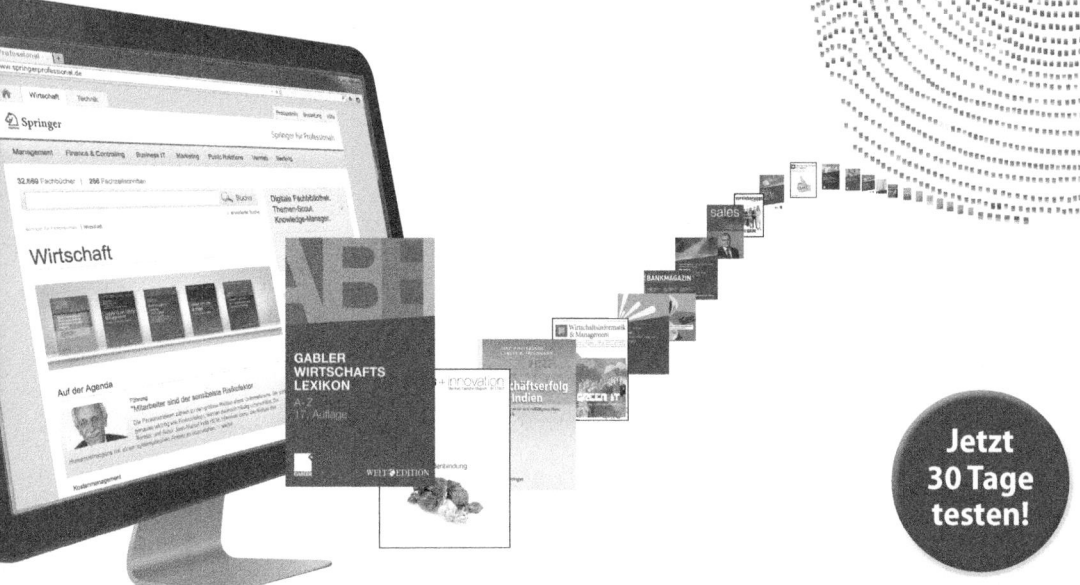

The manufacturer's authorised representative in the EU is Springer
Nature Customer Service Centre GmbH, Europaplatz 3, 69115 Heidelberg,
Germany. If you have any concerns regarding our products, please
contact ProductSafety@springernature.com

Printed and bound by CPI Group (UK) Ltd, Croydon, CR0 4YY
27/04/2026
02097643-0005